"十二五"国家重点图书出版规划项目

湖南省重点图书资助项目

湖南省法治文化精品项目

如何当好调解员系列丛书

主　编◎谢　勇　廖永安

中国调解学教程

ZHONGGUO TIAOJIEXUE JIAOCHENG

廖永安 主编

张立平 李喜莲 副主编

湘潭大学出版社

“法治湖南建设与区域社会治理”协同创新
中心平台(矛盾纠纷化解与区域社会治理)建设成果

国家社科基金重大项目“构建全民共建共享的社会
矛盾纠纷多元化解机制研究”(15ZDC029)阶段性成果

“如何当好调解员系列丛书”编委会

总 序

调解，亘古绵延，传承至今，不仅是中华民族的优良传统，也是享誉世界的纠纷解决之“东方经验”。在长达数千年的历史长河中，调解不仅是外显于传统社会的治理模式，也是内嵌于淳朴人心的处事习惯与生活方式；不仅是人们定纷止争的理想选择、思维习惯，也是为人们所称颂的息事宁人、和睦相处的传统美德。更为弥足珍贵的是，源自于东方的调解文化，在发展和传播的过程中，其理念和价值早已为域外文明所接受，成为西方话语主导下的现代司法体系中一个难得的东方元素和中华印记。

穿越数千年，历久而弥新。发源于传统中华文化，扎根于现代司法体系中的调解，在社会转型、矛盾凸显的历史新时期，俨然已成为社会和谐稳定不可或缺的降压阀、消火栓。当前，我国正处于经济社会发展的重要战略机遇期和社会矛盾凸显期，维护社会和谐稳定的任务艰巨、繁重，构建人民调解、行政调解、司法调解“三位一体”大调解格局，已成为推进社会矛盾化解、推进社会治理创新的重要抓手，成为多元化纠纷解决机制中的重要一环。然而，在时代赋予调解更多使命，在社会寄予调解更高期待的同时，调解能否承载起这样的使命，能否满足这样的期待，却还是一个值得探讨和反思的问题，以至于无论是在学术界，还是在实务界，依然还存在不少争议。盖因为调解理论研究及规范建设的相对滞后，使调解的价值局限于传统的小圈子里，使调解的作用止步于调解员的个人经验前，调解的体系化、规则化、标准化建设亟待加强，影响了调解价值理念的广泛认同以及功能作用的充分发挥。以调解员的培训为例，作为调解的主体力量，目前活跃在人民调解、行政调解、司法调解战线上的调解员数以百万计，但是，调解员队伍建设缺乏强有力的理论指导和体系化的培训支撑。调解员队伍规模很大但素质参差不齐，调解程序因地制宜但缺乏必要的规范，调解方法灵活多样但主要囿于直接经验。因此，建立科学、系统、规范、实用的调解员理论体系和调解员培训体系，已经是调解事业可持续发展的关键瓶颈，亟待各方重视，抓紧解决。

经由近年来中外法律的交流，我们已经了解到，在调解这一领域，不少后发国家，调解的学科化或科学化发展趋势十分明显。社会学、心理学、神经学等研究成果在调解领域的广泛应用，不仅大大提升了调解的科学化水平，还使调解成为了一门新兴的综合学科。体系化、标准化的调解课程不仅是调解员培训必修的课程，也成了法学院学生的常规课程。调解学科的兴起，还催生了一个行业或职业。在一些国家，调解已经商业化，成为了人们可以终身为业的一种职业。我们不得不承认，在调解的现代转型上，实际上在不少方面我们已经落后了。这也引起了我们的忧思，为何我们的文化传统在异域他乡就可以演变为一门学科、一门生意、一种职业呢？实用主义的引导与作用，或许是一个答案。而从技术层面而言，精细化的研究始终是一个不可逾越的基础。如果我们再不警醒，再不转变调解的研究方式，再不提升调解的精细化研究水平，长此以往，调解话语权的流失似乎是必然的，调解是否有可能成为又一个纯粹的西方话语呢？

基于这样的使命感，我们策划出版了“如何当好调解员系列丛书”。我们希望以“如何当好调解员”为切入点，一方面，对我国调解传统文化及其应用展开精细化的研究，探索调解由传统向现代转型的路径，努力掌握调解的话语权；另一方面，也希望抓住调解员这一核心要素，从调解经验总结、调解经典案例评析、调解社会心理学应用、调解策略梳理等多维度构筑我国调解员严密、科学的培训体系，为大力加强调解员队伍建设，全面发挥调解在促进社会矛盾纠纷化解、社会治理创新中的作用提供有力的智力支持。

本套丛书也是湖南省调解理论研究与人才培训中心推出的首项成果。2012年1月9日，在时任中共湖南省委书记周强同志的高度重视、亲切关怀、殷切期望下，湖南省司法厅与湘潭大学共建的湖南省调解理论研究与人才培训中心正式成立，旨在立足湖南、辐射全国、面向世界，在充分挖掘传统调解文化和开发本土调解资源的基础上，合理借鉴域外经验，综合借助法学、社会学、心理学、历史学等研究方法，大力推动法治框架下调解基础理论研究与创新，积极推进社会治理创新背景下调解人才队伍建设，力争为构建适应我国现代化进程和具有普世价值意义的调解话语体系作出一分贡献。

我们期待，这一套丛书的出版，能够为调解的理论研究和规范化建设添砖加瓦，也能够为吸引更多的人投身调解这项事业添薪加火。期待与您一路前行。

谢勇

二〇一二年元月十八日

（谢勇：湖南省人大常委会副主任，湘潭大学法学院名誉院长，教授、博士生导师）

目 录

第一章　调解学概论

第一节　调解学的概念、性质和研究对象

一、调解学的概念和意义

调解学是研究调解制度及其发展规律和调解实务的一门法律学科。调解在我国有着悠久的历史传统，从未中断。在长期的封建社会中，统治者以儒家的和谐思想为指导，适应以小农经济、血缘关系和熟人社会为主导的社会经济特点，大都十分重视民事纠纷的调解解决，民间调解与官方调解并存，调解形式和手段多样，积累了丰富的经验。新民主主义革命时期，这一纠纷解决的传统在新的政治和文化理念下，得到进一步的发展，创立了以“调解为主”的马锡五民事审判方式，以及被誉为“东方经验”的人民调解制度，并在新中国成立后得到进一步发展。改革开放以来，虽然民事审判方式实现了由职权主义向当事人主义的转型，但除短暂时段对调解有所淡化外，随着纠纷解决压力的增大，其在诉讼中的地位和作用又迅速为人们所重视，在认识上也更为理性和深入。同时，人民调解、行政调解、仲裁调解、行业调解等多种调解机制不断发展，并呈现出与诉讼调解衔接互动的趋势，产生了“三调联动”“大调解”等新型调解体制和机制。在西方发达国家，由于19世纪末社会学法学的兴起，社会学法学、自然法学、分析实证主义法学等不同流派之间的理论交锋和互相渗透，人们对法律在价值、形式和事实之间辩证关系的认识日益深化，以及受我国调解文化和制度的深刻影响，也一反以往较为单一的裁判式纠纷解决方式，而日益重视民事纠纷的调解解决。西方国家在吸收我国调解制度和经验的基础上，结合其各自国家的社会、经济、文化和制度特点，在纠纷的调解解决方面创造了不少新的形式和经验。如美国的法院附属ADR、商业调解公司和社区调解等。尤其是在当下，以商品经济

为主导的经济全球化大潮，使得纠纷种类和性质日益多样化、复杂化，国家和社会对纠纷解决机制的多元需求也更为强烈，调解已成为一种全球化的趋势。调解的全球化发展推动了各国对调解制度及其实践更为广泛的关注，对于调解的理论研究也日益深入。但另一方面，调解学作为一门专门性的学科概念直到最近才为个别论著所使用①，这种状况与调解的悠久历史及其在理论、制度和实践上的现实发展都是不完全相适应的。深厚的历史沉淀和迫切的现实需求，都有必要将“调解学”作为一个明确的学科概念正式提出，以有利于对这一学科的专门性、系统性研究和介绍，尤其是推动对于调解专门人才的培养和职业化发展。

二、调解学的性质和研究对象

（一）调解学的性质

调解学作为一门专门的法学学科，有不同于其他学科的质的规定性，具有职业性、应用性和综合性，应成为我国法学体系中的一个重要分支。

1. 调解学是一门职业性法学学科。职业法学是以研究某一特定法律职业部门在执法、司法活动中的相关制度、实践技能和经验及其运作规律的专门性学科。如审判学、侦查学、检察学、律师学、公证学等。职业法学的兴起，标志着我国法学研究由普及向提高、从宏观向微观、从制度向行为的转移和深入，使法学研究的视野越来越宽，领域越来越广，法律人才的培养越来越专。调解学正是在这种情况下，从民事诉讼法学、仲裁法学、调解法学、民法学、行政法学等程序和实体法学中发展和分化而来，专门以各类调解制度和调解实务为研究对象的学科。

2. 调解学是一门应用性法学学科。应用性学科是相对于理论性学科而言的。调解学的应用性，主要在于它的研究目的是为调解实践服务，其理论研究的内容着重和围绕于调解实践，研究的材料来源于实践，经过科学的分析和理论论证，又服务于调解实践。调解学的研究内容如果不围绕和服务于调解实践，就会转移为调解法学或其他学科。调解学同样有对于各类调解制度内容的研究和介绍，但

① 在调解的具体性领域，1990 年 6 月法律出版社即出版了江伟、杨荣新主编的高等学校法学教材《人民调解学概论》。但在调解的整体性领域，2014 年 3 月始见有香港博学出版社出版的陈晋著的《调解学》。

其目的主要不在于对制度内容的单纯分析实证，而在于其实践运作。调解学的研究对象如果离开了调解工作的实践，就会变成无源之水、无本之木，变成缺乏实际意义的空谈。

3. 调解学是一门综合性法学学科。调解业务活动的多样性和广泛性，调解活动的法律性和实践性，决定了调解学研究范围的综合性。调解作为一种民事纠纷的解决方式，其活动广泛存在于民事诉讼、民商事仲裁、农村土地承包经营纠纷调解仲裁、人民调解、行业调解，以及治安管理、交通事故处理、医疗事故处理等各种涉及民事法律关系调整内容的纠纷解决机制之中。因此，调解学就必然与其他各部门法学有着不可分割的联系。它既包括民事程序法学、民事实体法学、行政程序法学、行政实体法学，又包括法理学和法史学等。在具体的调解活动中，往往是多门法学内容的综合运用和实践。不仅如此，很多问题还涉及其他社会科学及自然科学的许多领域，需要综合运用哲学、宗教学、逻辑学、语言学、法律政策学、政治学、经济学、社会学、民俗学及现代自然科学知识。可见，综合性是调解这门学科的一个显著特征。

（二）调解学的研究对象

由其学科性质所决定，调解学以调解制度和调解实务为其研究对象，具体包括以下几个方面：

1. 研究调解制度及其发展规律。调解活动总是在一定法律规范下进行的，并且有关调解法律法规的科学性如何及完善与否，也影响到调解在纠纷解决上的质量和效率。这就不仅需要熟悉和了解我国当前有关调解制度的法律规范，也要了解域外的各种调解制度，并对调解制度的产生和发展的规律性有着深刻的认识和掌握，才能有利于合理设置和有效运用我国现行的调解制度，并根据情况的变化及时发展我国的调解制度。

（1）研究我国的调解制度。包括我国有关调解的司法政策、法律、法规、规章及其在调解活动中的运用。调解制度是指国家政策、法律、法规等规定的有关各类调解的性质、体制、机制、任务、原则、规程、体系结构及其与诉讼、仲裁、行政等其他纠纷解决机制之间的关系的总和。调解制度是调解人员进行调解活动的规范性依据，也是调解活动中纠纷解决所需要运用的工具和适用的对象。研究调解学，既应当研究有关调解制度方面的司法政策、法律、法规和规章对于各类调解机构的性质、组织、范围、原则和程序的具体规定，掌握其概念、功能和内容，也要研究各种调解制度的具体运用及在实践中存在的问题，以便为调解制度在实践中的合理运行和效能实现提供规范层面的理论指导，以及为调解制度的进一步完善和发展提供建议。

（2）研究域外的调解制度。一种法律制度往往是在与其他国家和地区的同类法律制度中相互影响和渗透中发展的，又总是要与其本国或本地区的政治、经济、文化、历史等相适应，既具有共同性，又具有特殊性。调解制度也不例外。一方面，虽然在近代以来的世界全球化之前，各国家、地区的调解制度都还在相对封闭的环境下孤立地发展着。即使在近现代，普通法系和大陆法系的司法制度也还被认为是完全不同的领域，彼此能否相互借鉴也被人们普遍质疑。但时及当代，各国法律理念、价值观、法律制度则出现了日益趋同的现象，国际层面的统一立法也越发拓展。[①] 2002 年，欧盟司法理事会制定了有关统一调解的《绿皮书》，2004 年制定了《欧洲调解员行为法》。这说明，在经济全球化和法律全球化背景下，各国调解制度的相互借鉴和融合，移植、借用或输入已蔚然成风，并出现了不同国家之间寻求统一行为规则的现象。另一方面，调解制度的全球化和普适性又只是代表了一个大的方向而已。调解制度不仅在不同国家和地区具有不同的形式，而且其与民事诉讼法衔接、政府的政策支持、费用方面的优惠、调解员资质以及调解的启动与进行等也都呈现出制度上的差异。即便在调解出现了全球化趋势的当代，也仍然深深地烙着法系的印记，并在两大法系国家的发展中具有不平衡性。自 20 世纪 80 年代以来，在美、英、澳等许多普通法国家调解获得了快速的发展，社区司法中心调解和法院附设调解被广泛应用，社会（私人）调解也在发展，几乎没有哪个法律领域能够抗拒调解的潜在作用。大陆法系的调解发展则相对沉寂。如法国，除家庭纠纷外，法官对调解的利用可以说兴趣寥寥。[②] 域外这些调解制度的内容、特点及其发展趋势和经验，都需要我们去深入研究，获得启示和借鉴。

（3）研究调解制度的产生和发展规律。任何事物都有其产生和发展的过程，并有其自身的规律性。掌握其规律性，既是对该事物进行深入科学认识的必要，也是社会生产、生活和治理的需要。调解作为一种历史悠久且广泛存在的民事纠纷解决机制，同样有其自身的历史过程和发展规律。这些规律的发现需要人们对其丰富历史资料的大量发掘和积累，而对其规律性的发现又有利于人们在现代社

① ［澳］娜嘉·亚历山大主编：《全球调解趋势》（第二版），王福华等译，中国法制出版社 2011 年版，“译者序：调解发展的国际潮流与中国机遇”，第 3 页。

② ［澳］娜嘉·亚历山大主编：《全球调解趋势》（第二版），王福华等译，中国法制出版社 2011 年版，“译者序：调解发展的国际潮流与中国机遇”，第 5 页。

会更好地完善和运用调解制度，充分发挥其纠纷解决功能，并把握其在未来的发展趋势。调解制度不仅存在于原始社会以来的不同社会历史发展阶段，而且即使在同一历史时期，调解也是性质不一，形式多样。如我国古代即存在官府调解、宗族调解和邻里调解等多种形式。在现代社会，不仅存在诉讼、仲裁、行政和社区等不同性质的调解，而且即使在同一国家同一时期内的不同民族和地区，调解制度的设置和运作也存在或多或少的差异。如我国黔东南地区侗族主要以款约法为依据，在鼓楼进行的寨老调解和裁夺等①，便体现出其自身在纠纷解决上的民族传统和特色。这些调解机制产生和发展的独特地理、文化环境和历史变迁，以及其与国家正式调解机制如人民调解等的冲突和契合，就迫切需要深入细致的研究。也就是说，调解制度的产生和发展总是与一定的社会生产生活方式、政治、经济和文化理念，以及纠纷解决的现实需要相联系，是诸多因素综合作用的结果，并且随着社会的变迁而不断发展变化。人们不仅需要研究调解制度产生和发展的一般性规律，也需要研究各种具体调解制度产生和发展的特殊性规律，通过熟悉和了解各种调解制度的具体规范和实践经验，以及与之相联系的其他各个方面及其相互影响，找出其产生、发展和变化中的共性与特殊性，必然性与偶然性等，使人们对于调解制度的把握由必然王国走向自由王国。

2. 研究调解实务。调解学归根到底是一门应用性法学学科。调解人员如何根据各种纠纷的具体情况，适应各地的社会、经济和文化特点，依照有关法律法规，灵活运用各种手段和技巧，有效地开展调解活动，使纠纷获得顺利的解决，是调解学研究的最终目的和重要内容。这些内容主要包括人们在调解中积累的丰富经验，以及各种手段和技巧的运用。

一是研究古今中外人们在各种调解中所积累的丰富经验。在现代社会，调解已日益成为一种需要丰富法律知识、社会知识和其他相关专业知识，以及良好技能的具有一定专业性的活动。而这些知识在实践中的综合运用和良好技能的培养，需要人们对以往经验的提炼和总结。调解人员在纠纷调解中的各种具体经验既是调解理论产生和发展的重要源泉，也是人们对调解知识、技能学习和掌握的重要资料和有效手段。如历史文献中所记载的调解案例，现代社会中司法行政机关、法院、学者等对各种调解所搜集和汇编的典型案例，调解人员对自身经验的介绍等，都是调解人才培养和调解人员日常学习的重要资料，属于调解学研究的

① 徐晓光著：《款约法——黔东南侗族习惯法的历史人类学考察》，厦门大学出版社2012年版，第114－117页。

重要对象。

二是研究调解中各种手段和技巧的规范与运用。调解是一种不同于裁决的纠纷解决方式。裁决是由第三人根据查明的纠纷事实，适用有关的法律规范或善良风俗习惯，对当事人之间民事权利义务关系的分配作出处理。而调解是通过第三人的斡旋、调停、劝说、教育等，促成当事人达成基于自主意志的合意，以解决纠纷。从纠纷解决的思维模式看，裁决主要以“法条主义”为指南，采取“切片性思维”；调解则主要以“合意主义”为指南，采取“整体性思维”。调解的这种性质和特点决定了调解人员必须“将当事人纠纷的解决置于经济、法律、道德、习惯、心理、社会等多维视野之中，在对纠纷的性质、发生的原因、矛盾的程度、所关涉到的其他社会关系、事实查明的状况等予以整体性考察的基础上，才能在符合或不违背法律规范的前提下，针对纠纷解决的具体需要寻求妥善的解决方案，通过适当的技巧和方式，促成当事人在权利义务关系的处理上达成基于自主意志的合意”。① 因此，运用何种手段和技巧，如何运用这些手段和技巧，是调解活动得以有效进行，促成当事人达成基于自主意志的合意的重要保证。而这些手段和技巧的运用，不仅与纠纷的性质和特点有关，也与纠纷所处的特定社会政治、经济、文化环境有关，并与一定的法律知识、心理学、社会学知识等相联系。如我国的调解实践中即存在“背靠背”“面对面”亲友协助、群众评议、场景布置、登门调解，适时打出“法律牌”“感情牌”等多种手段和技巧。调解的手段和技巧，在世界其他各国既有相同的方面，亦有适应其自身社会经济文化特点的特殊方面，都需要运用法学的、社会学的、心理学的相关知识和方法，从各个方面予以深入具体的研究，使之上升为理性认识和程序规制，更好地指导和规范调解的实践，为调解人才的技能训练提供理论资源。

第二节　调解学的研究方法

一、调查研究方法

调查研究是有目的、有计划、有系统地搜集有关研究对象的现实或历史状况的材料，并进行分析、比较、归纳和综合，进而得出科学结论的方法。调查研究

① 张立平：《为什么调解优先——以纠纷解决的思维模式为视角》，《法商研究》，2014 年第 4 期。

是科学研究中常用的基本方法，它综合运用个别访谈、集体访谈、问卷、实际观察、个案研究、测验等具体方式，对研究对象中的各种现象进行有计划的、周密的和系统的了解，并对调查搜集到的大量资料进行逻辑实证，从而为人们提供对某一事物的科学认识和规律性知识。调查研究在调解学的研究中同样重要。各种调解制度的体制、机制、原则和程序如何设置，在运行中遇到何种问题，如何进一步完善，实践中有哪些成功的经验和失败的教训等，在一般情况下，都需要通过对实际情况的了解和分析，才能实事求是地把握。在调解学中，调查研究的一般具体方式都可以有效使用。这里简要介绍最为常用的几种。

（一）个别访谈法

个别访谈法，又称访问调查法。即访问者通过各别交谈的方式，直接向被访问者了解与研究对象有关的各种具体情况的调查方法。它是访问者与被访问者面对面的直接调查，其交谈方式通过口头进行，访问者与被访问者可以双向传导互动，并需要一定的控制和访谈技巧。访问调查法可以分为标准化访问和非标准化访问，直接访问和间接访问等。标准化访问，也称结构性访问，就是按照统一设计的、有一定结构的问卷所进行的访问。非标准化访问，也称非结构性访问，就是按照一定调查目的和一个粗线条调查提纲进行的访问。直接访问，就是访问者与被访问者面对面的访谈。间接访问，就是访问者通过电话、电脑、书面问卷等中介工具对被访问者进行访问。

访问调查需要做好访问前的准备，包括准备访问提纲，选准访问对象，选好访问时间、地点和场合等。个别访谈需要注意建立良好的人际关系。如表明来意，消除疑虑；虚心求教，以礼待人；平等交谈，保持中立等。在直接访谈中，还需要重视访谈过程中的非语言信息。如访谈者自身的衣着服饰、动作姿态；被访谈者的目光流露、面部表情等。最后，还要注意做好访谈记录。

访问调查法的优点是可以获得如“实地观察”等其他方法难以获得的信息。如对调解能手的个别访谈，可以获得有关纠纷调解的实际操作过程和特有经验，发现其中存在的某些问题。廖永安教授等主编的《人民调解能手访谈录》即是采取这种个别访谈法。当然，这种方法也有其局限性，如有时对访谈的过程和内容不易控制。

（二）集体访谈法

集体访谈法，又称开调查会。它是访问调查法的延伸，也是一种传统的调查方法。就是调查者邀请若干个被调查者通过集体座谈的方式，了解与研究对象有关的各种具体情况的调查方法。毛泽东是开调查会的热情倡导者和积极实践者，他在 1941 年的《农村调查》的序言和跋中指出：“开调查会，是最简单易行而又真实可靠的方法，我用这个方法得了很大的益处，这是比什么大学都要高明的学校”。①

集体访谈法同个别访谈法一样，都是通过面对面的口头交谈方式进行，具有双向传导的互动性，需要予以必要的控制和一定的访谈技巧等共同特点，但也有重要的区别。由于集体访谈是同时访问若干个被调查者，因此在访谈的过程，不仅是调查者与被调查者之间相互影响和作用的过程，也是若干个被调查者之间互相影响和作用的过程。要取得集体访谈的成功，调查者不仅要有熟练的访谈技巧，而且要有驾驭调查会议的能力。它是比个别访谈法更高一层次，更为复杂和更难掌握的调查方法。

集体访谈根据调查的目的不同，可以分为以了解情况为主的调查会和以研究问题为主的调查会；根据调查的内容不同，可以分为综合性调查会和专题性调查会；根据会议规则的不同，可以分为讨论式调查会和各抒己见式调查会。这些不同的调查会议形式，在调解学的研究中都可以根据调查内容的需要选择使用。集体访谈和个别访谈一样，也首先要做好访谈前的准备，包括明确会议主题，准备调查提纲，确定会议规模，物色到会人员，选好会议场所和时间，做好技术准备等。在集体访谈过程中，要善于对参加访谈的人员进行指导和控制。如善于打破短暂的沉默，创造良好的气氛，开展平等、民主对话，把握好会议主题，做好被调查者之间的协调工作，做好会议记录，及时结束会议等。要实现对访谈过程的良好指导和控制，调查者必须做一个谦逊、客观的主持人。由于每次调查会时间都有限，一些问题在会议中是来不及处理或无法处理的，因此每次调查会后都要及时整理会议记录，回顾和研究会议的情况，查证有关事实和数据，以及做必要的补充调查等。

集体访谈法的优点在于，相对于个别访谈具有更高的工作效率。特别是由于参加人员较多，不仅提供的信息较广，还可以互相补充、互相启发、互相核对、互相修正，集思广益。在调解学的研究中，集体访谈法对于一定地区、部门或行业调解机制及其典型经验进行较为全面和深入的了解非常适用。如在司法行政机关人员、人民调解员、当事人共同参与的座谈中，可以获得不同主体对当前一定

---

① 《毛泽东选集》（第三卷），人民出版社 1991 年版，第 790 页。

调解机制的不同感受和评价，从中发现某些成功的经验和较为复杂的问题。但集体访谈法也有一个较为明显的缺点，就是无法完全排除被调查者之间社会心理因素的影响。在多方座谈中，具有不同身份、角色和职能的访谈对象聚合在一起，访谈者和被访谈者对谈话内容都可能存在某些顾忌，而造成某些真实情况得不到了解，或信息失真。特别是那些职位高、权力较大、能说会道的人往往会垄断会场，其意见容易左右会议倾向。

（三）问卷调查法

问卷调查是访问调查的一种特殊形式。它是调查者运用统一设计的问卷向被调查者了解情况或征询意见的调查方法。问卷调查按照答卷者的不同，可以分为自填式问卷和代填式问卷。自填式问卷调查中，按照问卷的传递方式不同，又可以分为报刊问卷调查、邮政问卷调查和送发问卷调查；代填式问卷调查中，按照与被调查者交谈方式的不同，可以分为访问问卷调查和电话问卷调查。这些问卷调查方法各有利弊，应根据需要调查的内容特点和调查的具体条件适当选用。

问卷调查首先需要做好问卷设计，其一般结构包括卷首语、填答说明、问答方式、编码和其他资料五个部分组成。调查所要询问的问题，是问卷的主要内容。问卷中要询问的问题，大体上可分为三类：（1）主题性问题。即围绕调查主题而询问的客观或主观性问题。如"您所在的村人民调解委员会每年调解纠纷多少件，调解纠纷的类型有哪些"，"您对司法确认机制是否认同"等。（2）检验性问题。即为检验问卷中被调查对象对某一问题的回答是否真实、准确而设计的问题。这一般由多个设问组成，安排在问卷的不同位置，以通过互相检验来判断回答的真实性和准确性。（3）背景性问题。这主要是围绕被调查者个人或某一单位、组织的基本情况而设计的问题。背景性问题的具体事项应根据需要调查了解的内容而定，与之存在一定的关联性。在上述三类问题中，背景性问题是任何问卷都不可缺少的，因为它往往是对被调查者进行分类、比较，以及对主题性问题进行分析的重要依据。问题的设计应当遵循内容客观性、调查必要性、回答可能性和回答自愿性的原则，不能设计一些脱离客观实际情况，没有调查意义，被调查者没有回答能力，或不可能自愿真实回答的问题。问题的表述应具体、单一、通俗、准确、简明和客观，避免内容的抽象笼统，表达含混不清、冗长啰嗦。不能把多个问题混合在一起，不宜使用被调查者难以理解的专业化术语和其他陌生语言，不要有诱导性和倾向性的语言等。对于某些敏感性强、威胁性大的特殊问题，在表述方式上还应该做些特殊处理，减轻敏感程度或威胁程度，以便被调查者易于面对这些问题。在问题的排列组合方式即问题的结构上，也应有必要的讲究。如按问题的性质或类别排列，避免不同性质或类别的问题混杂；按问题复杂程度或回答的困难程度排列，先易后难、由浅入深；按问题发生的时间顺序顺向或逆向排列等。

对问题的回答，则一般可以有三种类型：（1）开放型回答。是指对问题的回答不提供任何答案，而由被调查者自由填写。如："您对当前本市'三调联动'机制运行的效果如何评价？"（2）封闭型回答。是指将问题的几种主要答案甚至一切可能的答案全部列出，然后由被调查者从中选取一种或几种答案作为自己的回答，而不能作这些答案之外的回答。其具体形式多种多样，有填空式、列举式、两项式、选择式、等级式、顺序式、矩阵式、表格式等。（3）混合型回答。是指封闭型回答与开放型回答的结合，它实质上是半封闭、半开放的回答类型。问卷调查必须遵循一定的程序，包括设计问卷、选择调查对象、分发问卷或开展调查，回收问卷、审查问卷。然后，再审核、整理回收的问卷并进行分析和研究。

问卷调查法的优点在于它能突破时空限制，在广阔范围内，对众多调查对象同时进行调查，节省大量人力物力，以及便于对调查者做定量研究。匿名性的自填式调查，由于调查者与被调查者不直接见面，回答的问卷不署名，还有利于调查者询问那些不宜当面询问的敏感问题、尖锐问题和隐私问题，有利于被调查者反映自己的真实情况、观点和感受等。其局限性在于它只能获得书面的社会信息，而不能了解到生动、具体的社会情况；问卷设计的统一性使得问题的提出和回答缺乏弹性和互动性，很难做深入的定性调查；被调查者有的可能受从众心理影响或任意回答，使得回答的内容缺乏真实性和准确性等。

（四）蹲点调查法

蹲点调查法，是指调查者深入到一个或几个单位或某一区域，持续一段较长时间，通过全面深入的研究，认识调查对象的本质及其发展规律，探索解决社会问题途径的方法。[①] 蹲点调查法是进行实际观察的一种最为有效的方式。其主要特点是：调查者必须亲自动手，亲自蹲下来调查研究，而不能“走马观花”或请人代劳；调查对象必须是确定的某一单位或区域；调查目的必须是掌握调查某一具体研究对象的本质及其发展规律，而不能只是搜集一些具体事实、数据和零散资料；调查工作有目的、有计划，全面、深入、周密和系统；调查时间一般较长，十天、半月，甚至若干年不等。蹲点调查法对于深入了解某一调解制度运作的实际情形和规律具有非常重要的作用。

蹲点调查大体可分为两种类型：一种是非介入式蹲点调查。是指调查者不介入被调查者活动，不改变被调查者社会环境，完全以旁观者身份进行的蹲点调查。例如，调查者选择某村的人民调解委员会，以旁观者的身份跟踪调查人民调解的具体活动。一种是介入式蹲点调查。是指调查者以参与者、指导者甚至领导者的身份，介入被调查者及其社会环境的变动之中进行调查。蹲点调查无论是介入式的还是非介入式的，都有两个共同点：一是都要使用文献调查的方法，而且使用得越广泛、越充分，效果就越好。二是都要综合使用各种直接调查的方法，而且综合得越合理、越协调，取得的调查效果就越好。当然，二者也有不同。非介入式蹲点调查，主要使用实地观察、口头访问、集体访谈和问卷调查等方法。介入式蹲点调查除了使用上述方法外，关键还在于使用实验调查方法，即通过改变被调查者所处的社会环境，来认识调查对象的本质及其发展规律，探索问题的解决途径。蹲点调查第一是要注意正确选点，蹲点对象必须符合调查目的，具有较强的代表性或典型性，并兼顾不同类型。第二是一定要身心以赴，不能蜻蜓点水、心不在焉、有名无实。第三是要有甘当小学生的精神。无论是领导还是学者，都要放下架子，绝不能采取高高在上或好为人师的态度。第四是要有客观、公正的态度，只有坚持实事求是，才能保证调查结果的真实可靠。第五是抓住重点，讲求实效。主次不分，面面俱到，都不利于总结出好的经验，取得科学的调查结果。第六是要科学地对待调查结论。对被调查者的成功经验和存在的问题，既不应有意吹捧、拔高，也不应苛求和贬损。

---

① 有社会调查方面的教材认为，蹲点调查法“是指调查者深入到一个或几个基层单位，持续一段较长时间，通过全面深入的研究，认识调查对象的本质及其发展规律，探索解决社会问题途径的方法”。（参见水延凯等编著：《社会调查教程》，中国人民大学出版社2007年版，第272页）。这一解释将调查对象限定为“基层单位”，仅适合于由上而下的纵向性调查，比较狭义。在社会科学研究中，还有很多学术性的调查，调查者与被调查者之间，既有纵向性，也有横向性，也不一定为某一具体单位。故本教材采广义上的定义。

蹲点调查法的优点在于，有利于集中力量，突破一点；有利于“解剖麻雀”，深入细致；有利于综合使用各种调查方法，取得较好的调查效果。在行政性的蹲点调查中，还有利于以点带面或做好面上的指导工作；有利于积累经验，培养、提高工作人员的素质。蹲点调查法的缺点在于：有时选点很难避免主观因素的影响；由于数量少、范围小，定量调查的局限性较大；有时很难区分调查结论中的共性和个性部分，调查结论的适用范围有时很难准确判断；积累的经验也往往带有较大的片面性等。

二、实验研究方法

所谓实验研究方法，是针对某一问题，根据一定的理论或假设进行有计划的实践，从而得出一定的科学结论的方法。实验方法首先广泛应用于物理、化学、生物等自然科学研究中。从文艺复兴时期开始，正是由于实验方法的采用，才使自然科学建立了理论与经验事实的联系，推动了自然科学的飞速发展。近几十年来，社会科学的研究人员也越来越认识到实验方法对于学科发展的重要性，开始努力将实验方法运用于各自的学科。

实验研究方法在社会学的研究中，有的也被称之为实验调查法或试验调查法，并定义为“试验者按照一定的实验假设，通过改变某些实验环境的实践活动来认识实验对象的因果联系、特殊本质及其发展规律的调查方法”。[①] 但这一定义带有自然科学研究的主要特征，在社会科学研究中并不具有普适性。当然社会科学研究中也可能通过改变某种实验环境进行。如使用蹲点调查法时，若根据一定的理论或假设进行有计划的实践，并采取介入的方式，改变被调查者的社会环境，则这种蹲点调查也同时具有实验研究方法的性质。但是，社会科学研究中的实验研究，主要还是根据一定的理论或假设，在保持原有社会环境或并非实验者有计划改变某种社会环境的前提下，通过一定的社会实践，检验某一社会理论或假设的正确性。

在法学研究中，对某一法律制度的试行，或选取某一地区对某种法律制度的建构进行试点，以便验证其可行性和科学性，为其是否可以正式立法实施，以及如何予以立法和实施提供实践的依据，就是属于实验研究法。我国 2012 年《中华人民共和国民事诉讼法》修改规定的“调解协议司法确认”机制，即产生于

① 水延凯等编著：《社会调查教程》，中国人民大学出版社 2007 年版，第 256 页。

一些地方法院的实验研究。不惟如此，现行调解制度中有关“三调联动”“大调解”“诉调对接”司法政策和司法解释的制定，其内容也大都来源于基层人民法院、司法行政机关和调解组织的大胆实验和创新，以及学界在此基础上的社会调查和理论总结。可见，实验研究法在包括调解学在内的法学理论和法律制度发展方面的重要意义和作用。

实验研究法的基本要素是：（1）实验者，即实验研究的有目的，有意识的活动主体，他们都以一定的实验假设来指导自己的实验活动；（2）实验对象，即实验所要认识的客体；（3）实验环境，即实验所处的各种社会条件的总和；（4）实验活动，即为检验某种理论或假设而展开的各种社会实践活动；（5）实验检测，即在实验过程中或完成后对实验对象所作的检查或测定。实验研究法在社会科学研究中的一般程序是：以实验假设为起点设计实验方案→选择实验地点和环境→进行具体的实验性社会实践活动→对实验效果做出评价。

实验研究法具有强烈的实践性，即需通过各种具体的实践活动来检验某种理论或假设的正确性，而不是仅仅依靠逻辑推导。在调解学的研究中，人们可以首先从理论逻辑上预设某种调解制度改革或创新的方案，然后选择适当的地区，通过具体的调解活动来检验该方案的正确性，并在实验过程中，逐步修正原方案的不足，寻求完美的实践效果。实验研究法具有运用上的复杂性，往往需要其他方法如社会调查方法的综合运用，以检验实践的效果。

实验研究法的最大优点即在于它的实践性，将结论建立在具体的实践基础之上，更为科学可靠，而不是仅仅依赖于逻辑的推导，或者一般的观察。其缺点则在于实验的结论不一定具有充分的代表性。如果忽视这一点，就可能犯“一律化”“一刀切”的错误。

三、文献研究方法

文献研究法是指通过搜集、鉴别、整理与研究对象有关的各种文献，摘取各种有用的信息，分析其承载各种历史事实，而对研究对象形成某种科学认识的方法。在社会调查中，文献研究法又称之为文献调查法。文献研究法是一种古老而又富有生命力的科学研究方法。在调解学的研究中，对于研究历史上的各种调解制度和有益经验，以及其产生、变迁和发展规律不可或缺。

所谓文献，在现代意义上，一切记录人类知识的文字、图像、数字、符号、声频、视频等的物质性载体，都可以统称为文献。从现代观点看，任何文献都必须具有三个要素：(1) 一定的知识内容。没有记录任何知识内容的物体，如空白纸张、空白磁带等就不是文献。(2) 一定的物质载体。人们头脑中的知识、口耳相传的故事等就不是文献。(3) 一定的记录方式。没有一定的记录方式的，也不能称为文献，如某些文物虽然蕴含一定的知识内容，但没有一定的记录方式，就不能称之为文献。文献有各种不同的种类，并且其形式与科学技术的发展密切相关。如古代有甲骨文献、青铜文献、竹木简牍文献、布帛文献、纸张文献等；近代以来有胶卷文献、磁带文献、光盘文献等。文献可以按照物质载体、记录技术、加工深度、资料来源、学科领域等的不同予以适当的分类。如按照物质载体的不同，可以分为甲骨文献、青铜文献、竹木简牍文献、布帛文献、纸张文献、胶卷文献、磁带文献、光盘文献等；按照记录技术的不同，可以分为手工型文献、印刷型文献、感光性型文献、录制型文献等；按照加工深度的不同，可以分为零次文献、一次文献、二次文献、三次文献；按照资料来源的不同，可以分为个人文献、社会组织文献、大众传播媒介文献和官方文献。这里需要适当予以解释的是按照加工深度所作的分类。所谓零次文献，是指口头交谈或会议上的交流、传递，但尚未用文字或录制技术记载下来的有用信息。一次文献，也称原始文献，是指事件发生时的当场记录，当事人编撰和实地调查者所撰写的文献，如会议记录、日记、信件、回忆录、自传、律令原件、科研论文、调查报告，以及现场拍摄或录制的照片、胶卷、录音带、录像带等。二次文献，是指对一次文献加工整理并使之有序化和浓缩化的文献。如目录、文摘、索引，以及经过剪接后的录音带、纪录片等。三次文献，是指在一、二次文献的基础上，经过分析、综合而编写的文献。如报道、综述、评论、动态，以及编撰的各种年鉴、手册、字典、百科全书、光盘等。

文献研究，一般是从二次文献、三次文献入手，然后再深入到一次文献之中。通过尽可能完整的文献调查，发现与研究对象有关的历史事实的真相，揭示某一社会性事物的产生、变迁和发展规律。文献研究方法的一般过程包括五个基本环节，分别是：提出课题或假设→研究设计→搜集文献→整理文献→进行文献综述。提出课题或假设是指依据现有的理论、事实和需要，对有关文献进行分析整理或重新归类研究的构思。研究设计是指根据一定的研究目标，将课题或假设的内容设计成具体的、可以操作和重复进行的文献研究活动。搜集文献是指寻找、发现和取得与研究内容有关的一切文献的活动。搜集研究文献的渠道多种多样，文献的类别不同，其所需的搜集渠道也不尽相同。搜集调解学研究文献的主要渠道有：图书馆、档案馆、博物馆、法学教育事业单位、司法机关、学术会议、互联网（internet）等。搜集的方式主要有两种：检索工具查找方式和参考文献查找方式。整理文献是指对所搜集的文献根据一定的标准予以清理、归类、保存、编辑和装订，以便于使用和分析的活动。文献综述是文献综合评述的简称，是指在全面搜集和整理有关文献资料的基础上，经过分析鉴别，对一定时期内某个学科或专题的研究成果和进展进行系统、全面的叙述和评论。文献综述具有内容浓缩化、集中化和系统化的特点，可以节省同行研究者阅读专业文献资料的时间和精力。文献综述的形式和结构一般可粗略分为五个部分：绪言、历史发展、现状分析、趋向预测和建议、参考文献目录。文献综述必须符合以下基本要求：（1）搜集文献应当客观全面。（2）材料与评论要协调一致。（3）针对性强。（4）提纲挈领，突出重点。（5）适当使用统计图表。（6）不能混淆文献中的观点和作者个人的思想。一般情况下，文献综述由五个步骤环节组成：第一步，确定综述的选题；第二步，收集相关的文献资料；第三步，整理文献；第四步，撰写综述初稿；第五步，修改综述初稿，并完成文献综述。

文献研究法具有特殊的调查属性，其主要优点在于：（1）它是一种超越了时间、空间限制的调查，通过对古今中外文献的调查可以了解与研究对象有关的极其广泛的事实情况。（2）它是一种书面调查，如果搜集的文献是真实的，就能够获得比口头调查更准确、更可靠的信息。（3）它是一种间接的、非介入性的调查，只对各种文献进行调查和研究，避免了直接调查中经常发生的调查者与被调查者互动过程中可能产生的种种反应性误差。（4）它是一种非常方便、自由的调查方法，只要找到了必要文献就可以随时随地进行研究，即使出现了错误，还可通过再次研究进行弥补。（5）它是一种省时、省钱、效率较高的研究方法，不需要大量研究人员和特殊设备，可以用比较少的人力、经费和时间，获得比其他调查方法更多的信息。当然，文献研究法也具有一定的缺点，如文献反映的观点和内容永远落后于现实；文献内容与客观真实情况之间，总是存在一定的差异；文献的搜集经常会发生资料难觅、查找不全等问题。

四、逻辑分析方法

逻辑分析方法，是指遵循逻辑学的思维规则，运用概念、判断和推理，通过对事物的比较与分类、分析与综合、归纳与演绎，进而对事物认识达到抽象与具体的研究方法。逻辑分析方法在任何种类的研究中都不可缺少，也是其他研究方法运用的内含性工具。因为任何其他方法的运用都必须具有逻辑性，遵守严密的思维规则。但是，逻辑分析作为一种社会科学研究的方法，可以独立使用，并有其自身的内容和特点，而且较为常用。

（一）逻辑分析方法中概念、判断和推理的定义

逻辑分析在法学研究中，是分析实证主义学派研究制定法性质、特点、体系和内容的主要方法。具体到调解的理论研究和实践中，逻辑分析方法可以独立运用于对调解制度各种具体概念、原则、程序、体系结构等的研究和理论阐释，以及实务活动中对纠纷事实和权利义务关系的分析。逻辑分析方法在调解理论研究和实践中的运用，首先需要熟悉和厘定有关调解制度和实务的各种概念。概念是通过反映客观对象特有属性以指称该对象的思维形式。[①] 其表现形式相当于语言中的词或词组。如"调解""调解学""人民调解"等，在语言学上，都称之为词，而在逻辑学上，则都称之为概念。也就是说，概念是通过语言学上的词或词组这些符号来作为载体的。从思维形式的结构方面来考察，概念是构成判断并进而联结成为推理的基本要素。要保证研究结论的科学性，也就需要将研究的结论建立在严密的思维过程上，而这一过程的严密性，就离不开对于概念把握的准确性。其次，是形成具有相应命题形式的内容是否真实正确的各种判断。判断就是对客观事物有所断定的思维形式，其直接表现形式相当于语言中的句子。一个描述或评价事物情况的语句，既可以说它是一个判断，也可以说是一个命题。因此，一般而言，区别判断和命题并不重要。但严格地说，二者又有一定的区别。判断是人们对客观事物情况作出的断定，是被断定了的某种陈述，不但它的内容是确定的，而且它究竟是真是假，对应于它所断定的事物自身来看，也是确定的。判断同认识主体相联系，也同所断定的客观事物情况相关。而命题只是一种对事物情况有所断定的，具有真假意义的语句，不涉及认识主体，也不涉及所断定客观事物的情况自身。因此，一个推理要正确，不仅概念的运用要正确，由概念所联结而成的各种命题也要正确。由于命题同时又是各种判断的载体形式，命题内容的真实正确又取决于认识主体对客观事物性质和状态在判断上的真实正确。如果判断出现错误，推理中所使用的各种命题也就会出现错误，而难以得出正确的结论。如"诉讼调解，亦称法院调解，是指对民事案件在人民法院审判组织主持下，诉讼双方当事人平等协商，达成协议，经人民法院认可，以终结诉讼活动的一种结案方式"，就是一个通过命题形式表达的符合该调解制度客观情

① 雍奇著：《法律逻辑学》，法律出版社2004年版，第24页。

况的正确判断。只有保证这些判断上的真实性和正确性，才能保证研究者对调解学中某一具体问题研究结论的可靠性。再次是推理的过程要符合相应的结构形式。所谓推理，就是根据已知的几个命题推导出另一命题的思维形式。推理的正确性，不仅需要概念运用和判断的正确性，还需要思维结构形式的正确性。推理是有根据的推导活动，是由已知命题向另一个命题的过渡，因此任何推理都有三个组成要素，即前提、结论和推导关系。推理的前提，就是推理赖以进行的，作为推导出某个命题的根据的那些已知的命题。推理的结论，就是根据推理的前提推导出来的那个命题。例如："'诉调对接'机制有利于提高纠纷解决的效力"作为一种研究结论，就必然是以调查所得的大量事实性前提为依据的。推理不仅有具体的内容，也有其相应的逻辑形式。它的具体内容就是前提命题和结论命题所反映的客观事物的情况。它的逻辑形式，也就是前提与结论之间的逻辑联系，亦即它们之间的推导关系，具体表现为它们之间的联结方式，因此又被称为推理的结构形式，简称推理形式。这些推理形式是作为调解学研究者需要熟悉和掌握，并在具体的研究实践中加以正确运用的。

（二）逻辑推理的具体形式及其运用

由于事物种类、性质和结构的多样性，以及人们认识过程的复杂性，在实际的思维中，人们运用的推理形式也是多种多样的。在逻辑学上，可以根据不同的标准分为不同的类型。了解不同类型的推理及其逻辑性质，有利于我们有意识地运用各种推理，指导我们正确地运用各种推理。但是，由于推理型形式的种类较多，分类也是一个较为复杂的问题，本书仅从调解学研究的理论实用性出发，主要介绍以下两种分类：

1. 必然性推理与或然性推理。这是根据推理形式的前提与结论之间的有无必然关系所作的分类。所谓必然性推理，就是指其联结方式可以保证由真前提推导出真结论的推理。由于这种推理形式的前提与结论之间的联结方式具有必然性，因此只要（并且也只有）其形式完全符合该推理形式的要求，且其前提为真，其结论就必然为真。反之，若结论为假，则前提也必定有假。必然性推理的特点表明，它的前提为它的结论提供了完全支持的强度。理解必然性推理的逻辑性质，当我们在对某一调解制度设置的合理性，或错误性做出必然性结论的时候，不仅要保证推理过程中联结形式的正确，而且要注意其每一前提的真实性。所谓或然性推理，就是其联结方式只能在一定程度上保证由真前提推导出真结论的推理。这就是说，这种推理形式的前提与结论之间，本身就不具有必然性。因此，即使在推理形式符合要求的情况下，前提为真时，结论也未必为真；即使结论不真，也不意味着就否定了它的前提为真。或然性推理的这种特点表明，这种推理的前提，只是为他的结论提供了一定程度的支持强度。正是由于或然性推理只能在一定程度上保证由真前提推导出真结论，所以在理论研究中运用这种类型的推理时，就特别要求我们要有意识地去提高其结论的可靠性，特别注意分析前提对结论的支持强度，因而也能特别检验出我们自觉运用推理的水平和艺术。在调解的实践活动中，运用这种推理去说服当事人时，也是如此。这样才能不言过其实，恰到好处，使当事人心服口服。

2. 演绎推理、归纳推理与类比推理。这是根据前提与结论之间的形成规则所作的分类。(1)）演绎推理就是由一般性前提推导出特殊性结论的推理。即从关于某一事物的一般性知识出发，推导出该类事物中某一特殊对象情况的结论的推理。其思维进程的方向是由“一般”推知“特殊”。演绎推理都有两个前提，即大前提和小前提。演绎推理的前提必须蕴含结论，属于前提和结论之间具有必然联系的推理，是一种必然性推理，即前提与结论之间具有充分条件或充分必要条件联系的必然性推理。但需注意的是，演绎推理中的必然性指的是逻辑思维上的必然性，其结论并不等于客观事实上的真实性。演绎推理的前提可能来源于不完全的归纳推理，其真实性只是一种假设。只有当演绎推理的大前提和小前提都全部符合客观真实时，其逻辑结论上的必然性才会符合事实上的真实性。(2)归纳推理就是由若干个特殊（或个别）的前提推导出某个一般性结论的推理。其思维进程的方向是由特殊（或个别）推知“一般”，是从一系列特殊性或个别性的事例中，得出一个比较一般性命题的结论。实际上，归纳推理也就是对若干对象或事物的概括。归纳推理要求前提必须是真实的，但除了完全归纳推理的前提与结论之间具有必然联系外，其前提和结论之间的联系都是或然的，都超出了前提所断定的知识范围。所以不完全的归纳推理属于或然性推理，也是一种合情推理。(3）类比推理就是根据某个（或某类）对象的许多属性都相同或相似，从而推知某个（某类）对象与另一个（或另一类）对象的另外某种属性也相同或相似的推理。其思维进程的方向是一种“由此及彼”的过程。所以说，类比推理是由“特殊”推向“特殊”的推理。例如，声和光有不少属性相同，直线传播，有反射、折射和干扰等现象。由此推出：既然声有波动性质，那么光也有波动性质。这就是类比推理。类比推理具有或然性，如果前提中确认的共同属性很少，而且共同属性和推出来的属性没有什么关系，其结论就极不可靠，称为机械类比。

3．演绎推理、归纳推理和类比推理的运用。三者各不相同，各有特点，但又是相互联系的。演绎推理虽然是由一般推向特殊（或个别）的推理，但是实际思维中运用演绎推理的认识起点却是小前提。有了小前提，并且有了进一步认识某类或某个对象的需要，亦即有了某种预定的目的，人们才会有意识地将其与头脑中的已有知识联系起来，从而得出关于某类或某个对象的新的认识即结论。也就是说，所谓演绎推理的“演绎”，其实就是把大前提反映的一般性知识展现出来并使之具体化。或者说，是依据一般性知识而对具体对象认识的延伸和扩展。归纳推理的根本特点，在于它的结论是来自于对前提所列举事物的概括，并且是在前提所列举事物基础上的扩展和延伸。它的结论也只能是全称性的或只能是适用于任何情况下的一般性命题。类比推理表面上看来似乎其前提就是甲、乙两个（或两类）对象，其实它推理的依据或者说它用以作为推理的前提，是甲、乙两个（或两类）对象的若干相同或相似的属性。因此，在前提的数量方面，它不同于演绎推理而与归纳推理相似，是不受限制，可多可少的。演绎推理、归纳推理与类比推理，若仅从推理本身来看，它们之间的区别是明显的。然而在实际的思维中，它们的运用却是相互联系的，很少有孤立地运用某种推理而不涉及其他类型推理的情形。从理论上说，各种类型的推理也更是相互联系，密不可分的。特别是演绎推理和归纳推理之间的关系尤为如此，它们既互相区别，又互相联系、互相渗透。具体表现在：第一，演绎推理的大前提，亦即作为演绎推理基本依据的一般性命题，要靠归纳推理提供。第二，归纳推理的运用，又不可能是盲目的，它必须依赖于演绎推理的指导。否则，就不能正确地分析这些具体的事例或现象，也不能解决实验什么、观察什么的问题。归纳推理得出的结论其可靠程度如何，也不能依赖于其自身得到证明，而必须通过演绎推理来验证。关于逻辑分析方法的运用也是一门专门的知识，还有很多的内容。演绎推理、归纳推理、类比推理这些推理类型，也都还有各种具体的形式。除形式逻辑外，辩证逻辑的运用也是调解理论研究和实践需要有一定掌握的知识。总之，必须熟悉和掌握一定的逻辑学知识，并能有效运用，才能更好地深化对调解制度和实务的理论探索，以及培养调解人员的良好思维素质和技能。

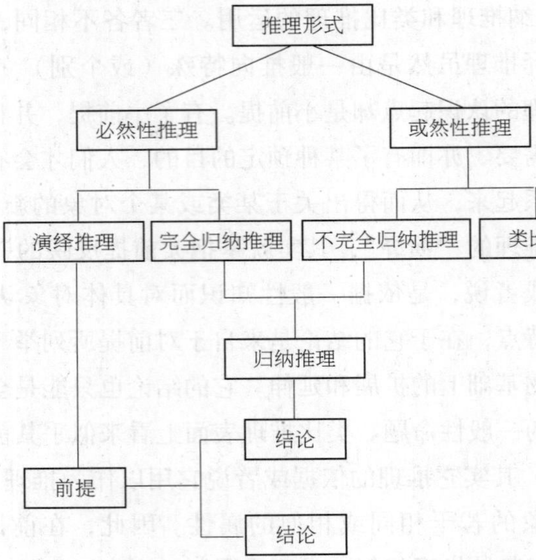

图一：推理形式关系图示

以上所述调解学需要运用的研究方法，主要是技术层面的。在宏观方面，则有如价值分析方法、历史分析方法、实证分析方法、阶级分析方法、经济分析方法等社会科学一般运用的方法，在调解学的研究中也不可或缺。宏观方法的运用往往与一定的哲学观念相联系，受到一定哲学观念的指导和影响。宏观方法的运用与技术层面方法的运用也是紧密相关的，不仅技术层面方法的运用往往受到宏观层面方法的规范和影响，而且在与宏观层面方法运用的结合上侧重点也有所不同。如历史分析方法的运用势必需要使用文献调查的技术性方法，价值分析方法则主要与逻辑分析方法结合，实证分析方法则需要大量使用调查研究方法等。由于这些方法的运用在哲学、法理学、法学方法论以及其他学科中，都有细致或基本的介绍，在此不做赘述。

第三节　调解学与相关学科的关系

一、调解学与调解法学

调解学与调解法学既有紧密的联系，也有较大的区别。其联系在于，二者都是研究有关调解的法律学科，调解法学所研究的内容也可以包含于调解学之中。

调解学不仅需要研究调解实务，也需要研究有关调解的法律制度及其历史发展。其区别在于：

（1）研究目的不同。调解学注重调解人员的实际技能和素质的培养，尤其是专门调解人才的培养。而调解法学主要在于一般法学人才、司法和调解人员对调解法律制度在理论上的熟悉和掌握。

（2）研究的对象和内容不同。调解学不仅研究调解制度及其历史发展，更需研究调解的具体实践活动，如调解人员进行调解活动的各种技能和手段、调解过程中当事人之间的协商和谈判等。因此其研究的范围更为广泛，与其他学科也有着更为密切的联系，如涉及民事实体法学、心理学、经济学、社会学等方面知识在调解中的运用。而调解法学主要研究有关调解的法律制度，如诉讼调解、人民调解、行政调解、行业调解等法律规范层面的内容，以及中国古代和域外有关调解的法律规范。

（3）研究的侧重点不同。调解学虽然也研究有关调解的法律制度及其进一步完善，但更重要的是有关调解制度如理念、原则、程序规范等在具体调解活动中的运用。除此以外，还要研究有关民事实体法律规范、善良风俗习惯等在具体调解活动中的运用。调解法学则主要是研究有关调解的法律制度。一是对这些规范内容的学理阐释，以便于人们对调解法律制度的正确理解、熟悉和掌握。二是对现存调解制度予以必要的检视，发现其中的不足或不相适应的方面，并根据社会经济发展和纠纷解决的需要，对调解制度予以必要的完善。

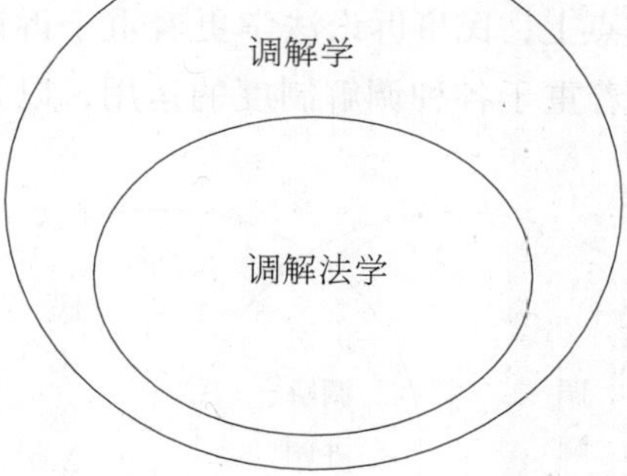

图二：调解学与调解法学关系图示

二、调解学与民事诉讼法学

调解学与民事诉讼法学具有交叉关系。民事诉讼法学是研究民事诉讼的理念、原则、基本制度和程序的法学学科。由于民事诉讼法律制度中亦存在诉讼调解的制度，而诉讼调解是调解的一种重要方式，因此其中的诉讼调解既是民事诉讼法学研究的内容，也是调解学研究的重要内容。在民事诉讼法学和调解学中，有些关于调解法律制度和实务方面的问题还会成为共同关注的焦点，如诉调对接、“调解协议司法确认”程序的建构和运行等。但二者的研究目的、内容和侧重点也有区别。

（1）在研究的目的上，民事诉讼法学研究调解制度，主要是为了民事诉讼制度的完善和有效运作，尤其是其中诉讼调解制度的完善，以提高诉讼调解的纠纷解决效率。调解学研究调解制度，主要是为了整个调解制度体系的完善和有效运作，不仅要提高各种具体调解制度的纠纷解决效率，更要保证调解制度体系的整体性效率。

（2）在研究的内容上，民事诉讼法学主要是围绕民事诉讼中有关诉讼调解法律规范的阐释和完善，以及诉讼调解与审判之间的关系，诉讼机制与调解机制的衔接如调审是否应当分离、如何分离、诉调如何对接等。而调解学不仅要研究诉讼调解，诉讼与调解的衔接机制，还要研究人民调解、行政调解、行业调解等各种具体机制及其体系建构，研究各种调解的具体实务。

（3）在研究的侧重点上，民事诉讼法学更着重于诉讼调解制度方面的阐释和完善；调解法学则更着重于各种调解制度的运用，以及调解中的各种手段和技巧。

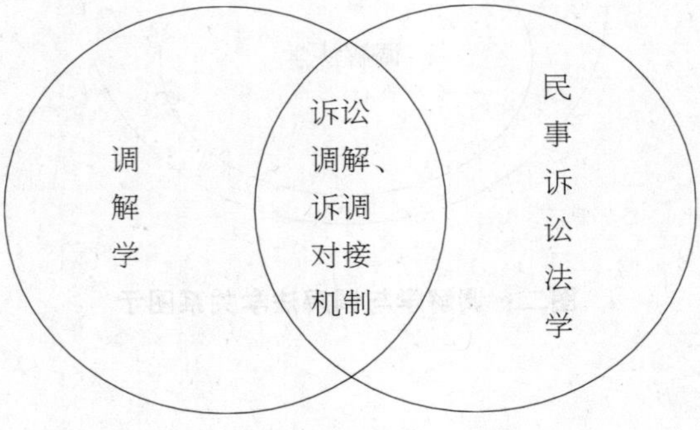

图三：调解学与民事诉讼法学关系图示

三、调解学与社会心理学

社会心理学是研究个体和群体的社会心理现象的心理学分支。个体社会心理现象是指受他人和群体制约的个人的思想、感情和行为，如人际知觉、人际吸引、社会促进和社会抑制、顺从等。群体社会心理现象是指群体本身特有的心理特征，如群体凝聚力、社会心理气氛、群体决策等。调解学与社会心理学也具有交叉关系。一方面社会心理学中需要研究纠纷调解解决中的各种心理现象，以丰富和发展社会心理学的理论。在社会心理学中，对社会冲突和纠纷的解释主要有三种取向：心理学的、社会学的和符号学的。[①] 可见社会冲突和纠纷的发生、发展和解决，是社会心理学关注的重要内容。另一方面，调解学中也需要研究社会心理学知识在调解中的运用，以有利于提高调解人员的素质和技能，增强调解制度的纠纷解决功能和效率。由于纠纷的产生及其解决都与社会个体或群体的心理因素密切相关，社会心理学知识在调解中的运用也就有着重要的意义和作用，应成为调解学研究的重要内容。如谢勇教授等编著的《社会心理学在调解中的运用》，即从冲突与纠纷的心理学解释、如何构建积极的沟通模式、消除冲突双方的心理障碍、促成双赢的问题解决、群体纠纷的社会心理学规律与化解技巧、中国文化心理与调解等方面，对社会心理学在调解中的运用，做了较为深入系统的阐释。程波教授著的《美国调解技巧的社会心理学解读》，则从社会认知偏差与成功调解员的技巧、“镜像自我”与构建积极的沟通模式、“框架效应”与创造符合所有当事人根本利益的方案、“瞄定效应”与调整当事人的预期、“反事实推理”与利用情感因素达成和解、“从众效应”与把他人带到谈判桌前、“冲突解决”与美国调解中的僵局应对等，对美国的调解实践予以了较为系统的心理学分析。这些研究不仅见证了社会心理学在调解学研究中的大有可为，也能为调解实践提供很好的理论指导。

由此可见，调解学与社会心理学有着密切的联系。主要在于，二者有共同的研究内容，即都要研究纠纷产生、发展和调解解决中的当事人心理现象，包括个体的和群体的心理现象。这些内容上的共同性使得二者之间具有学科上的交叉性。当然，调解学与社会心理学有着明显的区别。首先，二者分属于不同的社会

---

① ［美］狄恩·普鲁特、金盛熙著：《社会冲突：升级、僵局及解决》（第3版），王凡妹译，人民邮电出版社2013年版，序二。

科学学科。调解学属于法学学科，社会心理学属于社会学与心理学的交叉学科。其次，二者研究的目的和内容也有不同。调解学主要研究社会心理学在调解中的具体运用，目的是丰富和发展调解学理论，并为调解实践服务；社会心理学主要研究调解中的社会心理学现象，目的是丰富和发展社会学或心理学理论。这些区别，随着各自学科在研究上的充分展开，必将逐步显现。

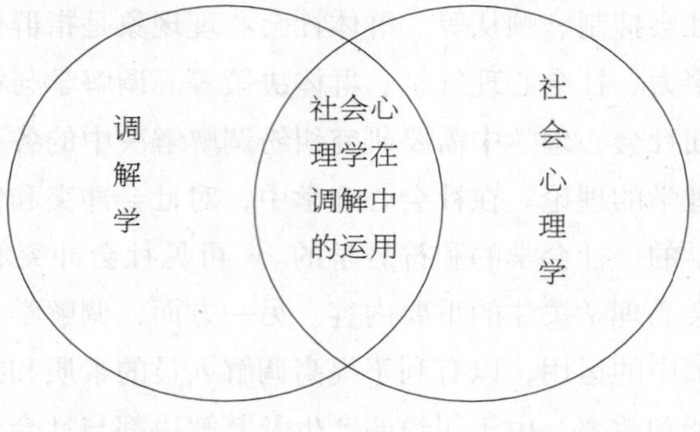

图四：调解学与社会心理学关系图示

第四节　调解的概念、特征和类型

一、调解的概念和内涵

所谓调解，是指在第三人的主持下，通过斡旋、协商、劝说、教育等手段，促使纠纷当事人之间达成基于自主意志的协议，以消除争议的一种法律制度。作为纠纷解决方式或机制的调解既与其他一些纠纷解决机制有交叉或相似之处，又有重要的区别。通过对其他纠纷解决方式或机制的比较，可以更为清晰地了解调解的内涵。

1. 调解是通过第三方促成当事人和解以解决纠纷。“和解”本身也是纠纷解决的方式之一。当事人之间的和解，既可以由当事人自行达成，也可以由第三方促成。前者称为和解，后者则称为调解。所谓和解，也就是指纠纷当事人对他们之间的权益争议，通过自行协商、谈判等方式达成协议，以解决争议的制度。和解因使用的场所不同也有不同的种类。纠纷当事人未提起诉讼，以自行协商、谈判等方式解决争议的制度，是为非诉讼和解。在诉讼进行中，当事人通过相互协商、谈判等方式，对他们之间的争议达成协议，并以此方式终结诉讼的制度，是为诉讼和解。所以调解与和解又是两种不同的纠纷解决机制，有着各自的内涵。调解中的和解是第三方促成的结果，不具有独立的制度性含义；而“和解”中的和解完全是当事人自主交涉的结果，具有独立的制度性含义。

2. 调解是通过多种温和手段促成当事人和解以解决纠纷。纠纷的解决有强制性和非强制性之分。强制性的纠纷解决与暴力、威胁、第三方裁决等手段相关联。如一方当事人通过暴力、威胁的手段，迫使另一方当事人屈从以解决纠纷；司法机关基于法律的规定进行审理和判决；仲裁机构基于法律规定、商业习惯对纠纷予以裁决处理。这些手段都具有明显的强制性，一种是直接的暴力强制，另一种虽没有直接的暴力，但也是基于第三方意志对纠纷的强制性处理。非强制性的纠纷解决则与斡旋、协商、劝说、教育等手段相关联。所谓斡旋，原本是国际法上的术语，是指为了和平解决争端，由第三国或国际组织介入发生争端、冲突的国家间，促使双方直接谈判的行动，是一种和平解决国际争端的方法。引申到调解中，也就是调解人员介入当事人之间的争议，促使当事人进行自主的协商或谈判，以寻求纠纷的解决。第三方对当事人之间的斡旋，对当事人某种不合法、不合理的认识或行为的批评和教育，以及当事人之间的自主协商或谈判，这些手段都是温和的，不具有暴力性、威胁性，或第三方在意志上的独断性。这些手段运用的目的，都是为了促成当事人之间达成基于自主意志的合意，以各方当事人都能接受的方案求得纠纷的解决。

3. 调解是通过当事人基于自主意志的合意以解决纠纷。调解不仅运用的各种手段不能具有强制性，构成对当事人意志的胁迫，而且协议的达成也都必须基于当事人各方的自主意志。有的国家如美国在法院的附属调解中，在调解的启动上可以由法院基于纠纷的性质和情形决定；但无论任何国家的调解，在关于实体权利义务分配的协议达成上，都必须取决于各方当事人的自主意志。在我国现代的调解中，调解的启动、进行和协议的达成，都是依照当事人自愿的原则。当事人的自主意志还不仅体现在对纠纷解决方案的选择上，也体现在调解中对国家法律及其他社会规范的适用上。在法治背景下，尤其是在对于某种民事法律关系有实体法调整的前提下，调解协议的达成必然会涉及相关法律的适用与否，以及如何理解和适用，而这除国家法律的禁止性规定外，都由各方当事人在协商的基础上自主选择，不取决于调解人员的意志。

二、调解的特征

调解相对于其他纠纷解决机制，主要具有以下几个方面的特征：

1. 纠纷解决的第三方协助性介入。相对于当事人的自主协商、谈判，以及自行暴力救济解决纠纷，调解是由第三方介入而解决纠纷的方式。按照《现代汉语词典》的解释，“调解”是指“劝说双方消除纠纷”的意思，故无第三方介入的不能称其为调解。这种第三方介入与仲裁、诉讼的第三方介入也有不同，主要是协助当事人之间达成解决争议的协议；而仲裁和诉讼的第三方介入是为了给纠纷作出强制性的裁判。

2. 纠纷解决的快捷灵活。调解具有程序快捷灵活的特点。与诉讼和仲裁不同，调解一般没有严格的程序规范约束，如严格的举证、质证和辩论，程序期间的等待，上诉救济的拖延等。当事人若能达成协议，纠纷便得以解决；若达不成协议，当事人则可以另外寻找其他的救济途径。在调解中，调解人员采取由当事人之间“背靠背”，还是“面对面”的方式；调解人员主动上门还是将当事人汇合到同一地点，以调解会议的方式进行等，都可以根据纠纷的性质和具体情形，考虑当事人的意愿做出适当的选择。因此，调解的方式解决纠纷，通常比诉讼、仲裁的程序都要快捷灵活。调解在法律的适用上也比较灵活。调解的依据可以是法律规范，可以是道德规范，也可以是人情常理等。即使在适用法律规范时，也可以根据当事人对于其含义的合理理解和合意选择，灵活决定他们解决问题的方案。

3. 纠纷解决的整体性思维。调解与裁决（这里包括法院的判决、裁定和仲裁，行政机关等的裁决。下同。）虽均为第三方的纠纷解决方式，但二者在纠纷解决的思维模式上也有显著的不同。调解采用的是‘整体性思维’，即将当事人纠纷的解决置于经济、法律、道德、习惯、心理、社会等多维视野之中，在对纠纷的性质、发生的原因、矛盾的程度、所关涉到的其他社会关系、事实查明的状况等予以整体性考察的基础上，在符合或不违背法律规范的前提下，针对纠纷解决的具体需要寻求妥善的解决方案，并通过适当的技巧和方式，促成当事人在权利义务关系的处理上达成基于自主意志的合意。而裁决是将当事人所争议的民事权利义务关系从纠纷所涉及的整体社会性事实及其所关涉到的其他社会连带关系中抽离出来，置于既定的规范视野之下，以规范所设定的标准和方式进行检视，以寻求纠纷解决的结果。①

4．纠纷解决的和谐彻底。首先是纠纷的解决具有充分的自愿性。这种自愿性体现在程序和实体两个方面。实体的自愿，即当事人最终是否达成协议，达成怎样的协议，完全取决于当事人的自主意志。调解人员可以对当事人进行批评教育，可以提出协议方案供当事人参考，但不得替当事人作出决定，更无裁判的权力。在程序的启动和进行方面，除非在法律另有规定的情况下，通常也必须是基于当事人的自愿。其次是有利于修复争议双方的和谐关系或者维系某种法律关系。对基于相邻关系、劳资关系及商贸关系等发生的纠纷而言，既要解决当事人之间的争议，一般又有必要修复或维护这些关系持续与和谐。由于调解以消除当事人的对抗为目标，并充分体现当事人的自愿性，调解的过程也就是当事人从对抗走向合作，由破裂走向和谐的过程。再次，调解协议也通常都能自觉履行。不仅调解协议的履行通常不具有强制力，而且当事人一般在调解协议生效前就已经履行，或者在生效后能自觉履行。采用裁决方式的纠纷解决，由于系第三方意志的决定，在很多情况下当事人都易于产生异议，进行上诉、申请再审或复议，在裁决生效后也往往不愿自觉履行等。因此，调解与诉讼、仲裁的裁决解决相比，在纠纷的解决上更为和谐彻底。

5．纠纷解决的成本低廉。程序的快捷灵活，对当事人而言也就意味着所支出的成本较低。即使调解不成，当事人为此付出的代价也不会很大。纠纷解决的整体性思维，当事人的充分自愿，使得纠纷解决和谐、彻底，通常也不会产生如不服裁决，以及裁决的执行一类成本。而且，作为调解重要机制的人民调解，还不必缴纳如诉讼、仲裁中的诉讼费或仲裁费，还往往无需请律师之类的法律专业人员代理，无律师费用的支出。即使有些专门从事调解事务的组织提供有偿调解，其费用也比较低廉。如有些国家存在的商业性调解，具有营利的性质。中国国际商会调解中心也是属于营利性的机构，但其收费也比诉讼和仲裁低廉。因此，成本低廉也是调解在纠纷解决上的显著特征之一。

三、调解的分类

我国和世界上的调解制度都是多种多样。根据相关的法律规定，以及调解的不同性质和特点，可以将调解作不同的分类。为了区分不同种类的调解，也为区

① 张立平：《为什么调解优先——以纠纷解决的思维模式为视角》，《法商研究》，2014 年第 4 期。

分调解这一概念在使用时的不同含义，我们可以在学理上给调解作如下分类：

1. 以调解的不同主体为标准，调解可以分为法院调解、人民调解、行政调解、仲裁调解和社会调解。法院调解又称司法调解，在我国还可称为诉讼调解，是指法院在审理各类案件时，根据诉讼程序中有关调解的法律规定，进行斡旋、协商、劝说和教育，促使当事人自愿达成协议，从而解决纠纷的活动。人民调解是我国的特有调解种类，是指在人民调解委员会主持下，以国家法律、法规、规章和社会公德规范为依据，对民间纠纷双方当事人进行斡旋、协商、劝说和教育，促使当事人自愿达成协议，从而解决纠纷的活动。行政调解是国家行政机关根据法律规定，对属于其职权管辖范围内的民事纠纷所进行的调解。仲裁调解，是指在仲裁庭的主持下，根据仲裁程序中有关调解的法律规定所进行的调解。社会调解，是指由一定的社会力量，如我国的行业组织、企事业单位领导、当事人的亲友等所进行的调解。西方国家的社区调解也可属于社会调解。

2. 以调解是否在诉讼程序进行中为标准，调解可以分为诉讼调解与非诉讼调解。诉讼调解，在我国即法院调解，但也有的国家法院调解与诉讼调解存在概念上的区别。非诉讼调解，又称诉讼外调解，是指由法院以外的其他纠纷解决主体所进行的调解。我国的人民调解、行政调解、仲裁调解和社会调解等均属于非诉讼调解。由于诉讼的程序较为复杂，成本相对较高，非诉讼调解往往是当事人在提起诉讼之前所寻求的纠纷解决之道。

3. 以调解是在提起诉讼之前还是在诉讼开始后为标准，可以分为立案前调解与立案后调解。近年来，作为司法改革的成果，有的国家的在民事诉讼法中规定，当事人在提起诉讼之前，可以向法院的调解组织请求调解。我国民事诉讼法规定，有些案件应当在立案前调解。这些调解都发生在诉讼程序尚未正式启动之前，因此属于立案前调解。立案后调解，是在诉讼进行的过程中，由审理案件的法官对当事人争议所进行的调解。

第五节　调解与裁决的功能和作用

一、裁决的纠纷解决功能和作用

在法治背景下，调解与裁决在国家法律实施和民事纠纷的解决中各有其不可替代的功能和作用，亦各有其欠缺。裁决的功能和作用主要体现在：第一，有利于纠纷的最终强制性解决。裁决是一种秩序强制型的纠纷解决方式，无论调解能够满足多少民事纠纷的解决需求，总有一部分民事纠纷是不可能通过包括调解在内的其他方式予以解决的，而只能由第三方依照法律、道德、习惯等规范予以强制性解决。在民事纠纷不能通过当事人自行和解，亦不能通过调解解决时，及时裁决便是维护社会秩序的必要手段。第二，有利于国家法律的严格贯彻实施。由于裁决对民事纠纷的解决采取的是"法条主义"进路，其对当事人民事权利义务关系的处理属于严格的法律调整，而不是基于当事人的自主意志而作出的处理，因此国家对一定民事法律关系调整的意志内容能够较为严格地落实于具体的民事纠纷解决之中。第三，有利于及时依法维护当事人的合法权益。在当事人不能基于自主意志解决纠纷时，裁决的作出及其在法律实施上的严格性，及时依法保护了权利受损害方当事人所享有的合法权益，同时也使对方当事人承担了依法应当负有的法律义务和责任。

不过，裁决在民事纠纷解决功能和作用上的欠缺也是较为明显的：第一，某些纠纷解决难免具有机械性和片面性。"法条主义"思维的"切片性"，难免对严格依照实体和程序法律规范解决纠纷在公正性和合理性的实现上产生一种过于简单的自信。而在事实上，一方面法律规范具有稳定性、抽象性和复杂性，所针对的是一般的人和事，而纠纷的具体情形又复杂多样；另一方面，无论实体还是程序法律规范，都可能具有一定的滞后性、逻辑上的矛盾和漏洞、意义上的模糊性等，因此在某些情况下，并无真正严格合理的法律规范可循。所谓"依法"的判决可能只是出于司法人员的任意理解和解释，或者愈是所谓严格依照法律规范审理和裁决，可能离公正合理的距离愈远。即使在具体的个案中存在非常对应充分的法律规范，其公正性和合理性的实现也有赖于裁决者的职业道德、法律知识、相关专业知识和经验。第二，纠纷解决难免具有一定的表面性。当事人之间矛盾冲突的解决有形式上的解决和实质上的解决之分。形式上的解决即在裁决的程序和内容上当事人的权利得到应有的保护，义务和责任得到应予的承担；或者，虽然未尽合法合理，但是基于裁决的强制性，秩序得到了强行的恢复。实质上的解决则是心理上的解决，当事人对于权利义务的分配和责任的承担彼此达成合意；或虽然不十分合意，但是能够并且明确表示自愿接受。而裁决作为一种第三方的强制性解决方式，是出于裁决者基于国家法律或道德习惯等规范和自身意志对事实的认定，对规范的认知和理解，难免存在一定的偏差和错误。即使不存在偏差和错误，某些事实的模糊性和某些规范的不确定性，使得当事人对事实和法律的认知未必能与裁决者保持一致，也未必能使各方当事人皆满意。在当事人不能尽皆满意的情况下，其矛盾和冲突便难以从根本上予以消除，随时可能引发新的纠纷。因此，以裁决方式解决纠纷在不少情况下难免只是形式上的解决，而非实质上的解决。第三，某些纠纷解决不具有经济性。当然，通过裁决解决的纠纷，虽然不少也能最终实现“案结事了”，但是延续较多程序、当事人一审后上诉、二审后又申请再审甚至不断上访等没完没了的情形也是屡见不鲜。更有甚者，还可能因裁决的不公而引发当事人自杀和刑事案件。如此，就不仅给国家带来大量的纠纷解决成本，也给当事人带来大量的权益救济成本，还可能给国家司法和政治形象造成不良影响。

二、调解的纠纷解决功能和作用

调解的功能和作用在于：第一，有利于更好地实现纠纷解决的公正性和合理性。调解在思维视角上的多维性避免了较为单一的法律视角在民事权利义务关系调整上的机械性、利益考量上的片面性，在纠纷解决上既能符合或不违背法律规范，又能兼顾当事人之间未来可能的利益，甚至与当事人具有社会连带关系主体的利益，并以各方当事人接受为目标，因而相对于裁决，调解在很多情况下能更好地保证纠纷在国家法律主导下的公正合理解决。第二，有利于保证纠纷解决的和谐性和彻底性。调解在纠纷解决方案选择上的多样性以及方式手段的灵活性，使得当事人各方对民事权利义务的分配和法律责任的承担，从心底里获得公正感和认同感，并达成基于自主意志的合意，消除由纠纷引发的内在矛盾和冲突，实现当事人之间民事法律关系的恢复和重建，进而使纠纷往往能够得到实质性解决，因而具有纠纷解决上的和谐性和彻底性。第三，有利于更好地实现纠纷解决的经济性。由于当事人在纠纷的解决上达成了基于自主意志的合意，因此在绝大多数情况下都能较早地实现“案结事了”，这就较大地节约了国家和当事人的纠纷解决成本。具体而言，一是减少了纠纷解决的后续程序，如经过人民调解或行政调解的，一般不再申请司法确认或提起诉讼；经过一审调解的，一般不再申请再审等。二是负有义务的一方大都能自觉履行约定的义务，并且在很多具有给付义务的纠纷解决中，在正式签订调解协议之前即能够履行相应的义务，极大地减少了人民法院的审判和执行负担。虽然在某些情况下，调解人员为促成纠纷的解决，需要延缓一些调解的时间，如果孤立地看，似乎不如迅速裁决更为经济，但是若从调解一旦达成协议所具有的上述效果看，自然还是调解更为经济。

当然，调解对于民事纠纷的解决也会存在一些功能上的欠缺：一是难以确保每一起纠纷解决的当事人的意思自治性。虽然调解以强调当事人的意思自治为原则，一般情况下也能贯彻这一原则，但是毕竟影响调解过程和调解协议签订的内外因素是复杂的，难免在有的情况下，调解人员采取不适当的方式和手段迫使当事人达成有违真实意思表示的协议。不过，这些情形在实践中并不多见，并且对调解违反自愿原则或调解协议的内容违反法律的，当事人可以通过再审程序予以救济。二是某些纠纷解决结果在是非责任上具有模糊性。一般而言，分清当事人之间的是非责任，是纠纷得以顺利调解的基础。但是，在民事纠纷的解决中，难免有一些民事纠纷难以或者不宜分清是非。前者主要是由于事实未能清楚地得到证明，后者则主要是涉及当事人隐私，以在家事纠纷中较为常见，是非明确后反而可能造成矛盾的激化。因此在实践中人们对于此类纠纷多倾向于调解解决，而不轻易采取裁决的方式。在事实不清楚、是非责任不明确的情形下纠纷得到了调解解决，这虽然有其积极的一面，即及时恢复了当事人之间的和谐、减少了社会震荡、节约了纠纷解决的成本，但也有其消极的一面，即不利于当事人程序权利的充分保护。三是对于当事人权利的保护在某些情况下可能具有非严格性。调解虽然以合法性为原则，国家法律规范也是当事人合意达成的重要依据，但是调解毕竟属于以“合意主义”为指南的“整体性思维”，在民事纠纷的调解中，调解人员可能会为促使当事人合意的达成，基于各种实际情况的考虑，如负有义务的当事人生产生活困难、亲情关系的恢复、商业友谊的维持等，劝解享有权利的一方当事人放弃从法律规范而言应当享有的某些权利。这从其积极的方面而言有利于“法条主义”缺陷的纠正，但如果把握不当，也可能对当事人权利的合理维护和法律的权威造成一定的损害。① 这些欠缺，也是调解人员在调解实践中需要合理认识和注意的。

① 张立平：《为什么调解优先——以纠纷解决的思维模式为视角》，《法商研究》，2014 年第 4 期。

第二章　西方调解的历史沿革、理念与原则

本章主要介绍西方国家的调解，其中第一节介绍西方调解的历史沿革，第二节介绍西方调解的理念，第三节介绍西方调解的原则。总的说来，20世纪后半叶开始，调解首先在美国开始发展，逐渐影响到其他西方资本主义国家。到20世纪末，调解在西方主要国家蓬勃发展，成为多元化的纠纷解决机制中重要组成部分，代表性的国家有英美法系中的英国、美国和大陆法系中的德国、法国等。虽然如此，调解在西方发达国家中的发达程度也存在着区别，总的来说，调解在英美法系国家发展更快、更为繁荣；大陆法系国家则相对谨慎，它们借鉴英美法系国家的经验，亦步亦趋。美国调解引领着西方调解的潮流，因此本章在介绍西方调解的理论与原则时将重点放在美国调解，兼介绍其他西方国家的相关调解理论与实践。

第一节　西方调解的历史沿革

一、美国调解的发展过程

美国把调解当做众多纠纷解决体系的组成部分，在美国人看来调解与谈判、仲裁、诉讼一样是一种纠纷解决机制。美国法律界和调解实务界都认同调解是由中立的调解员进行协助的谈判过程。前美国联邦政府劳工部长 William Usery 认为在美国历史开端时就出现过调解，比如托马斯·杰佛逊就在争议各方中调停，最终将美国的新首都确定在华盛顿特区。但是杰佛逊时代的调解和本书所要介绍的现代美国调解的性质、适用范围、特点等完全不同，现代美国调解的兴起也就是近几十年的事。好讼的美国社会经历了诉讼爆炸，从20世纪七八十年代开始司法改革运动，司法改革运动推动并促成了包括调解在内的多元化纠纷解决机制

的繁荣发展。

但在司法改革运动之前，美国就已经开始探索采用诉讼外的纠纷解决机制。20世纪初到20世纪50年代是现代美国调解的萌芽期。1913年美国联邦政府劳工部设立了劳动争议协调委员会，专门处理劳动者与雇主之间的争议。1947年美国政府设立了联邦争议调解和协调局，该局继承了劳动争议解决委员会的职能。美国仲裁协会于1926年成立，其宗旨是促进大众使用仲裁和其他非诉讼的方式解决纠纷。随后各州政府也仿效联邦政府的做法，设立了本州的仲裁调解机构。此阶段美国调解有两个特点：非独立性和局限性。第一是调解与其他争议解决方式之间没有明确的界限，比如与仲裁、谈判、协商等方式。前文所讲的劳动争议协调委员会等机构在处理纠纷的时候不会将调解作为一种独立的纠纷解决机制，而仅仅是一种处理问题的手段。第二是这时候的调解领域局限于群体性的劳动纠纷，比如工会代表劳动者与雇主公司之间的劳动纠纷，而不包括单个劳动者与雇主的纠纷。

大约在20世纪60年代，美国调解进入了第二个发展时期，这个时期的美国调解有三个特点：第一，政府设立了大量的调解机构；第二，非盈利性调解机构迅速发展；第三，调解开始走向民间化和自治化。首先是联邦政府和各州政府设立了更多具有调解仲裁功能的机构。比如联邦政府的社区关系协调处理局，该局隶属于美国联邦劳工部，目前有十个区域派出局和四个当地办事机构，覆盖全美各州。[①] 根据其官方网站的数据，社区关系协调处理局的业务范围主要分为教育、交流、协调、调解和协助沟通等五部分。[②] 其次是非盈利性的调解机构出现且迅速发展，深入美国民众的日常生活。联邦政府资助成立了一系列的社区公正服务中心，为公众提供低收费的甚至免费的纠纷调解服务，从而使社会公众能够避免诉讼的昂贵成本。时任美国联邦司法部长的贝尔接受了哈佛大学桑德尔教授提出的社区调解中心的设想，开始了“社区公正服务中心”（community justice center）运动。[③] 在其推动下，美国设立了数以千计的社区公正服务中心。时至今日，全美国大概有两千多个社区公正服务中心，每年处理数以百万计的民间纠纷。最后，在该阶段调解开始民间化和自治化，一系列的民间的、专业通过调解服务的机构大量出现，比如由退休医生、医疗管理机关人员、社会人士组成的医

---

① 见 http://www. justice. gov/crs/map. htm.

② 见 http://www. justice. gov/crs/about-crs. htm.

③ 见 http://www. justicecenter. org/JCA-aboutus. htm.

疗事故调解机构，又比如商业性的处理房地产租赁纠纷的调解公司等。这些机构都是私人注册成立的服务机构，脱离政府部门独立运营。

从20世纪80年代后期开始，美国调解进入了它的第三个发展阶段：繁荣发展时期。在前面两个发展阶段，虽然美国调解从萌芽到成为一种新兴行业，但社会大众并未对调解进行充分的了解和支持，而且美国司法界甚至对调解持怀疑或者反对态度。但是从20世纪80年代后期开始，诉讼爆炸的现象使得美国社会和美国司法界对美国的好讼文化进行了深刻反思，在这一阶段，调解和其他纠纷解决机制得到了全社会的广泛支持。这一阶段美国调解有以下四个特点：首先，调解深入到生活的各个层面；其次，调解的专门化、职业化；再次，调解的商业化；最后是学科化和科学化。

首先，美国调解案件类型得到扩张，从原来仅处理劳动纠纷到处理各种民间纠纷，甚至还涵盖涉及公共利益的反垄断纠纷。可以说在20世纪末调解逐渐深入美国社会生活的各个角落。在社区调解内部也出现了细化现象，社区调解有专门的租赁纠纷、消费纠纷、涉及社区看护纠纷的调解机制。调解的范围扩展到警察执法产生的纠纷、轻微刑事案件、监狱机构与罪犯之间（就监狱管教事项）发生的纠纷等都在调解范围之内。现在美国各州都有州政府层面的调解机构。而且，社会公众和美国政府、地方政府和其他公益组织都经常作为当事人参与调解。政府在建设大型工程的时候产生涉及土地产生的争议也都通过调解来解决。

其次，政府（主要是法院）开始对调解作为一种职业来进行规制，而且出现了大量的专业调解机构。虽然目前美国政府并不直接规范调解活动和调解员，但法院和律师协会已经通过间接的方式来进行规范。美国众多的法院建立了基于法院的调解（Court-based Mediation）机制。法院会考虑本法院案件的类型、调解机构所聘请调解员的相关资质、调解机构的规模以及调解机构的收费情况等来选任法院定点调解机构。次贷危机中，美国很多州的法院都进行了按揭拍卖案件的调解项目，出台了对调解员、调解职业的很多政策和规则。少数法院会明确制定在法院认可的调解员标准，比如法院会颁布相应资质要求，对调解员进行认证。纽约州法院就专门设立有司法调解项目。根据纽约州法院系统的网站介绍，纽约州法院的司法调解项目涵盖农业纠纷、邻里纠纷、婚姻家庭纠纷和社区纠纷。[①] 律师协会可以下设有调解员协会或者类似的机构，律师可以选择自愿加入这些组织，但是一旦加入，则受到这些组织的调解规则约束。

---

① 见 http://www.nycourts.gov/ip/adr/Info_for_parties.shtml.

再次，该时期美国调解也出现了商业化的趋势。美国律师收费昂贵，一般收费从一小时一百美元到上千美元不等。20 世纪 70 年代开始，美国人对待诉讼的看法逐步变得更为理性。通过低价高效的纠纷解决方式来解决争议，迅速拿回资金才是比较实际的选择。出现争议就已经产生了损失，至少要损失律师费。[①] 通过前两个阶段美国调解的发展，美国的调解机构和调解员已经积累了相当丰富的经验，能够公正地运用调解来处理商业性的纠纷，这表现在美国调解员收费不比律师低，而且业务繁忙，受到当事人信赖。美国涌现大量的商业调解公司，为当事人提供收费的调解服务，在某些情形下针对特定类型的案件也提供无偿的调解服务。比如创立于 1979 年的美国 JAMS 公司，就是美国商业调解公司中的佼佼者。JAMS 公司有超过 280 名正式调解员、仲裁员，并有近 200 名兼职调解员、仲裁员，该公司在美国有 26 个办公地点，并在欧洲、加拿大多个国家和地区设有办公机构。[②] 在美国，与 JAMS 公司差不多规模的调解公司有几十家，而规模小一些的商业调解公司则有数百家。

最后，美国调解从 20 世纪七八十年代开始了学科化。首先，调解或者 ADR 逐渐成为美国各大法学院教授的核心课程。在 2002 年，美国全部 150 所法学院中有 140 所开设有纠纷解决类课程，在这其中有 120 所既开设有 ADR 课程，同时还开始了谈判、调解、协商等课程。[③] 其次，美国学术界开始将调解作为一门专门的学科进行研究，研究的深度和广度都到了一定的水平。美国律师协会（American Bar Association）专门组成了调解和纠纷解决分会，每年组织专题学术研讨，并面向学者、法学院师生、社会人士开设调解和纠纷解决培训班。哈佛大学创办了著名的谈判杂志（Harvard Negotiation Journal），作为专门研究谈判、调解和解决纠纷的专业刊物。

① 美国法庭一般只有在法律有规定或者合同、协议有约定的情况下，或者是将律师费作为一种惩戒手段的情况下才会判给胜方律师费。

② 见 http://www. jamsadr. com/aboutus_overview/，以及 http://www. jamsinternational. com/locations/panellist-locations.

③ John Lande & Jean Sternlight, The Potential Contribution of ADR to an Integrated Curriculum: Preparing Law Students for Real World Lawyering, 25 OHIO ST. J. ON DISP. RESOL. 247, 266 - 77 n. 101 (2010)

二、欧洲国家调解的发展过程

（一）德国调解的发展

20世纪末期，德国已经出现民间的、自治性的调解培训组织和学术自治团体，比如德国慕尼黑商会就开展了调解技能培训课程。但是德国政府官方一直没有相关的政策法规，直到2008年欧盟出台了《欧盟关于在民商事领域适用调解的指令》（EU Directive on Certain Aspects of Mediation in Civil and Commercial Matters）[①] 之后，德国才开始出台规制调解的法律：《德国调解法案》。德国调解法案于2012年通过。以欧盟指令和德国调解法案为分界点，德国调解的发展可以分为两个阶段，一是官方立法前的民间自发调解阶段，二是官方立法后的官方支持、法院重视、民间运用的调解快速发展的阶段。德国调解的发展较美国调解的发展要晚很长一段时间。在相当长的时间内，德国民间（尤其是商务界）已经开始重视并运用调解，但是官方和法律界一直到近几年才开始重视并推动调解。

在第一阶段，德国调解没有法律的依据也没有官方的支撑，但是民间已经自发地进行调解。按照德国国际商会对2012年以前的数据统计，结果表明德国国际商事的仲裁部门在仲裁案件中采用调解的方式，其处理的案件平均额度在1700万美元，但是平均每个案件的调解费用仅20000美元。德国国际商会表示其在采用ADR方式处理的案件中，80%都是通过调解结案。德国仲裁中心（DIS）在处理仲裁案件中也大量采用调解方式，德国仲裁中心还专门出台了调解规则。德国是典型的大陆法系国家，在纠纷解决的问题上有明显的职权主义倾向，因此，相对于美国而言，其在很长一段时间对调解持保留态度。德国学者Peter Tochtermann在2012年指出，在法律领域调解仍然不是重要的机制。[②]

2012年的《德国调解法案》出台之后，德国调解的发展进入了第二阶段。首先调解有了法律的明文规定，为其合法发展扫清了障碍。《德国调解法案》规定了调解的很多基本原则和具体规定。法案的第2条规定，调解员无权强迫当事人接受其实体处理方案。在德国调解法案下，调解被分为三种：法院外调解，法

---

① EU-Directive 2008/52/EWG

② Klaus Hopt and Felix Steffek, Mediation: Principles and Regulation in Comparative Pespective, Oxford Scholarship, January 2013. Chapter 8.

庭推荐或指令的调解以及法院内司法调解。[①] 按照德国调解法案的规定，法院外调解完全由当事人自主，当事人可以自主选择调解程序和调解员。《德国调解法案》对法院外调解的支持体现在三点：第一是将和解协议当做合同，在一方违反协议时予以司法救济；第二是当事人可以依照《德国调解法案》的规定，在协议中约定在协议履行完毕之前中止纠纷的诉讼时效；第三是如果当事人将具有金钱给付内容的协议交由公证员公证，那么可以作为债权文书强制执行。而按照第 278 条 a 款的规定，法庭推荐或指令的调解中，法庭可以推荐或者指令进行调解，在调解期间审理程序暂时中止。而按照第 278 条第 5 节的规定，在审理案件过程中，法庭可以进行司法调解。值得注意的是，法案明确表态主持庭审的法官可以进行调解，即使调解失败其仍得主持庭审。

婚姻家庭纠纷是德国最早被引入调解机制的领域，也是现在德国调解适用的主要领域之一。在离婚案件中，离婚本身必须由德国法院处理，但是离婚案件中的其他问题，比如子女抚养、财产分割等都可以通过调解的方式解决。在诉讼程序的开始阶段，德国法院就提供"法官调解"，由接受过调解员培训的法官来进行调解。在 2008 年以前，具有调解员资质的法官在德国法院并不是很多，但是到现在数量已经增加了很多。[②] 大趋势是德国法院越来越重视调解工作，法官也日益支持调解。

值得注意的是，即使现在有了官方支持，德国调解发展很快，但与美国调解仍然不可相提并论。表现在首先德国纯粹提供商业调解服务的机构并不多，多数机构都是律所或者仲裁机构，不像美国有专门的调解公司或者大量的公益调解机构；其次是德国调解适用的范围主要在商事案件和婚姻家庭案件，范围远不如美国。当然，考虑到《德国调解法案》出台才三年时间，法案和德国官方的态度能不能极大地推动调解的发展，现在还言之过早。

（二）法国调解的发展

法国调解的发展过程与德国非常类似，但是法国调解的发展要稍早于德国。法国调解的发展也可以分为两个阶段：第一个阶段是民间自发的运用调解的阶

---

① http://www.shearman.com/~/media/Files/NewsInsights/Publications/2012/09/The-New-German-Mediation-Act/Files/View-full-memo-The-New-German-Mediation-Act/FileAttachment/TheNewGermanMediationAct170912.pdf.

② Hrsg., Maihofer, Werner, Sprenger, Gerhard und Brugger, Winfried. *Mediation und Beziehungsgewalt*. Bd. 44. Baden-Baden, p. 65(2008).

段，时间大概在2004年以前；第二个阶段是2004年之后，官方有明确的法律规则并且积极推动调解。

20世纪末期，法国已经有相当范围的民间调解。比如巴黎商会在1995年就设立了巴黎调解仲裁中心（Paris Mediation and Arbitration Centre）作为其下属机构。按照巴黎调解仲裁中心的统计数据，其处理的案件中超过60%都是通过调解或者协商解决的。①

法国的调解立法比德国早，在1995年2月，修正后的法国《民事诉讼法》第131条明确规定在任何类型的诉讼中都可以适用调解方式来解决纠纷。不过该条法律并未实质性地推动调解在法国的发展。在法国《民事诉讼法》修正后到2004年之间，调解在法国并未取得较大发展，即使个别地区调解被广泛运用，也仅仅是因为个别法院或者法官的大力推动。②不过2004年，法国最高法院判决了一个重要案件，明确当事人通过调解或者谈判的方式解决纠纷的合同有效，因此当事人在提起诉讼之前必须先进行调解和谈判。换句话说，如果当事人在合同中规定了调解，法院可以将其视为诉讼的前置条件。法国政府部门也大力提倡调解。作者在搜索法国调解服务人员过程中发现很多法国的调解执业者都是在2004年前后开始从事调解工作。比如法国调解员David Tudor就是经营商业多年以后从2003年开始担任调解员。③ 2005年11月，在法国经济与财政部的发起下，法国的55家大型企业签订了法国公司间调解宪章，约定在签约公司间发生的经济纠纷，优先采用调解方式解决。④ 2006年，很多法国律师都加入了法律行业调解宪章。根据2005年的数据，巴黎调解仲裁中心通过调解处理的案件中，有41%的案件争议标的较小（小于4000欧元），39%的标的很大（超过100万欧元），其调解成功率为71%。

总而言之，法国调解立法比德国要早，其政府对调解的发展也大力支持，因此法国调解比德国调解发展要更迅速。但是同美国相比，德国法国等欧洲国家的调解发展仍然较落后，具体表现在美国调解的职业化和商业化程度明显要高很多，美国仍然引领着西方调解的潮流。

---

① http://www.twobirds.com/en/news/articles/2007/mediation-in-france.

② Klaus Hopt and Felix Steffek, Mediation: Principles and Regulation in Comparative Pespective, Oxford Scholarship, January 2013. Chapter 8.

③ https://www.mediate.com/mediator/details.cfm? id=26415.

④ Paule Drouault-Gardrat, Marion Barbier, Mediation in France, available at: http://www.twobirds.com/en/news/ articles/2007/mediation-in-france.

第二节 西方调解的理念

为大多数西方国家调解所共同遵循的理念有：调解优先、着眼未来、调解中立和调解共赢。调解优先是指在多种纠纷解决机制中，调解优先适用，尤其是相对于诉讼来说要优先适用。而着眼未来是指调解关注的是遵照当事人的意愿解决问题，而不是从法律上分辨是非对错，不对当事人进行法律和道德上的评判。调解中立是强调调解员的立场应当中立于双方当事人的立场，无论从实质上还是从形式上都保持不偏不倚，不带自己的立场和利益。调解共赢是指调解时调解员要引导双方尊重和维护双方共同的利益，调解不是简单的“你输我赢”的零和游戏，而是通过调解交流发现契机，“做大蛋糕”，实现双方的共赢。

一、调解优先

以美国为代表，各国都接受了调解优先作为调解的基本理念之一。这里的调解优先适用主要是相较于诉讼而言，尤其是在美国，调解优先就更加体现了调解的优势和效果。调解优先表现在只要当事人愿意，就可以优先适用调解，无论是纠纷还未进入诉讼程序抑或已经进入诉讼程序。我们都知道英美法系国家，尤其是美国是典型的好讼国家。美国民众信赖法院诉讼机制，倾向于通过诉讼解决纠纷。但是随着社会经济的发展，通过诉讼解决社会纠纷的机制弊端逐渐显现。高昂的诉讼成本让普通民众无法承受，美国律师收费之昂贵众所周知，一宗普通的民事诉讼从起诉到庭审往往要历时几个月到两三年不等。从 20 世纪七八十年代开始，美国开始了司法改革运动。在美国政府和民间的合力推动之下，美国社会逐渐开始形成非诉讼的纠纷解决机制体系，调解就是其中非常重要的机制之一。

调解优先理念首先表现为全体社会对调解的认可和偏好。在美国，调解为民众、政府和司法机关所接受，民众在遭遇社会纠纷时首先考虑调解的解决方式；美国政府在处理民间纠纷时，除了严格执法之外也鼓励当事人通过调解方式解决问题；美国司法机关从最初的排斥调解发展为坚定地支持调解。在美国，法院在特定情况下甚至会强制当事人进行调解，无论当事人是否自愿。在 2009 年美国次贷危机之后，佛罗里达州第十一巡回法院要求凡是涉及要求强制拍卖房产偿还按揭贷款的案件，如果涉案房产是当事人的法定居所（Homestead）[①]，那么案件必须先经过调解才能进入审理程序。该法院首席法官乔·布朗于2010年3月17日发布命令，确立“居住房屋按揭案件调解项目”（Residential Mortgage Foreclosure Mediation Program,“RMFM”）。[②] 该项目下，法院受理的所有涉及法定居所的按揭拍卖案件都必须强制调解，法院指令公益组织柯林斯社会正义中心（Collins Center）为该项目的调解组织。该调解项目取得了巨大成功，被佛罗里达州最高法院在全州范围内推广。

调解优先的理念还体现在调解适用的案件范围上。与诉讼只能解决法律争议不同，调解既可以用来解决法律争议，也可以用来解决非法律争议，比如情感纠纷和单位内部同事之间的不构成权利义务关系的纠纷。本书的姐妹篇《美国调解经典案例评析》一书的第七章记载了一个大楼住户之间纠纷如何解决的过程。该纠纷中双方都是一栋居民楼的租户，因为误会产生了矛盾。但是她们的矛盾都是些邻里之间的家常里短，如果诉诸法院，肯定不能解决问题。该案中她们在大楼管理者的推荐下来到社区调解中心，通过调解圆满地解决了矛盾。本章作者曾于2012年访问美国波士顿的剑桥社区中心和调解集团，一为公益调解组织，一为私营调解公司。在两个机构的业务范围中，有一项重要的业务是对大型机构的员工进行培训，帮助他们认识、分析和处理在工作中与同事或者上下级发生的分歧。这些分歧不一定是权利义务上的分歧，因此不能通过诉讼方式解决，但是分歧的存在影响到员工之间的关系，进而影响公司的运营。因此，很多公司愿意聘请专业机构来专门处理问题。调解集团的合伙人布罗洛夫先生表示，这块业务在调解集团业务中占比例比较大，而且收费不低。从这些情况，我们可以看出，在美国等国家，调解是优先于诉讼等方式适用的。

调解优先还表现在调解在处理纠纷时解决问题的深度超过诉讼。诉讼与调解处理争议的方式不同：诉讼处理纠纷的结果是非黑即白，而调解处理的结果则可以是居中的、无关谁对谁错。一般来说，诉讼和调解的纠纷都是双方在法律上有合理的依据，从法律上来讲绝对会败诉的当事人不可能进行诉讼或者调解（赖账的除外，在美国的法律体系和信用体系下恶意赖账的情形不常见）。因此当事

---

① 法定居所是美国法下特定的法律制度。一个公民无论其有多少套居所，其可以依法律程序宣布其中一套为法定居所，极少数情形下也可以宣布两套房产为法定居所。法定居所享有其他房产不享有的宪法保护，具体有免部分房产税，不被债权人（除非购买房产的是按揭贷款银行）强制拍卖等。

② The Eleventh Judicial Circuit Court Miami-Dade County, Florida, Administrative Order, NO. 10-03 A1 (March 17, 2010).

人有动力选择调解来解决问题。法院不能拒绝审判，在很多案件中其实涉及的法律本身并不明确，但是如果选择诉讼，即使法律不明确法官也必须作出明确的判决。万一法官对法律、社会、科技等的发展趋势理解有误，法官的判决便会产生错误的、违背潮流的法律。在这种情况下，法官更倾向于调解。这也是为什么美国司法界现在更倾向于调解结案的原因。

不仅仅在美国调解优先的理念得以确立，西方主要国家也逐渐接受了这个理念。最为典型的就是前文提到的2008年欧盟《关于在民商事领域适用调解的指令》。该指令充分肯定了调解作为一种独立类型的纠纷解决机制在民商事事领域的巨大作用和优势。按照该指令，欧盟各成员国就必须立法确认调解制度的合法性，并制定相应的调解规则。欧盟指令从立场上倾向于优先适用调解来解决社会矛盾，指令欧盟各国的民事司法中都必须充分适用调解。从德国和法国的情况来看，在欧盟指令出台后的短短数年，两国就相继立法或者修法完成了指令的要求，而从实践上来看，调解在两国民商事领域得以广泛应用。

二、着眼未来

着眼未来是指调解关注的是遵照当事人的意愿解决问题，而不是从法律上分辨是非对错。西方调解的根本策略是挖掘当事人立场背后的利益，然后根据当事人的利益需求形成符合双方利益（主要利益和核心利益）的方案，最终解决问题。因此，要通过调解解决纠纷，就必须顺应当事人的需求。当事人想要什么，想实现什么才是解决问题的关键；当事人过去做过什么，合不合理、合不合法最终只能是促进问题解决的砝码。着眼未来是强调形成符合当事人意愿的解决争议的方案，只关注未来怎么才能使当事人从争议中解脱出来，重新走上生活、工作、经营的正轨。美国经验强调挖掘当事人背后的利益，这个经验被其他西方国家所吸收。在德国学者 Haft 和 Von Schlieffen 看来，调解的关键一环就是在调解中收集和整理当事人的利益；而在寻找可以实现当事人利益的方案中，自然应当朝前看——着眼未来，而不是判断谁对谁错。[①]

比如在贸易纠纷中，纯从法律角度考虑就只能判定谁负有责任且应当如何赔偿，但是贸易合作的关系也许就恶化了。而通过调解，双方可能选择一种折中的

---

① Haft, Fritjof und von Schlieffen, Katharina). Handbuch Mediation-Verhandlungstechnik Strategien Einsatzgebiete. Bd. 2. München, 2009 p. 482

方案解决问题，在维护合作关系的情况下保证经济利益。

这种做法普通的中国读者可能难以接受，本书作者也请教过美国专家。美国专家表示这与美国的法治环境、社会环境相关。首先，如果当事人坚持要分辨是非，完全可以走诉讼和仲裁的途径；其次，美国诉讼成本高昂，直接调解妥协获得部分赔偿不失为明智之举；最后，美国社会是典型的商业社会，人们会比较务实地单纯从经济角度考虑问题。凡是涉及金钱纠纷的案子，人们关注的是怎么获得赔偿，而不关注谁对谁错。这样的理念在美国这样一个商业社会已经为法律界和商界所接受。2011 年 10 月，由湘潭大学和美国马萨诸塞州大学以及美国马萨诸塞州法官协会举办的中美调解高级研讨培训班上，美方专家向学员们传授了美国调解的理念：调解要向前看，是要解决问题；不要向后看，调解不判断谁对谁错的问题。法律问题是很重要，但是相对于解决争议问题来说就不是那么重要了；调解不追究谁对谁错的问题，只要当事人自愿，他们就可以以自己同意的方式解决争议。① 总而言之，法律的规定和当事人的需求往往不一致，在出现这种情况的时候，当事人宁愿不按照法律（强行法除外）规定来解决争议。德国也非常强调本质上来说不是追究已经发生事实的责任，而是面向未来寻找解决方案的过程。②

三、调解中立

调解中立应该是调解员应当遵守的基本规则，但是本章将调解中立作为西方调解的重要理念之一，因为调解中立是调解的基本要求，并非一般的规则。对调解中立的违反不仅仅是对规则的违反，而且是对调解基石的背离。

一般而言，调解中立就是要做到调解员保持中立、不偏不倚，在立场上和利益上与双方当事人都没有冲突或者偏向。但是从规则的层面上来讲，何为立场上不冲突，何为利益上无偏向是很难界定的。但是如果把调解中立视为调解的基本理念，作为调解的根本，那么就可以向调解员提出职业道德上的要求。在美国等西方国家，国家对于职业道德的规制是较宽泛的和低要求的，但是职业组织内部

---

① 本书作者认为这里的观点有道理但是也不能走向极端，如果当事人不了解自己法律上的权利义务，那么可能导致当事人的调解意愿不真实。而美国调解之所以可以不太关注法律分析是因为凡是重大一些的案件当事人一般都会请律师，律师的存在可以很大程度上避免当事人在法律上的无知。

② Haft, Fritjof und von Schlieffen, Katharina). Handbuch Mediation-Verhandlungstechnik Strategien Einsatzgebiete. Bd. 2. München, 2009 p. 482

的要求是非常严格，甚至是苛刻的。在美国没有统一的、全面的调解员利益冲突审查标准，对什么是利益冲突也看法各异。在美国，调解是一种高度自治的职业，从美方众多专家介绍的情况来看，绝大多数的调解机构和调解员都恪守了职业道德，在利益冲突审查方面体现了自律的职业精神。

现实中，尤其是我国人民调解就明显体现出这样一种“调解员比当事人还着急达成解决方案”的现象，这种现象违背了调解中立的理念。当然，这里的调解中立理念是指西方的利益导向型调解，而不是宽泛意义上的调解。虽说我国人民调解有这样一种倾向，但并不代表它不能实现调解化解纠纷的功能。

西方国家的调解研究者注意到了调解员在有的情况下会带有自己的立场，甚至一定程度上有实体的干预权。在有的西方国家，研究者将这种情况称为“调停”，将其与典型意义下的调解区分开来。“调停在许多方面与调解类似，二者的主要区别在于，调停虽有类似调解的过程，但其中立第三人能够向当事人提供法律信息，并且/或者提出解决纠纷的建议。”① 但是另外一方面，调停和调解“二者在实践中的界限已经非常模糊”。② 所以，在区分调解和调停的问题上，关键在于怎样看待调解，本节的西方调解是指利益导向型调解，因此和调停有较大区别。从这个意义上讲，调解中立要求调解员本身不能带有立场。

四、调解共赢

调解共赢是指调解员在调解过程中应该引导当事人挖掘利益增长点，而不是局限在既有的有限利益上争夺。社会大众往往在处理纠纷的时候不自觉地将纠纷解决理解为零和游戏，这样的普遍现象不但有经济、社会的现实基础，其实也是心理学规律的体现。在面临纠纷的时候，人们往往存在“基本归因谬误”，容易将纠纷的解决过程视为“零和游戏”，虚构为“固定馅饼”。③ 有人认为纠纷解决就是经济学上的零和博弈，一方受益必然另一方损失。事实上，很多纠纷的解决中并不一定会导致一方利益受损而一方获利的情况。美国调解的实践表明调解

① ［澳］娜嘉·亚历山大主编，《全球调解趋势》（第二版），王福华等译，中国法制出版社 2011 年出版，第 2 页。

② ［澳］娜嘉·亚历山大主编，《全球调解趋势》（第二版），王福华等译，中国法制出版社 2011 年出版，第 2 页。

③ 具体关于这方面的论述，可以参考本书的姐妹篇《社会心理学在调解中的运用》第二章和第四章相关内容。

共赢的策略是可行的，调解中可以出现利益的增量，而且当事人可以分享这个增量的利益。

美国的调解经验表明，相当大比例的案件并不是一方得利一方受损的情况。具体来说有两种情况：首先双方放弃对争议之上的利益，而是通过挖掘今后的合作机会来获取更大的利益；其次是当事人最开始可以只主张金钱赔偿，然而调解员可以促成当事人获取非金钱外的利益。

这里最关键的是对“利益”的挖掘。按照我们惯常的了解，所谓利益，就是指的金钱和财物。虽然我们生活中遇到的很大比例的纠纷是因为金钱和财物而起，但是也存在很大比例的纠纷中掺杂情感、信任、合作关系等因素，这些因素隐藏在双方争夺金钱、财物的表象之下，当事人可能也需要调解员的帮助才能清楚地认识到自己非金钱形态的利益。因此，在调解过程中，调解员必须引导当事人透过现象看本质，挖掘当事人的利益所在。按照美国调解的看法，利益是多种多样的。有金钱的利益，也有非金钱的利益；有过去的利益，也有现在和将来的利益。

传统的纠纷解决机制将注意力集中在过去的金钱利益，这是纠纷解决的一大障碍。如果调解员能够引导当事人认识和界定其利益，并且一起思考如何能够在获得自己的利益的前提下不损害对方的利益，比如可以通过合作创造其他利益，也就是做大蛋糕。在蛋糕做大之后，再在当事人之间进行分配，那么每一方分得的利益都比原来要大，调解就可能达到双赢，纠纷自然迎刃而解。比如在前文提到的美国次贷危机中，爆发了大量的银行起诉借款人的按揭房产拍卖案件。在当时整个房地产业崩溃的情况下，即使依照法律规定和借款合同约定，房产拍卖出去也卖不出好价钱；但同时借款人也不得不搬离房屋，无处居住，所以这是一个典型的双输的结果。这时候，法院的调解项目应运而生。通过调解，很多案件的银行与借款人达成和解，签订新的借款协议——借款人每月归还一部分欠款（一般略低于市场房租）因而得以继续居住；银行除了每月收回一定款项，还可以获得对方承诺如果违背新的协议则放弃法律上的其他抗辩权。总之，这样的调解避免了各自的损失，达成了共赢的结果。

第三节　西方调解的原则

西方国家共同遵循的调解原则主要有调解自愿、调解中立和调解保密原则。所谓调解自愿是指调解必须基于当事人的同意，当事人同意调解才能够进行调解。调解中立原则是指调解员必须保持立场的中立，这要求调解员本身不得有利益和预设的立场，还要求调解员既要做到实质上的中立，形式上也要保持中立。所谓调解保密是指调解员和调解组织必须为当事人保守秘密，表现为调解员在调解过程中获得的信息不得向对方当事人和其他人透露，不得接受法院传唤出庭作证，以及当事人在调解过程中的陈述不得用于证明其实体问题上的过错。值得注意的是，很多调解原则并非西方调解独有的原则，我国调解一样遵循这些原则。但是另一方面，在具体遵循这些原则的时候，西方和我国的处理方式还是存在观念和操作上的差异。

一、调解自愿原则

调解自愿原则是指调解必须基于当事人的同意，当事人同意调解才能够进行调解。在美国仲裁协会、美国律师协会纠纷解决分会和冲突解决协会三方共同制定的《调解员行为示范标准》规定了当事人的自由决定权。在该规则中，当事人“可以在调解的任何阶段自由决定调解的进度和内容，包括调解员选择、流程设计、参与或者退出调解的过程、对结果的设计”。[①] 该规则还规定，调解员不得因为“追求更高的调解率、调解员自尊心、增加费用，或者出于法院人员、项目管理员、所属部门、媒体或者其他的外部压力”等原因破坏当事人的自主决定权。这里所说的自主决定权，就是指调解必须自愿。

调解自愿原则是与调解的本质属性相适应的，调解的正当性就在于当事人自己处理自己的事务，是当事人对自己权利义务的处分权的体现，处分权的行使就要求必须是当事人自己的真实意愿。正是因为当事人选择调解是行使自己的处分权，所以调解必须自愿，不自愿的调解是违背调解的基本属性的。双方当事人同意调解实质表现在两个层面：首先双方当事人同意对特定纠纷进行调解，其次双方当事人同意由特定的调解机构以及特定的调解员进行调解。

值得注意的是，西方国家的调解不仅仅在调解技术上做到细致深入，而且其程序规范也做得严谨有序。在确认调解自愿时，西方国家调解组织和调解员有一套标准规程来处理问题。比如说，美国调解组织往往都有规范、详细的同意调解确认书文本，在正式调解之前都会要求当事人认真阅读和签署该文件。调解自愿

① 美国仲裁协会、美国律师协会纠纷解决分会、美国冲突解决协会，《调解员行为示范标准》2005年9月，准则 I。

原则并非美国或者其他西方国家独有的原则，我国调解同样强调调解自愿。我们一定要看到，虽然原则是共通的，但是具体实现这个原则时，我国和西方国家还是存在很大差异的。至少在规范性这一点上，我们可以学习西方的经验。

虽然调解必须自愿，但是对调解自愿原则的理解又不能过于机械，并非所有纠纷以及解决纠纷的全部过程都要自愿。西方的经验表明在特殊的情况下，可以强制调解。调解自愿并非是指全部调解过程都必须要自愿，原则上来说当事人的实体决定权问题是一定是要自愿的，但是其他问题不一定非要当事人完全自愿。最典型的例子，当事人决定实体问题，调解员应当有权威决定程序问题。又比如，即使是实体问题当事人有决定权，与调解员的建议权也并不冲突。事实上，前文也提到在美国次贷危机中，美国法院往往强制当事人进行调解，而且调解的结果能够解决相当部分的按揭拍卖案件。

发现评价调解自愿的落实应当放到不同国家的文化、法律环境中考虑。在对比我国人民调解与西方调解，尤其是美国的利益导向型调解的过程中，作者发现西方调解相对于人民调解而言，特别强调当事人个人的权利和利益，往往不涉及其他人和公众的利益；而在我国，人民调解并非纯粹是当事人自己的事情，也涉及社区的安宁和稳定。正因为如此，相对于西方调解而言，人民调解员在调解过程中往往更加主动、往往对当事人进行道德的评判和法律的指导。这种情况应该对应西方的"调停"，即中立第三方主动干预调解的进程和结果。这似乎一定程度上与调解自愿原则相互背离，但是即使在西方，调停也慢慢被视为广义的调解的一部分，因此，在西方调解下适当干预调解的进程和结果也并不违背调解自愿原则。对此问题，作者认为调解自愿原则的核心是实体结果的自愿，但是自愿并不意味着调解员不能对当事人施加影响。

二、调解中立原则

调解中立原则是指调解员必须保持立场的中立，这要求调解员本身不得有利益和预设的立场，还要求调解员既要做到实质上的中立，形式上也要保持中立。

调解中立作为一个原则，不仅仅要求调解员在实质上保持中立，还要求从形式上保持中立；不仅仅涉及调解员是否应当保持中立，还涉及调解员如何保持中立。

《调解员行为示范标准》准则II规定调解员必须保持中立，"调解员应该以不偏不倚的方式进行调解，并且尽量避免在行为上显现出偏袒的姿态。”①“在任何时候，只要调解人无法以公正的态度进行调解，则应当回避。”

把中立性作为原则，就是说调解员要努力赢得当事人的信任。如何赢得当事人的信任呢，至关重要的一点就是要使当事人相信调解员是中立的。调解员不仅仅应该在实际上保持中立，而且还要从形式上保持中立。这也是为什么美国调解特别强调开场白的原因。只有赢得了当事人的信任，才能真正开始调解。换句话说，调解员不仅仅要中立，还必须使当事人相信调解员是中立的。调解员保持中立有两层含义：一是实质中立，二是形式中立。中立不仅仅是从与双方有亲属关系、利害关系或者与调解案件的结果有利害关系考虑，它还包括形式上保持中立不超越自己的角色。

调解员是第三方协助者，因此调解员在形式上扮演着两重角色即“第三方”与“协助者”。因此调解员形式上保持中立有两层意思。如果调解员实质上是中立的，但是在调解的过程中站在一方的角度与另一方当事人交流，在另一方当事人看来就可能变成了对方的代言人。在这种情况下，调解员就超出了“第三方”这个角色。如果调解员实质上是中立的，但是在调解的过程中过于强调自己的见解和建议，那么当事人也不会把调解员当做协助者。如果不是协助者，即使仍然是“第三方”，那也是和当事人立场可能冲突的“第三方”。总而言之，调解员形式中立，要求调解员在形式上不站在当事人的任何一方，也不能有自己的立场并要求当事人按照自己的理解解决争议。

在美国政府诉微软公司案中，先后由两个不同的调解员调解，第一个调解员波斯纳法官没有收获任何实质性进展，而第二个调解员格林教授则在被告微软公司和大多数原告美国联邦政府和十个州政府之间达成了一致。② 之所以出现这样的差异，其中一个重要的原因就是波斯纳法官并未保持形式中立，无法取得当事人的信任。波斯纳法官有两处未保持形式中立：一是波斯纳法官与当事人的通信像收集证据一样，给当事人感觉他是对方律师；其次，波斯纳法官在传递各方的和解提议时并未表明“传递提议不代表赞同提议”，结果使得当事人感觉他是赞同对方的方案的。甚至律师说到后来他们感觉波斯纳法官简直在向他们大喊大叫。而格林教授则遵循了调解中立的原则，不仅仅实际上保持中立，形式上也让

---

① 美国仲裁协会、美国律师协会纠纷解决分会、美国冲突解决协会，《调解员行为示范标准》2005年9月，准则Ⅱ。

② United States v. Microsoft Corporation, 253 F. 3d 34 (D. C. Cir. 2001).

当事人感受到了他的中立性。格林教授不向当事人收集证据，避免法律争议，避免重蹈波斯纳法官的覆辙。正因为遵循了调解中立的原则，格林教授逐渐获得了当事人的信任，从而成功调解。

三、调解保密原则

前面的调解自愿和调解中立原则可以说是中西共通的调解原则，但是在具体操作上还是存在较大差异。而调解保密原则在目前看来可以说是西方调解区别于我国调解的一项原则。到目前为止，我国只有有限的调解保密规定，仅在《中华人民共和国民事诉讼法》中规定了诉讼过程中出于和解目的所做的陈述不得之后用作证明对陈述人不利的证据，以及《中华人民共和国人民调解法》中规定调解员不得泄露当事人的隐私。这两个规定的范围是比较窄的，前者仅仅适用于起诉之后的和解过程，而后者仅仅保护隐私——而非调解中的当事人所做的陈述。

调解保密是指调解员和调解组织必须为当事人保守秘密，表现为调解员在调解过程中获得的信息不得向对方当事人和其他人透露，不得接受法院传唤出庭作证，以及当事人在调解过程中的陈述不得用于证明其实体问题上的过错。

美国律师协会（American Bar Association）和美国统一州法委员会制定的《美国统一调解示范法》花了大量的篇幅来规定调解保密的内容。[①] 按照该示范法的第四条规定，当事人在调解过程中的交流陈述被保密特权所保护，做出陈述的一方得要求对方当事人、调解员及调解组织工作人员保密。[②] 按照保密特权，法庭也无权命令调解员出庭作证。而且该示范法在美国常见的针对司法程序的保密特权之外还增加了针对行政程序的保密特权，即按照第7条的规定，行政机关也不得命令调解员向其透露调解过程中的当事人陈述内容。[③] 前文提到的《调解员行为示范标准》准则Ⅳ也规定调解员的保密义务。[④]

西方国家调解保密原则具体表现在以下方面：首先，调解员有义务为当事人保守秘密。当事人在调解的过程中所做的任何陈述，无论是否对该当事人有利，

① 参见美国律师协会、美国统一州法委员会，《美国统一调解法》(2003)。

② 参见美国律师协会、美国统一州法委员会，《美国统一调解法》(2003)，第4条。

③ 参见美国律师协会、美国统一州法委员会，《美国统一调解法》(2003)，第7条。

④ 美国仲裁协会、美国律师协会纠纷解决分会、美国冲突解决协会，《调解员行为示范标准》2005年9月，准则Ⅳ。

调解员都不得向政府、法庭和其他任何人泄露。美国证据法下的保密特权规则不允许法庭传唤调解员出庭作证。① 其次，在单方会谈或者其他场合获得的当事人的有关信息，如未经该当事人允许，不得向对方当事人泄露。再次，除依照保密特权规则调解员不得作证之外，即使法庭传唤调解员作证，调解员转述的当事人在调解过程中的陈述（在证明其实体过错时）也不应具有相关性。② 最后，对方当事人、调解组织的其他当事人也不得就调解中获得的对方信息出庭作证。

不过调解保密也存在例外，按照《美国统一调解示范法》第 5 条和第 6 条 a 款的规定，调解员在当事人威胁要进行人身伤害、准备犯罪等情况下都不受保密特权的限制。另外，在行业调查中，调查机构可以询问当事人在调解中陈述的内容，用来判断调解员是否违反职业守则。

美国调解保密原则是美国调解的关键原则，它的存在是调解工作得以顺利进行的保障。按照美国调解的策略，美国调解讲究挖掘当事人立场背后的利益，但是既然是背后的利益，当事人往往是不太愿意透露的。美国调解有面对面会谈和背靠背会谈，之所以要进行背靠背会谈，其原因是有些话当着对方当事人的面不好说。正是因为如此，必须给予当事人制度保障，保障特定谈话内容调解员不会随便泄露给对方当事人，也不会随便泄露给其他人员或者公众。尤其是在美国的司法背景下，任何人都有普遍的作证义务，只要法庭传召，任何人都必须出庭作证，在这种背景下给予调解保密的制度保障就显得至关重要了。

其他主要西方国家，无论是英美法系国家还是大陆法系国家，基本都从制度上确立了调解保密原则。比如德国法中，按照德国调解法案，在法庭审理程序中进行的司法调解，整个调解的过程都不得以任何形式记载下来；而法国法则规定，如果形成和解协议且当事人约定要保密，那么泄露相关保密信息可能导致和解协议被法院确认无效。众多民间纠纷解决机构自己的调解规则也明确规定保密原则，比如《巴黎调解仲裁中心调解规则》规定：“调解员、当事人必须严格遵守保密规则的规定，不得在后续的法庭诉讼程序中使用任何调解过程中的发现的事实、当事人的陈述、和解提议等。”

① 参见《美国联邦证据规则》第 5 章。

② 参见《美国联邦证据规则》第 4 章。

第三章　我国传统调解制度简述

中国传统调解是指中国古代社会的人们在生产生活的过程中，为了解决由于各自利益和立场的不同而产生的种种矛盾和纠纷，保证社会和谐与稳定，因而通过斡旋、劝说等方式，平息当事人各方之间的矛盾，并在纠纷当事人之间达成协议，避免将来继续发生类似的矛盾和纠纷。中国传统调解当中所蕴含的丰富历史经验和智慧对后世产生了深远影响，甚至在域外被誉为是东方文化的一朵奇葩，并在国外生根发芽，为这些国家当今调解制度的建构与发展起了不可磨灭的推进作用。

第一节　传统调解的历史沿革

中国传统调解的历史脉络可划分为三个主要阶段：萌芽阶段、发展阶段和成熟阶段。

一、萌芽阶段

中国传统调解的萌芽阶段指的是中国传统调解开始产生并逐渐成型的时期。根据现有资料记载，这一阶段最早可以追溯到尧舜禹时期（约公元前4000年—公元前3000年），中间经历奴隶制社会的夏商周，一直到春秋战国末期。

中国传统调解的萌芽阶段以远古部落联盟时期为主。在这一时期并没有所谓的阶级、国家和法律，社会的控制管理，主要通过传统和风俗，部落联盟内部人们之间纠纷的主要解决方式为协商和调解。

到西周时期，调解有了明显的进步。这时出现了专门负责调解事务的官员——“调人”。这一官员的职责在于专门解决普通民众的纠纷，促进社会和谐。它标志着我国历史上有明确而具体记载的调解制度始于西周。

春秋时期著名的儒家先贤孔子极力主张通过调解来解决人们之间的纠纷。他曾说过一句名言："听讼，吾犹人也，必也使无讼乎。"① 意思是说，如果让我来审理案件，我的目标在于通过我的审理使得将来不再有诉讼发生。

二、发展阶段

中国传统调解的第二阶段为发展阶段，其始于秦朝，终于唐朝，中间经历两汉和魏晋。在这一阶段，儒家思想逐渐占据统治地位，礼治和道德教化开始成为中国传统调解的指引方向。如前所述，春秋末期著名思想家孔子创立的儒家学说是孔子进行调解实践的指导思想，孔子终其一生追求"克己复礼"。因为，在他看来，只有尊崇礼治，强调道德教化才是国家治理的王道，虽然见效较慢，但却能持久。只不过，这一思想在出现之初并未得到各国君主的足够重视，直到西汉中叶佛家思想才开始确立起统治地位，并且在此之后，成为中国传统调解最重要的思想基础。

秦朝虽然奉行"以法治国"，但在其县以下的基层组织仍然大量通过调解方式解决纠纷。西汉建立之初吸收和借鉴了秦朝的法律制度，同时吸收了秦朝在政治架构和基层组织设置上的经验，在其乡诉讼中也大量运用调解手段。

西汉初期采取"黄老思想"②，奉行无为而治，这为西汉民间调解的盛行提供了前提条件。西汉中叶以后，以董仲舒为代表的儒家学者提出"罢黜百家，独尊儒术"的口号，得到君主的赏识，使得儒家思想跻身封建社会占统治地位的正统思想，这为调解的大范围推广和应用奠定了政治和思想基础。

唐代对于调解的运用也非常广泛，尤其是在县以下的基层诉讼中。对于乡里所发生的诉讼纷争，首先由基层的里正、村正和坊正进行调解，他们有权处理地方上的民事案件和轻微刑事案件。此外，当时的州县官员在审理案件时也经常进行调解。

---

① 《论语·颜渊》。

② "黄老思想"是中国战国时的哲学、政治思想流派，它尊传说中的黄帝和老子为创始人，故得此名。在社会政治领域，黄老之学强调"道生法"，认为君主应"无为而治"。道家重视成败存亡的历史经验，主张清虚自守，卑弱自持，所以它适应农民战争后的政治形势，适合恢复生产、稳定封建秩序的需要。

三、成熟阶段

中国传统调解的成熟阶段从宋朝开始，一直延续到明清。

这一时期是中国传统调解制度发展的关键时期，调解发展迅速，日渐成熟完善。作为化解纠纷的重要手段，调解在法律中得以明确规定，官方对此予以大力推广，并在各类诉讼中广泛运用。而在这一阶段中，宋朝是最具代表性的朝代。

宋朝的商品经济非常发达，资本主义的萌芽开始出现，对内和对外的经济交往都非常多。经济的发达必然导致彼此经济利益矛盾和冲突的增加，也由此使得诉讼成倍增长。而商品经济的发展却要求争讼的解决要有效率，不能久拖不决。这些都直接促进了调解的迅速发展。除了经济上的因素外，宋朝调解的成熟还与当时的选官制度及社会风气有关。由于科举制度的发达，宋代地方官员及司法官员大多来自读书人，深受当时宋明理学的影响，传统儒家思想深入人心，其中关于和谐及无讼的理念对司法官员影响很深。宋朝的地方官都以劝解息讼为从政之要务，在面对民众的纷争时，纷纷通过加强教化而非通过法律手段来解决。

元朝时的调解制度有了迅速发展，调解被明确规定在法律当中，要求官员们遵守适用。元代的《通制条格》中有专门的“理民”条，对调解作专门规定。①

明朝的调解制度极为发达，乡诉讼是此时的一大特色。② 早在洪武五年，朱元璋下令在各省设立申明亭，其功能主要是申明教化。此后，在洪武三十年，又颁布了《教民榜文》，对乡诉讼作了详细规定。《教民榜文》张挂于申明亭，申明亭是进行乡诉讼的场所。明中后期，各地推行“乡约”制度，每半月一次集合本里人，宣讲圣谕，调处半月来的纠纷，约吏记录，如当事人同意和解，记入“和薄”，不同意者可起诉至官府。③ 除了基层的乡诉讼外，州县衙门在受理当事人陈告的过程中，也尽量地运用调解手段。

清代统治者对于调处息讼非常重视，历任皇帝在其发布的各种“圣谕”中，都对调处息讼作了宣扬。从顺治的《圣谕六条》到康熙的《圣谕十六条》，再到雍正的《圣谕广训》，都是如此。地方州县官也常常发布各种劝民息讼的告示。不过，清律并未规定调解息讼是必经法律程序，对于调处息讼适用的条件、范围

① 《通制条格·卷十六·田令》。

② 那思陆：《中国审判制度史》，上海三联书店2009年版，第189页。

③ 张晋藩：《中国法律的传统与近代转型》，法律出版社1997年版，第283页。

和程序等事项，清律并没有作出明确的规定。尽管如此，清朝在司法实践中，对于民事案件及轻微刑事案件，多予调处息讼。不仅如此，清末制定的《大清民事诉讼法典》中也出现了以调解结案的规定。

第二节 传统调解的基本理念

中国传统调解在其产生、发展和成熟的过程中，不断摸索和实践，逐渐形成了一些具有中国特色的基本理念，这些理念源自中国传统调解实践，在定型之后又反过来对中国传统调解实践起着指引作用。概括说来，这些基本理念包括：息事宁人、追求平衡、和谐为本、教化优先和顺应人情。

一、息事宁人

“息事宁人”就是平息争端，大事化小，小事化了，从而使纠纷得以结束。这是中国古代调解中的重要理念之一。对调解者来说，他们介入纠纷调解最重要的目的就在于平息争端，防止矛盾激化影响社会安宁。明断是非固然重要，但与息事宁人相比较，它并非主要目的。“息事宁人”的理念不仅体现在处理民事纠纷的民间调解中，也同样体现在官方对民事案件及轻微刑事案件的处理过程当中。

由于调解人习惯采用息事宁人的做法以解决争端，它从表面上往往给人一种“和稀泥”或者“各打五十大板”的印象。但从社会治理的角度上看，任何一个政权都会尽最大能力去化解社会纠纷，绝不会听之任之；否则，纠纷一旦激化，必将导致社会不稳，并破坏社会安定，从而威胁政权的存续。在传统中国，长期以来所形成的封建君主专制政体为了有效地治理这个庞大的帝国，出于效率和诉讼成本的考虑，从中央到地方的各级政府都尽可能地采取各种手段迅速有效地化解纠纷，了却事端。

“息事宁人”在法律方面的表现就是轻视诉讼的地位与作用，主张“无讼”。它对于事实真相究竟如何并不太重视，强调的是如何把事情压下和摆平。历代以来，无论是官方还是民间皆以“息事宁人”作为处理民事纠纷和轻微刑事纠纷的基本态度，纠纷本身的是非对错与解决纠纷的方式手段则不是考虑的重点。

“息事宁人”可以较快地平息纠纷，化解矛盾，但是在追求这一目标的过程中，调解人会忽视对事实真相的挖掘与对当事人是非对错的判定，采取的手段也不一定合乎公平的要求。“息事宁人”的做法虽能取得短暂地平息纷争的效果，但它可能不辨是非对错或者漠视正当诉讼程序，从长远来看，它有可能助长刁横无理之人的嚣张气焰，矛盾有可能在将来再次发生。

二、追求平衡

所谓追求平衡指的是在中国传统调解中，调解人全面考量争端各方当事人之间的具体情况、特定需求和彼此利益，制订出能够适当兼顾各方主体利益的解决方案，供各方选择使用。在这一过程中，调解人可能会采取劝说或者引导的方式，寻求当事人各方都能接受的方案；当事人各方相互妥协，放弃自己的某些当前利益，着眼于长远利益，从而使得纠纷平息，并恢复当事人各方主体间正常的人际关系。

一般来说，为了实现平衡，调解人会着力寻找一个双方当事人都能接受的平衡点，然后以此为基础，双方利益各有进退，相互妥协，这才能实现纠纷的解决。调解人通过自己的调解活动力图使各方明白，除了当前利益之外，还存在某种更为长远、更为重要的利益，只有通过彼此的妥协和退让，这种重大利益才能得以实现。从中国传统调解的实践来看，人们一直将追求平衡当做中国传统调解的基本理念。

三、和谐为本

和谐是指由于人的主观能动性和积极参与，事物内部矛盾呈现良好的对立统一状态，从而使事物能协调地生存与发展。和谐包括人自身的和谐，人与人的和谐，人与社会的和谐及人与自然的和谐。① 和谐一直是中国传统文化的核心理念。

人际关系的和谐首重家庭关系的和谐。如前所述，“仁”是儒家思想的核心，儒家关于“仁”的学说认为“仁者爱人”，以“中庸”为路径，以“礼”为行为规范，通过“恕”道来推行人伦教化。在家庭内部，必须做到父慈子孝、夫正妻贤、兄友弟恭，方可实现家庭和谐。除此之外，孟子还将几种最典型的社

① 关于和谐价值取向，可参见刘军平著：《中国传统诉讼之“情判”研究》，中国政法大学出版社2011年版，第142－151页。

会关系概括为五伦，这五者之间应当："父子有亲，君臣有义，夫妇有别，长幼有序，朋友有信。"① 无论是哪种社会关系，人与人在相处过程中都必须秉持一个基本的交往原则：己欲立而立人，己欲达而达人；己所不欲，勿施于人。② 这是说，自己希望成功和实现的东西，也希望他人成功和实现；自己不愿承受的事也不要强加在别人身上，在你要求别人做什么时，首先自己本身也愿意这样做，自己做不到，便不能要求别人去做到。只有做到了上述内容，整个社会人际关系之间的和谐自然得以实现。

四、教化优先

教化在中国传统调解文化中一般指的是儒家所提倡的政教风化或者教育感化。历朝历代都对此给予高度重视，并且采用多种手段进行教育感化，以减少纠纷和争端的出现。这些手段包括无形的和有形的各种手段，不仅有皇帝的劝谕和地方各级官员的宣讲引导及身体力行，还有立功德牌坊、设立申明亭及发布教民榜文等各种形式。这些手段和形式往往将深刻的道理和重要的做人准则贯穿于官员的日常政务和百姓的平凡生活中，从而起到潜移默化、达事明理的效果。从稳定社会秩序这一角度来说，推行教化不仅直接化解了民间纠纷，还间接地起到维护政权稳定的作用，因而颇受推崇。

教化具有不同于政治、司法或者行政的独特之处，具体来说，包括：一、作用的非强制性。教化通常以教育和说服劝导为主。二、手段的综合性。教化并不是简单的说教，而是综合运用多种社会因素，如皇帝的劝谕与宣讲、里甲老人的教导和家族亲邻的劝说；不仅如此，在教育感化的同时，还辅之以法律惩处，这样就更能实现教化的预期目标。三、效果的长久性。教化的作用时间长，见效慢，但它作用于人的价值观念等核心意识形态，一旦开始产生影响，其效果将逐渐加强，并日益稳固长久。

五、顺应人情

顺应人情指的是在中国传统调解中要依据情或情理进行调处，讲究以情待

① 《孟子·滕文公上》。
② 《论语·颜渊》。

人，以情感人，以情服人。此处所指的“人情”包含亲情、友情、爱情、同学情、同乡情和师生情等各种类型，以及在长期的生活实践中为人们所认同的各种人之常情。概括来说，它包括人际关系赖以存在的各种情感。

如前所述，早在夏商周时期，由于家国一体及血缘关系的至关重要，在人们的日常纠纷解决中亲情伦理的色彩极为浓厚。此后，自汉朝中叶开始的法律儒家化运动，儒家学说逐渐成为政治生活中占据统治地位的指导思想，儒家思想对亲情血缘关系极端重视，司法实践受其影响颇深。唐律“一准乎礼”，其制定和实施标志着中国法律儒家化的最终形成，也标志着情对司法实践的作用得到最终承认。此后，宋元以至明清的各朝法律基本沿袭唐律的精神。

第三节　传统调解的主要依据

中国传统调解的依据指的是在中国传统调解运行过程中，调解结果所赖以实现的根据。从中国传统调解的实践来看，中国传统调解的依据呈现多元化特征，它主要包括：风俗习惯、家法族规、乡规民约、行帮规章、国家法律和天理人情。以下逐一介绍。

一、风俗习惯

风俗习惯指的是一定社会文化区域内历代相传并由当地人们共同遵守的行为规范。它对社会成员具有很强的制约作用。风俗习惯产自民间并由普通民众在长期的生活、劳作、交往和利益冲突中自发创造。它普遍适用于当地民众，遵循特定的风俗习惯已内化于当地民众的日常生产与生活之中。中国有句俗语：“百里不同风，千里不同俗。”这句话恰当地反映了风俗因地而异的特点。风俗是一种社会传统，某些流行的时尚、习俗，经过长久的变迁后，其中不适宜的部分，也会随着历史条件的变化而改变，所谓“移风易俗”正是这一含义。

中国传统的风俗习惯涉及方方面面，尤以民事领域的风俗习惯在中国传统调解中应用较广。这些习惯和俗例往往成为调解依据的首要选择。

二、家法族规

家法族规指的是家族之内用以维护家族正常秩序的行为规范，其目的在于约束家人族众。对于家庭宗族内部的争端来说，它往往是重要的调解依据。

早在殷周时期，就出现了调整家庭关系的“宗法”。此时的家法族规主要还是一种宗族法，比较粗略。汉晋时期，家法族规得以发展，表现为家长所制定的用以约束家人的“家约”“家训”等。唐宋开始，中国的家法族规进入规范化和法律化时期，日益发达完善。宋元以后，家法族规步入成熟期。

家法族规的制定方式多种多样，可由家长或族长制定，或由族人共同订立，也可聘请族外之人订立。家法族规在制定后，一般由族长公布实施。有的家族为了加强家法的权威性，还呈送官府批准后再施行。

一般来说，家法族规的内容主要涉及祭祀、婚姻、财产、赈济和教育等多个方面。

三、乡规民约

乡规民约指的是由乡村居民们共同商量讨论后所共同制定的，每个乡村居民都必须遵守和执行的行为规范。它虽与家法族规有一定联系，但又有严格区别而独立存在。

历史上最早的乡规民约可能是北宋吕大钧于公元 11 世纪中叶所制定的《吕氏乡约》。该乡约以通俗语言规定了处理乡邻之间关系的基本准则。南宋时期的理学大师朱熹对《吕氏乡约》作了一些有益的删减，修成《增损吕氏乡约》。明朝最高统治者朱元璋极力推动乡规民约的发展，颁布了《圣谕六条》。此后，乡规民约日渐成熟完善，在部分地区甚至盛极一时。其中，明代中后期王守仁所制定的《南赣乡约》影响很大。明清时期的乡规民约对维护当时乡村社会既有社会秩序和维系国家与乡村社会的良性互动关系，以及保持乡村社会的稳定，起到了重要的作用。

四、行帮规章

行帮规章是中国古代行会规章和帮会规则的统称。

行会是中国古代城市商品经济中的工商业组织。它包括手工业行会和商业行会。行会的出现是因为商品经济得到一定发展后，同业之间矛盾日趋增加，为协调同业关系，保护各自利益，而由同业人员组成一定的联合组织。应该指出的是，中国古代的行会还包括会馆，这是在中国明清时期都市中由同乡或同业组成的团体。基于求利求财、避免冲突的天性，行会在日常争端过程中大量运用调解，从某种程度上说，行会本身就是为调解矛盾纠纷而存在的。为了有效地调解纠纷，各种行会都根据自身实际制定了相应的章程。

帮会是旧社会民间秘密组织（如青帮、洪帮、哥老会等）的总称。从清初以来，中国先后出现了天地会、哥老会、洪门和青帮等秘密组织。这些秘密组织为了自身的生存与发展，也纷纷制定了严明的帮规，用以约束帮会会众及解决内外之间的矛盾与纠纷。

五、国家法律

国家法律，是指由国家制定或认可的各种行为规范。它具有国家强制力，必须为全社会所共同遵守。国家法律是中国传统调解的另一重要依据。无论是官方调解还是民间调解都以国家法律作为重要的调解依据。不过，与前述中国传统调解的其他依据相比较，作为调解依据的国家法律主要指的是民事法律规定，尤其是涉及所谓“户婚田土”之类的土地、婚姻及财产之类的法律规定。这些规定无论是数量还是适用范围都很有限。不过，这并不代表国家法律在传统调解中无足轻重，相反，作为调解依据的国家法律其实非常重要。一方面，它是其他调解依据在解决纠纷时必须参照的重要标准，“情理法”的结合是调解成功的重要表征；另一方面，国家法律是调解顺利进行的重要保障，尤其在“官批民调”中，官府将案件批示给民间进行调处后，民间必须将调解结果向官府禀报，这实际上也能促使中国传统调解取得良好效果。

六、天理人情

天理人情是中国传统调解中最值得重视的依据之一，它的应用极其广泛。

通俗地说，天理人情是指天然的道理和人之常情。“天理人情”一词常与“国法”相提，是中国传统诉讼及调解中最常用的几个名词。①

天理并没有一个统一的标准，也没有明文的规定，关于天理有不同的理解：第一，天理指的是一种自然的法则。第二，天理指的是一种天道。第三，天理指

① 在笔者看来，天理人情是非常含糊复杂的概念，其内涵并不太容易确定，由于篇幅所限，笔者也不拟展开进行详细辨析，只作最普通和常用的界定。

的是一种本然之性。第四，天理是一种人类改造自然的法门。第五，天理是社会的运转规律。

与“天理”相比较，“人情”一词运用较多，因而对其理解层次也更复杂。但是，笔者认为，人情主要可从以下几个方面来理解：[①] 第一，情，即人情，是指人的本能情感或情绪。第二，人情是指情义，它与儒家伦理核心——“仁”密切相关。第三，人情指民情、世情，也就是所谓的世态人情。这里所说的人情包括社会舆论、众所公认的风俗习惯等。第四，人情指的是情面。第五，人情指情况或情节，即一种事实。在传统调解中作为依据的情主要是指前三种。不过，由于“人情”含义的复杂和模糊性，我们应该认识到，在实践当中，“情”可能往往兼具其中多层含义。

由于国家法律从本质上应当符合一般的自然法则和社会规律，并顺应人情，所以“天理人情”与“国法”应当是统一的，中国传统诉讼及调解也以“情理法”的融合作为最高目标。

第四节　传统调解的主要类型

根据调解的主体不同为标准，中国传统调解可划分为民间调解和官府调解两种基本类型，在这两种基本类型之外，还有一种官府和民间相结合的调解类型：“官批民调”。本章节将对这三种类型的调解分别予以介绍。

一、民间调解

民间调解是中国传统调解中最为重要的类型之一，中国古代大部分的调解都是在民间进行的。具体说来，民间调解又可细分为宗族调解、邻里亲友调解（或为自行调解）和乡里调解（或称为乡治调解）三种主要类型。[②]

（一）宗族调解

宗族调解，是指家族成员之间发生纠纷时，由家长或者族长依据家法族规进

① 刘军平：《中国传统诉讼之“情判”研究》，中国政法大学出版社 2011 年版，第 122 页 – 124 页。

② 这种划分标准可参见刘敏：《论传统调解制度及其创造性转化——种法文化学分析》，《社会科学研究》，1999 年第 1 期；梁凤荣：《论我国古代传统的司法调解制度》，《河南大学学报（社会科学版）》，2001 年第 4 期；陆娓：《明清乡里调解制度研究》，南京师范大学 2007 年硕士毕业论文。

行调解的一种家族或者宗族内部的解纷方式。宗族调解是中国古代民间调解中最为普遍的解纷方式之一，它以宗族首领为调解的主要主体。当家族或宗族成员之间发生纠纷时，首先由家长或族长进行说服教育，根据事情本身的是非曲直进行调处。以户婚田土为主的民事纠纷以及一些轻微的口角殴斗，往往由族长会同族中、房中耆老乡绅一起处理，处理方式以调解为主。官府对于宗族调解的结果一般都予以认可，有的朝代甚至将宗族调解入律，写入法典之中。

宗族不仅是传统社会的基层组织，还往往与国家基层政权相融合，族长或房长虽非国家任命的官员，但却通常由族内辈分较高且有学识的德高望重人士担任。他们在宗族日常管理当中，不仅可以决定宗内公共事务，还享有一定的由国家授予的行政权力，对于族内的纠纷和矛盾具有一定的处置权。基于宗族的特殊属性，它极为广泛地运用调解来解决族内各种矛盾。这种调解方式又往往以朝廷的各种圣谕和儒家经义为依据，以化解矛盾为目标，以血缘亲情和族长房长的权威为手段，实现社会的和谐。

（二）邻里亲友调解

邻里亲友调解，是指在纠纷发生以后，由亲友、邻居、有威望的长辈或贤良人士等出面说合、劝导的调解方式。这种调解方式在民间极为常见。邻里亲友调解与宗族调解的最大差异在于调解者的身份不同，前者的主持人一般是异姓的亲属或者邻居朋友，后者的主持人一般是同姓族人。

具体来说，邻里亲友调解的主体主要包括三种人：邻里、异姓亲属、朋友。

先说邻里。邻里又可以细分为两类人员：第一类是“族邻”，即属于同一宗族的邻居；第二类是“街邻（地邻）”，即我们通常所说的“邻居”，指的是比邻而居的普通人。俗话说，远亲不如近邻。由于中国传统的乡土社会特质，中国农民一般都是聚村而居，人口流动很少，彼此之间非常熟悉，这就为邻里介入调解提供了可能性；同时由于乡村的相对孤立与隔绝，为了维持这么一种乡土秩序，又必须尽量减少或者化解村落里的各种纠纷。

再看亲属。与同姓族人亲属相比较，尽管异姓亲属与当事人似乎关系稍远，但从生活实际来看，很多异姓亲属与当事人却更为亲昵，联系更为密切，这使得他们在调解纠纷时具有天然的优势，当事人易于听从他们的意见和建议。不过，这也有可能使得亲属作为调解人时不易于保持中立态度。需要注意的是，这里的“亲”当中比较重要的是姻亲。据中国传统观点，婚姻乃结两姓之好，姻亲之间往往具有较近关系，这使得他们容易受邀参与纠纷调处。

再看“朋友”，一般是指当事人双方都认识的与当事人无亲属关系的其他熟人。这些熟人与当事各方有一定的交情，但却与当事人双方没有利益的冲突，因而他们参与调解能保持较好的中间立场和公正态度，这也有助于矛盾的解决。在传统调解档案文书中，多用“亲友”一词泛指朋友介入的调解。

（三）乡里调解

关于乡里调解，学界没有一个统一明确的概念。笔者认为，乡里调解是由县以下乡里等基层组织作为调解人，来调处基层民事纠纷和某些轻微刑事案件的一种调解方式。这些主体具有一个共同特点，那就是都具有一定的行政管理职权，这种职权的行使都得到了官方的默许甚或鼓励，同其他调解形式一起为纠纷化解提供支持。

有关乡里调解的明确记载始于秦代。秦朝县以下的基层组织有乡，乡设三老、啬夫和游徼。三老即所谓农老、工老和商老，皆以乡里德高望重者担任，专司道德教化，调处民间争讼。汉承秦制，在基层组织的设置上也吸收了秦朝的经验。西汉时期，乡设啬夫，职司听讼。东汉时期，则略有不同，大乡设秩一人，小乡设啬夫一人，秩与啬夫均职司听讼。乡诉讼的性质并非严格的司法审判，较多地运用调解手段。

唐代县以下官员在听讼时大量采用调解。乡里的诉讼纷争，首先由基层的里正、村正、坊正调解，他们有权处理地方上的民事案件和轻微刑事案件。元代的《通制条格》中有“理民”条，对调解作了专门规定，凡是涉及户婚田土之类的民事案件，若非严重违法，都可以由基层官员通过调解来解决纠纷，以免妨碍农务。

明清时期的乡里调解制度最为成熟完善。明初乡里调解为里长、里老调解制。明朝朱元璋在洪武三十年（1397 年）颁布了《教民榜文》，对乡诉讼作了详细规定。《教民榜文》张挂于申明亭，申明亭是进行乡诉讼的场所。明中后期，各地推行“乡约”制度，每半月一次集合本里人，宣讲圣谕，调处半月来的纠纷，约吏记录，如当事人同意和解，记入“和薄”，不同意者可起诉至官府。[①] 至清代，乡约与保甲配合，形成了一套独特的乡里调解系统。

---

① 张晋藩著：《中国法律的传统与近代转型》，法律出版社 1997 年版，第 283 页。

二、官府调解

官府调解，是指在官府长官的主持下对民事案件或轻微刑事案件的调解，是一种诉讼内的调解。一般来说，在中国古代，官府调解的主体主要是指地方州县司法机关及其官员，适用调解的案件对象大多为涉及“户婚田土钱债”之类的民事案件和一些情节轻微的刑事案件。

在中国古代，县作为国家行政区的名称最早出现在春秋时期。秦朝开始实行郡县制，西汉平帝开始出现州的设置。此后，州县的设置一直沿袭到明清。州县作为地方基层行政单位，其地位十分重要，州县官员被称为父母官，执掌一县境内政令。中国历代对于州县官员的选任都非常重视。州县官员的职权极大。仅以清代知县为例作一说明，其品秩不高，一般是正七品。知县在所辖区域之内居于最高地位，地方政事，无论大小，均由其处理。不仅如此，由于中国古代行政与司法不分，行政兼理司法，所以，知县还是一县之内的最高司法长官。

此外，州县官员在司法过程中还有一些相关司法辅助人员协助其办理诉讼、推进司法，包括属官、幕友、胥吏和差役。以清代为例，清代的幕友具有很高的地位。他们利用自己所学的各类知识及实践能力来辅佐官员，颇受尊敬。幕友除了协助官员处理纠纷外，还有一个重要作用就是约束胥吏。胥吏指的是州县衙门中办理文书及其他事务的小吏，胥吏可以获得官府所默认的各种陋规（规费），在实践中胥吏往往僭越职责而随时揽权。差役又称衙役，是指设于州县衙门之内实际处理本地区行政及司法事务的人员，他们没有官品，在州县衙门中地位最低。差役往往被称为衙蠹，不仅可以免除徭役，而且可以索取各种陋规（规费）。

通过以上介绍，我们可以看出，州县官员在整个州县官府当中处于核心地位，他们负责处理整个州县衙门的所有政务包括司法事务。州县衙门的其他组成人员包括属官、幕友、胥吏和差役等作为司法辅助人员，协助州县主官处理和解决各种案件，这其中自然包括通常适用调解的民事案件和轻微刑事案件。此处所指民事案件多为州县自理诉讼案件，大多涉及“户婚、田土、钱债”等民事纠纷，往往被官方视为“民间细故”，州县对于此类案件的处理具有处理全权，所以为了有效化解纠纷，解决讼累，州县主官在各类司法辅助人员的协助下通常采取调解的方式来处理。这种调解既有可能由州县官亲自调处，也有可能发回地方，由当地绅耆或者乡邻亲友进行调处。

三、官批民调

官批民调介于官府调解和民间调解之间，是指官府在审理案件过程中，如认为情节轻微，不值传讯；或因案件有关亲族伦理关系，不便公开传讯，便着令乡保、族长或者差役等加以调处，然后报官府确认。这是一种具有半官方性质的调解，由于它介于官府的正式审断同民间的非正式调处之间，由官府和民间共同完成，故有的学者将此阶段称为“第三领域”。①

如前所述，中国传统调解既包括民间调解也包括官府调解，但这并不是绝对的。在很多情形下，当事人可能会直接将诉状递至官府，也有可能当事人经过民间调解但仍不满意，于是继续向官府起诉；不仅如此，随着社会经济的向前发展，人们之间各种利益冲突也层出不穷，在这些情形下，官府的讼累成倍增加，于是逐渐出现了介于民间调解和官府调解之间的中间领域：官批民调。如官府批示乡保调解成功，则由乡保请求销案，州县官员对此予以批准并对调解结果予以确认；若调解不成，则说明案情复杂，那就会由官府对相关当事人及人证等进一步提讯，如确有必要，才由官府进一步审断和判决。

官批民调可细分为两种方式。②

官批民调的第一种方式是指在官府受案后，如认为案件事关亲族伦理关系，不便公开传讯，于是批示将案件交付乡保、族长进行调解的一种调解模式。在这种调解模式下，乡保或族长接到批示后，便召集双方当事人进行调解，由于他们对双方当事人的争讼情况往往比较了解，故而成为官批民调的首选主持人。如果调解成功，他们必须将调解意见向官府报告，并请求销案。如果调解不成功，也须向官府说明理由及事实。应当指出的是，虽然官府并不直接参与调解，但各级司法机关尤其是州县司法官员往往会提出一些指导性调解原则。

官批民调的第二种方式是指在官府受案后，批示将案件交付官府的差役协同乡保、族长共同进行调解的一种调解模式。在实践中，官批民调虽然多数是批示由乡里的乡保等进行调解，但为了更好地查明案件事实，有时官府还会批示由官府的差役协同乡邻共同参与勘明事实，调解纠纷。差役作为州县官员的属下，由

① 黄宗智著：《清代的法律、社会与文化：民法的表达与实践》，上海书店出版社 2007 年版，第 9 页。

② 荀颖：《清代州县诉讼内调解模式探析》，西南政法大学 2009 年硕士学位论文。

他们直接参与纠纷事实的调查取证及调处，更能贯彻州县官员的调解立场，保证调解不致偏离轨道。

第五节　传统调解的案件种类

中国传统调解中所涉及的案件种类包括几乎全部的民事纠纷和一部分轻微刑事案件。民事案件主要以私权利益为标的，其内容多为土地、借贷、继承、婚姻等纠纷，故习惯上又称之为“ 田宅户婚钱债”案件或“户婚田土案件”，此外，有关差役、赋税、水利等纠纷也属于民事案件之列，这些案件多发生在州县基层，因此也常称之为“ 民间细故”。根据传统调解所涉及的各种案例，可划分为田宅山林、钱债契约、农业生产、婚姻家庭、商业交通和轻微刑案等六种。

一、田宅山林

在中国传统社会，农田住宅和山林坟地等与普通民众关系最为密切，在他们的日常生活中具有至关重要的地位。具体来说，这些又可细分为如下几种纠纷类型：

（一）买卖纠纷

田宅山林的买卖纠纷指的是民众在田宅山林等土地产业买卖过程中因价钱、管理、占有使用等事项而产生的纠纷。

土地产业买卖过程中产生纠纷的主要原因在于：1．盗卖。盗卖指的是卖方没有土地产业的所有权而私自将田宅山林等产业卖出，被发觉后，在盗卖方、买受方和实际所有人之间产生纠纷。比较常见的情形有子孙盗卖父祖土地产业、承租人私自盗卖所居住田宅或者耕种土地山林等。2．重复买卖或一产多卖。由此产生的多个所有权人之间必然产生纠纷。3．产业买卖后要求回赎。土地买卖有所谓活卖与绝卖之分。前者指卖主在出卖是保留将来的回赎权，后者则指一次性出卖土地，不保留回赎权。卖主在卖出土地后，土地价格不断上涨，卖主于是与买主不断要求找贴价格，弥补价格差，买卖双方往往会因此发生纠纷。4．产业买卖中未考虑亲邻的优先买卖权。在田宅等土地买卖中，历来有所谓亲邻优先购买权，及亲邻放弃时，卖方方可将田宅卖给亲邻以外的他人。[①] 5. 其他。有的买卖双方会采取欺诈手段，弄虚作假，事后被发现时非常容易产生纠纷。

（二）租佃纠纷

租佃指的是土地、山林、水域占有者（主要是地主）把占有物出租给他人使用而获取物质和金钱利益。在中国古代社会租佃现象非常常见，租佃田地过程中也非常容易发生纠纷。纠纷原因往往集中在：1. 承租人不按期缴纳租金；2. 承租人将田地转租他人；3. 出租人擅自提高租金或者不按约定提前收回出租田地并转租他人；4. 承租人退佃时，出租人不予退还原有押租银，等等。

（三）典当纠纷

典当是指当户将其动产、财产权利作为当物质押或者将其房地产作为当物抵押给典当行，交付一定比例费用，取得当金，并在约定期限内支付当金利息、偿还当金、赎回当物的行为。对古代中国人来说，为了维持农业、手工业的再生产和解决生活急需，典当是以抵押物品形式贷得资金的最重要手段，也正因此，在典当过程中矛盾和纠纷也非常容易出现。对此类纠纷，调解被广泛运用。

二、钱债契约

随着商品经济的逐渐发展以及人们日常生活中的某种紧急需要，普通民众往往需要向他人借贷金钱，如果有不能按时还钱或者故意拖欠的情形，人们之间的纠纷不可避免。与此同时，为了生产生活和商业交易的需要，人们之间还需要签订各种契约，总会有某种特殊原因导致当事人不能按照契约规定及时履行，这也会在当事人间产生矛盾。这些矛盾发生之后如不及时解决就会产生严重的社会问题，从而影响社会的稳定和谐。对此，历代也大多采用调解手段介入。

三、农业生产

中国古代以自然经济为经济基础，农业是经济的命脉，农业生产可以说是农民的根本，也是国家赖以维系发展的前提，因而历代政府都对此给予高度重视，

① 胡谦：《清代民事纠纷的民间调处研究》，中国政法大学博士学位论文，2007 年。

尤其重视排查解决农业生产中出现的各种矛盾与纠纷。具体来说，中国古代的农业生产包括水利灌溉、菜园经营、经济作物种植和雇佣等事项。

（一）水利灌溉

传统中国地域辽阔，有不少区域（如西北）水资源缺乏，因而比较重视水利工程的修建和管理，但这没能从根本上改变该地区缺水的境况。即使在水资源较丰富的地域，也因为水资源的大量浪费或者水利工程的不完善而导致缺水问题。为了生产和生存，人们不惜一切代价争水，经常表现为对陂渠堰塘等水利设施使用以及用水份额分配有不同意见，因而各种纠纷层出不穷，严重影响正常生产生活秩序。

农田水利纠纷的处理过程一般来说具有如下特点：首先由水利纠纷所在地的基层乡里组织或者乡绅耆老等进行调解；其次，如果调解不成，双方诉讼到县衙官府，由官府批示再次调解，调解不成则由官府判决；最后，当事人不服，可向上级官府申诉直至向中央部门申诉。在这一过程中，州县衙门承担重任，在调解或者裁判过程中以习惯法为主要依据，兼顾风土人情。

（二）经济作物种植与菜园经营

中国传统社会农民的生活以自给自足为特色，他们不仅要从事农业生产，还要经营菜园或者种植一些经济作物，保证日常供应的同时，还可以适当买卖，从中获取一定利润，以维持生计。

（三）雇佣

中国古代雇佣关系是中国封建社会雇主和雇工在生产劳动中的经济关系。雇佣关系早在春秋时期已个别出现。到了两汉，许多行业如农工商建筑运输等都有雇佣劳动，不过还不常见。唐宋时期有所发展，农业手工业中都有不少。最突出的是明清两代，雇佣关系遍及生产生活各个领域，但是在农业生产中并未成为最主要的劳动形式。尽管如此，在明清时期因雇工而产生的纠纷也不少见。

四、婚姻家庭

在中国这样一个具有悠久文化传统的国家，婚姻与家庭具有特别重要的地位。在中国传统文化观念中，婚姻被赋予了特别神圣而庄严的意蕴。家庭是指基于婚姻关系、血缘关系或收养关系基础而产生的亲属之间所构成的社会生活单位。中国古代家庭成员众多，彼此之间关系的处理非常重要。具体来说，涉及婚姻家庭的主要纠纷类型包括：婚姻缔结与解除、继承、人伦等。

（一）婚姻缔结与解除

如前所述，婚姻在中国古代社会具有特别重要的地位和作用，不过在婚姻的缔结与解除中也是最容易产生矛盾和纠纷的，这主要集中在男女结婚不合要件、强行嫁娶及彩礼支付与返还等方面。

（二）继承

中国传统社会是一个宗法社会，极其重视继承问题。不过要指出的是，中国传统社会的继承与现代继承法中所指的财产转移不太一样，它指的是“生者对死者生前所处的社会地位及其伴随的权利义务的承袭”，是身份继承和财产继承的统一体。在宗法制度影响下，身份继承是财产继承的前提和基础。在身份继承中又包括了宗祧继承和官爵继承，两者有着千丝万缕的联系。

身份继承以嫡长子继承为主要原则，即继承时以嫡长子为先，如无嫡长子，则在直系子孙中依次确立继承人。有关财产继承方面的制度，在夏商西周时是附属于身份继承的。唐朝五代时期，宗祧继承和财产继承已经分开了。宋朝时关于继承的法律制度达到封建社会的顶峰，最为完善。明朝时，身份继承和财产继承又开始结合，嫡长继承和共同继承并存。清朝沿袭明制，身份继承分宗祧继承和封爵继承，适用嫡长子继承原则。不过这时出现了兼祧，即允许独子一人享有同宗两家的继承权。财产继承则规定诸子均分。

（三）人伦

人伦是传统儒家学说的重要概念，它指的是中国传统社会人与人之间的关系及其处理规范，特指尊卑长幼之间的等级关系。一般认为，人有五伦：父子、君臣、夫妇、兄弟、朋友。这五伦的处理规范为：父子有亲，君臣有义，夫妇有别，长幼有叙，朋友有信。在婚姻家庭中涉及父子、兄弟和夫妇这三种主要关系。在这几对关系中总有不少矛盾存在，如不孝、不友、乱伦等。不过，由于这是在一家之内，大都以调解处理。

五、商业交通

中国传统社会虽以自然经济为主，但手工业一直在发展，尤其是从唐宋以后，商业更得到迅速发展，伴随着手工业和商业的发展，交通运输也不断完善。出现了许多从事手工业、商业和交通运输的人群，他们在从事相同行业的过程中往往组成相应的行会组织甚至帮会组织。随着手工业、商业和交通运输业的繁荣发展，各个不同主体间往往会产生激烈的竞争和对立，这就会产生矛盾和纠纷。在明清时期，这种矛盾和纠纷甚至还成为当时社会纠纷的重要组成部分。具体来说，这些纠纷包括：价格纠纷、经营场所和范围纠纷、承办官府差务纠纷、争夺势力范围纠纷、获取保护费纠纷以及内部成员之间的纠纷等。

六、轻微刑案

如果按照现代法律体系来划分的话，中国传统调解的案件种类既包括民事案件也包括一些轻微刑事案件和一些特殊类型的案件。以上所介绍的几类多为民事案件，但刑事案件其实也不在少数。应当指出的是，作为调解客体的轻微刑事案件大多集中在一些矛盾并非不可调和的案件类型上，比如奸罪、盗窃、斗殴或者伤害类案件。

第六节　传统调解的运作程序

中国传统调解的运作程序指的是在中国传统调解过程中，为了有效地化解各种民间矛盾和纠纷而形成的若干分阶段且相互连贯并顺次进行的主要步骤及由此产生的相关主体之间关系的总和。具体来说，中国传统调解的一般程序包括如下几个方面：启动、调查、会商与协定。

一、启动

中国传统调解的启动指的是调解的开启和发动。中国传统调解的启动可分为官方启动、当事人启动和他人启动等三种类型。

（一）官方启动

中国传统调解的官方启动指的是民间争讼诉至官府后由官府主动进行调解。这又包括两种情形：案件尚未受理之前的调解启动和案件受理之后的调解启动。

案件受理之前，官府基于和谐和无讼的价值取向，一般都会先进行调解，在这种情形下，司法官一般都是以儒家精神和理念进行道德感化，促使当事各方和解。除了司法官亲自进行调解之外，有时司法官认为由民间自行调处可能更为恰当，于是批示将此纠纷发回民间由宗族或邻里进行调处，调处完毕后再将结果报官府备案，此即所谓官批民调。

案件受理之前，虽然经过官府调解，当事人仍执意进入诉讼程序的，官府受理案件开始审判程序。但在这一过程中，司法官仍可根据实际情况，随时启动调解程序。经过努力，实在无法调解的，则可最终付之审判。

（二）当事人启动

中国传统调解的当事人启动指的是由发生纠纷的当事人双方中的一方或者双方有调解意愿并邀请调解人介入纠纷的解决。受到邀请的调解人可能是街邻、宗族、会首等民间人士，也可能是官府等国家机构。由当事人启动的调解情形所占比例不少，这种情况在古代官方判牍或者档案中也有不少记载，清代巴县档案关于纠纷调解的记载中出现了很多“投”、“投鸣”、“投经”、“邀请”等等字眼，充分说明了清代调解的盛行在相当程度是由当事人自行启动的。

（三）他人启动

中国传统调解的他人启动指的是由当事人以外的其他民间人士，如亲邻、朋友或者地方乡约等在纠纷发生后主动介入并启动调解。出于维护本地治安或者行帮秩序的需要，即使当事人各方虽无明确意愿，相关人士也会在纠纷发生后及时介入并启动调解。在巴县档案文书中最常见的字眼是“不忍参商”、“邀集两造理剖”、“不忍坐视，再三理处”等，这些都说明了当时民间对于调解的高度重视。

二、调查

在中国传统调解的运作中，一旦调解被启动，接下来就必须对涉讼事实和相关的证据进行调查。由于，中国传统调解以实现和谐和无讼为价值取向，因而在某种程度上对于事实真相的挖掘和认定并不像诉讼那么严格，调解人也不一定能够全身心地投入到调解过程当中去，但是，为了使调解能顺畅进行，往往需要做相当艰苦的调查工作。

值得注意的是，在中国传统调解中有时会采用一些特殊的方式进行。不过，采用特殊方式进行的调解并无一定之规，一般是调解人根据案件的实际情况，选用他认为最恰当的方式进行调解，而这种方式在常人看来往往十分出人意料甚至匪夷所思，如前面所提到过的“读孝经”、“兄弟饮乳”、“兄弟同狱”、“命兄杖弟”等。可是它的调解效果却异常良好，因为它最大限度地体现了传统调解中人们的智慧，对于今天的调解也颇具借鉴意义。

应当明确的是，司法官作为调解人进行调查时可能并不一定亲自动手，而是批示乡里或者衙役进行。

三、会商

调解一旦启动并经过调查后，调解人已对纠纷的解决方案心里有数，这是就要通过会议商讨来寻找落实解决纠纷的最终办法。会商主要是由调解人召集各方进行会谈，既有单方会谈也有双方会谈，都是在调解人的主持下进行。

单方会谈指的是由调解人与当事人的某一方进行商谈，了解争端发生的原因、过程与解决办法，同时传递另一方当事人的看法和意见。在时机成熟之时，调解人会主持各方当事人进行双方会谈，澄清争端的某些难以明了的地方，并寻求可能的解决争端办法。在实践中，单方会谈与双方会谈可能会反复进行。需要指出的是，由于历史记录的简陋，并无更多详细资料可供佐证。但是，在中国传统调解中，会商是一个极其重要的程序和环节。

四、协定

在中国传统调解的运作中，经过启动、调查和会商等几项程序后，紧接下来的就是协定。中国传统调解中的协定指的是调解人把事实真相基本调查清楚并通过与当事各方的会谈后，已经对纠纷如何解决形成了自己的初步看法，当事各方也对纠纷的解决有了一定的解决方案，这时就需要在调解人的主持下，召集当事人各方进行协商以形成最终的解决方案。

协定的过程中地点选择并无明确规定，比较随意。可能在纠纷发生的场所、当事人一方家里，也有可能在田间地头或者调解人所刻意选择的特定地点。总而言之，只要有利于调解的顺利进行就可成为协定地点。不过，对于某些特殊类型的调解，如行会调解，多选择在会所或者会馆；宗族调解则多选择在祠堂等地。

协定过程中调解人的语言运用及沟通技巧非常关键。民间调处多由本地亲邻及乡约等人士主持进行的重要原因在于这些调解人都是本乡本土，对于乡土民情有全面了解，语言方面也易于沟通。在官批民调这种调解类型中，司法官受案后还是要批示地方乡里进行调查调处，也正是因为乡约及亲邻进行调解具有天然的优势，而司法官多为外地人士，并不一定对当地风土人情有较多了解。

协定的手段多以劝谕、妥协为主。俗话说：清官难断家务事，而调解所涉纠纷多与家庭及财产等有关，难以用非黑即白的方式来解决，往往是各自让步。因而协定的具体内容大多需要反复多次修改才能达成一致。

以上对中国传统调解运作的相关程序作了介绍，下面拟通过一则经典案例对调解的一般程序进行全面分析：①

息叔侄讼：

单县乡绅张某，与其侄某等构讼六年。藩宪委予至曹府提讯，先谕绅以“你做令十年，归，乃与侄讼，诸多违碍”，继斥其侄“汝等俱生监，何不知礼律，讼其伯，自讨死”。两造先各有畏心。

查侄父本绅胞弟，绅以出为叔后，侄降为功服。绅无子，先抚养次侄为子，教读完娶，以不才归宗。绅又抚其第三侄，更不肖，仍归宗。绅后有妾子二人。侄谓是他人儿，买两媒婆诡闹于街。一婆云：“汝何能？但能为某绅买他儿，得衣食！”一答云：“与你何干！”又以他故纵健役，带悍妇多人闹绅，并扛控于上，又贴匿名帖于城。绅故不与人交，侄结书院师及诸名人为关说。闻委予，则一夜行数百里之书信以健骡递至，乃于次日彻底讯结。

两造证多显宦子弟，皆跪而挢舌。予闻张氏邑名族，绅与弟素友爱，远宦十年，以其数万金产托弟经理。比归，弟出入簿，绅不一阅。今乃如是，是可化也。

又次日，设多座于书院，命绅及诸证两傍坐，令其三侄跪，听训法言巽语几千言。侄痛苦认罪，呼伯求救。绅亦长跪，认教子侄不谨，且亦有不善处事过。众证亦跪认不能和解，求免究辩。哭声满屋，观者如堵墙，皆感服。予乃为清理

① 刘军平：《中国传统情理审判中的调处和息》，《湘潭大学学报》（哲社版），2014年第6期。

一切，重责听嘱扰闹扛控之健役，令其三侄百叩伯前，具悔过结。请于上司，上司亦服之。[①]

此案调解的基本程序可以分析如下：

第一，启动。当事人双方为叔侄关系，彼此缠讼已达6年，却依然未能解决。司法官认为这是家庭内部矛盾，还是以调解方式解决为好。不过，为了使双方有敬畏之心，主持调解的司法官将双方当事人各自教训一通，“各打五十大板”。这是传统调解中的惯用做法。州县官员不仅要进行教化，还凭借其国家公权力代表的身份给当事各方带来心理压力，为随后的调解奠定基础。

第二，调查。中国传统调解的客体一般为州县自理的“户婚田土”类民事案件和轻微刑事案件。只有了解案情事实及相关证据，才能在随后的调处中掌握更大的主动权，同时有针对性地采用恰当的调处手段来解决纠纷。在本案中，司法官花了大量时间和精力对案件事实作了勘察和分析，做到心中有数。司法官通过调查发现，张乡绅先后将两个侄子立为后嗣，却因这两个侄子要么不才要么不肖而勒令他们归宗。众侄儿心有不甘，故意买通他人传播谣言说张乡绅之妾后来所生之子不是亲生，矛盾因此越闹越大。但司法官仔细分析案情后，认为本案仍有调处余地。不仅因此案事涉家族内部关系，而且张乡绅素来友爱其弟，将家产委托其弟代管却极其信任，从不干涉。由此可见，兄弟之情和叔侄之情都有利于案件通过调处方式和平解决。

第三，会商与协定。经过当堂训谕，当事人已对诉讼心存畏惧，乐于接受调处；经过调查，案件调解人对于案件事实和相关证据也有了充分的把握。调解人随后选择合适的时间和地点，采用恰当的手段进行调处。由本案来看，张乡绅侄儿听说本案司法官接受本省布政使的指派进行审理之后，马上结交书院的老师及许多名人为之说情，有人甚至连夜加急数百里递交求情信；与之相反，张乡绅却没有与任何人说起此事，亦无从说情。基于这种情形，本案司法官决定尽快审结此案，以免横生事端。调处时间定于受案之后的第三天，调处地点定于书院，张乡绅及各证人端坐两旁，司法官命令三侄儿跪在地上，听候训示。司法官以事实调查为基础，用合乎儒家礼法的言论及谦逊和婉的言词对侄儿进行了严厉批评。这实际上是司法官凭借自身的威权对当事人进行儒家伦理的宣讲，终于使其认识到自己的错误，众侄儿痛哭流涕，并向伯父（张乡绅）求救。见此情形，张乡绅也长跪于地，反省自己教育子侄不够严谨，处事也有不妥之处，请求原谅子

① 陈重业主编：《折狱龟鉴补》，北京大学出版社2006年版，第98－100页。

侄。其他各相邻及证人等也纷纷上场，为之说情，希望从宽解决。这种气氛下已是做出调处决定的最佳时机。本案司法官当场重责相关闹事之人，并命令侄儿向伯父叩头请饶，具结悔过。待案件调处成功之后，司法官向上司报告，上司看后也对这样一桩多年积案得以解决深感叹服。

第四章　我国现代调解法律制度的主要内容

调解是一种预防和化解矛盾纠纷的一种社会治理方式，是指在人民法院、人民调解委员会及有关组织的教育、疏导、调和下，双方或多方当事人就争议的实体权利、义务，自愿进行协商，达成协议，解决纠纷的办法。我国的调解制度根植于“息诉止讼”的传统文化，有着悠久的历史。在当前经济体制深刻变革、社会结构深刻变动、利益格局深刻调整和人们思想观念深刻变化的新形势下，调解工作面临新的发展机遇和挑战。各种调解之间及调解与诉讼之间的衔接越来越紧密。为了充分发挥调解制度的解纷功能，有必要对该制度的主要内容进行梳理。

总体而言，我国现行调解制度已经形成一定体系，主要有以下四种类型，即人民调解（或称民间调解）、法院调解（或称诉讼调解）、行政调解和仲裁调解。各种调解制度的主要内容包括调解制度的适用范围，调解的基本原则，调解的主体，调解的程序规则以及调解协议的效力等。

第一节　调解制度的适用范围

调解制度的适用范围也即调解的受理范围，是指各类调解组织负责调解哪些类型、哪种性质的纠纷，即哪些纠纷可以由哪类调解组织受理和解决。明确调解组织的适用范围，可以确定各类调解组织解决纠纷的职责与界限，使调解组织在解决不同性质的纠纷时，能够体现各自的行业特点和业务优势，以充分发挥各种调解组织的解纷功能。

一、人民调解的适用范围

一般而言，每一部法律、法规都有其相对明确的调整范围，《中华人民共和国人民调解法》也不例外。《中华人民共和国人民调解法》第2条规定：“本法所称人民调解，是指人民调解委员会通过说服、疏导等方法，促使当事人在平等协商基础上自愿达成调解协议，解决民间纠纷的活动。”据此，《中华人民共和国人民调解法》规定了调整对象——“民间纠纷”，但对这一颇具争议之概念的内涵外延没有进行界定。① 人民调解的受案范围限于“民间纠纷”。据1990年施行的《民间纠纷处理办法》第3条之规定，民间纠纷“即公民之间有关人身、财产权益和其他日常生活中发生的纠纷”。2002年11月1日施行《人民调解工作若干规定》第20条规定：“人民调解委员会调解的民间纠纷，包括发生在公民与公民之间、公民与法人和其他社会组织之间涉及民事权利义务争议的各种纠纷。”通常，民间纠纷包括婚姻家庭纠纷，邻里纠纷，赡养、扶养纠纷，房屋宅基地纠纷，损害赔偿纠纷，生产经营纠纷以及新形势下凸显的有关土地承包、经济合同、计划生育、村务管理方面的纠纷；有关企业转制、破产、租赁、兼并和转让过程中引发的劳动争议纠纷；有关市政建设、危旧房改造中征地拆迁、安置补偿、噪声扰民、物业管理、房地产买卖等方面的纠纷等。

随着人民调解实践的不断深入，人民调解的受案范围继续向各类新型案件拓展，② 甚至向刑事案件“进军”。③ 特别是，随着市场经济建设的发展，在我国的建筑、保险、律师、医药、旅游等各行各业逐步成立了各种各样的行业协会和组织，这些社会团体或社会组织由于具有相关的专业知识，在调处行业性矛盾纠纷中发挥的作用逐渐凸显。目前，比较常见的行业调解组织主要有医事纠纷调解委员会。值得一提的是，传统的分类方法通常将医疗事故纠纷④归类为行政调解。事实上，依据《医疗事故处理条例》的相关规定，相关行政机关就这类纠纷仍可以进行行政调解，但基于社会治理格局合理化、精细化的要求，以及实现

① 学者们对“民间纠纷”有不同的理解，相关论述参见蒋福元，陈翠银：《民事诉讼法中的人民调解委员会》，《上海司法》，1982年第4期；李庚元：《基层人民政府对民间纠纷处理权刍议》，《山东大学学报（哲学社会科学版）》，1991年第4期；李春霖，潘夏明：《人民调解问题争议之我见》，《政法论坛》1992年第2期；刘江江：《人民调解法治新论》，中国政法大学出版社2009年版，第64页。

② 事实上，历任司法部领导都要求人民调解扩大工作领域，具体参见2002年9月罗干同志在全国调解工作会议上的讲话；2004年2月司法部副部长胡泽君同志在全国人民调解工作座谈会上的讲话；2007年7月罗干同志、吴爱英同志、郝赤勇同志在全国人民调解工作会议上的讲话。

③ 2012年，北京市司法局组织开展了一场人民调解“和风”行动，对本地区、本领域的矛盾纠纷进行“拉网式”大排查，仅上半年，北京市各级人民调解组织共排查纠纷13127件，防止民间纠纷转化为刑事案件238件。见李娜：《人民调解成维稳“第一道防线”》，《法制日报》2012年7月21日，第5版。

④ 2002年9月1日起施行的《医疗事故处理条例》第48条第1款规定：“已确定为医疗事故的，卫生行政部门应医疗事故争议双方当事人请求，可以进行医疗事故赔偿调解。调解时，应当遵循当事人双方自愿原则，并应当依据本条例的规定计算赔偿数额。”

政府治理和社会调节、居民自治良性互动之需要，相关行政部门积极倡导社会力量介入这些纠纷的调解，各地已经形成专业化的医疗事故纠纷调解机构——医疗纠纷人民调解委员会，从而使医疗事故纠纷的调解成为行业化和专业化的调解。① 在一些地方的实践中，医疗纠纷人民调解委员会简称“医调委”，其受案范围仅限于医疗纠纷。本书所称医疗纠纷，是指患者与医疗机构及其医务人员在诊疗过程中发生的医疗损害赔偿纠纷。一般而言，医调委调处医疗纠纷须具备以下四个条件：一是医患双方自愿申请；二是当事人在诉讼时效内提出申请；三是当事人与医疗纠纷有直接利害关系；四是当事提出了具体的调解请求、事实依据和理由。同时，一些医疗调解委员会制订的条例中明确规定，医调委不受理下列医疗纠纷：（1）一方当事人明确拒绝调解的；（2）法律、法规规定由专门机关管辖处理的，或者不适宜通过人民调解方式解决的；（3）人民法院、公安机关或者其他行政部门已经受理或正在处理的。

客观地讲，人民调解的受案范围正在不断扩大。② 可以说，凡是有矛盾纠纷的地方就有人民调解组织和人民调解员的存在。2011 年，全国人民调解组织调解案件总数为 893 万多件，邻里之间、婚姻家庭纠纷两类传统民间纠纷分别占调解纠纷总数的 22.8% 和 19.7%；新型纠纷虽大量涌现，但所占比率较小，如道路交通事故、物业纠纷、环境保护纠纷、医疗纠纷分别占 4.4%、1.3%、0.7%、0.6%。③ 然而，人民调解是通过说服、疏导等方法，促使当事人在平等协商的基础上自愿达成协议的一种纠纷解决方式。人民调解的本质决定了传统民间纠纷必然是其受案的主体部分。人民调解在处理比较复杂的新型纠纷时往往是“心有余，而力不足”。一些地方的实践证明，人民调解在诸多新型纠纷上无能为力，纵使有少量案件最终调解成功，但其所倚重的技术已经偏离了人民调解的本质。④

---

① 根据《中华人民共和国人民调解法》第 34 条之规定：“乡镇、街道以及社会团体或者其他组织根据需要可以参照本法有关规定设立人民调解委员会，调解民间纠纷。”这一规定成为社会团体或其他组织设立专性和行业性调解委员的依据。因此，我们认为，行业调解从严格意义讲应当属于人民调解的范畴。

② 参见李喜莲：《人民调解制度发展的瓶颈及对策——兼评〈中华人民共和国人民调解法〉》，《湘潭大学学报》（哲社版），2014 年第 6 期。

③ 司法部基层工作指导司：《基层工作统计分析（2011）》，法律出版社 2013 年版，第 26－29 页。

④ 我们在调研中发现，人民调解在解决新型案件时耗时较长（有的长达六七年），有的虽然依靠司法行政权力调解成功，但其已经偏离了人民调解及时解决民间纠纷的特点和自治性本质。

二、法院调解的适用范围

调解作为人民法院行使审判权的一种方式，具有广泛的适用性。《中华人民共和国民事诉讼法》虽然对法院调解的适用范围没有作出明确规定，然而依据法理，只要是平等主体之间以财产权利和人身权利为内容的民事纠纷，且经当事人同意，人民法院均可以调解方式结案。从适用的主体来看，各级人民法院审理民事案件都可以进行调解。从适用的程序来看，民事诉讼一审普通程序、简易程序、二审程序和再审程序均能进行调解。从民事诉讼过程看，民事诉讼开庭审理前、审理过程中以及判决作出前都可以进行调解。此外，《最高人民法院关于适用简易程序审理民事案件的若干规定》第 14 条规定："对于下列民事案件，人民法院在开庭审理时应当先行调解：（1）婚姻家庭纠纷和继承纠纷；（2）劳务合同纠纷；（3）交通事故和工伤事故引起的权利义务关系较为明确的损害赔偿纠纷；（4）宅基地和相邻关系纠纷；（5）合伙协议纠纷；（6）诉讼标的额较小的纠纷。但是，根据案件的性质和当事人的实际情况不能调解或者显然没有调解必要的除外。"据此，上述案件进入民事诉讼，调解成为审判的前置程序。

值得一提的是，法院调解并不能适用于所有民事纠纷。根据《中华人民共和国民事诉讼法》及相关司法解释之规定，以下案件不能以调解方式结案：一是适用特别程序、督促程序、公示催告程序以及破产程序审理的案件，不能适用调解；二是有关婚姻关系、身份关系确认的案件以及依性质不能进行调解的民事案件亦不能适用调解。以上两类案件不能进行调解的理由是，这些案件在一定程序上涉及公益，当事人不能自行处分。

三、行政调解的适用范围

行政调解是指行政主体参与主持的，以国家法律法规、政策和公序良俗为依据，以受调解双方当事人自愿为前提，通过劝说、调停、斡旋等方法促使当事人友好协商，达成协议，消除纠纷的一种调解机制。[①] 相较于法院调解和人民调解而言，行政调解具有行政性、专业性、综合性等特点。行政调解的适用范围，是指何种类型的纠纷可以通过行政调解的方式加以解决。学界一般认为，行政调解

① 朱最新：《社会转型中的行政调解制度》，《行政法学研究》，2006 年第 2 期。

的范围限于以下两个方面：其一，相对人对行政赔偿和行政补偿数额不服产生的争议；其二，凡是与行政管理密切相关的民事纠纷，只要当事人愿意行政调解，有管理职权的行政机关均可对之进行调解。[①] 但是，在实践中，以下纠纷往往通过行政调解解决。

（一）治安及交通管理领域产生的行政纠纷

公安部门负责治安管理及道路交通安全管理工作，对行政管理范围中的纠纷可以依法进行调解。《治安管理处罚法》第 9 条规定："对于因民间纠纷引起的打架斗殴或者损毁他人财物等违反治安管理行为，情节较轻的，公安机关可以调解处理。经公安机关调解，当事人达成协议的，不予处罚。经调解未达成协议或者达成协议后不履行的，公安机关应当依据本法的规定对违反治安管理行为人给予处罚，并告知当事人可以就民事争议依法向人民法院提起民事诉讼。"实践中，因违反治安管理而引发的纠纷，通常由派出所进行调解。此外，《中华人民共和国道路交通安全法》第 74 条第 1 款规定："对交通事故损害赔偿的争议，当事人可以请求公安机关交通管理部门调解，也可以直接向人民法院提起民事诉讼。"公安机关交通管理部门在处理交通事故过程中可以对交通事故的损害赔偿纠纷进行调解。

（二）劳动争议纠纷

劳动争议是指劳动关系当事人因劳动的权利、义务发生分歧而引起的争议，又称劳动纠纷。劳动纠纷既不同于一般的行政争议案件，也不同于一般的民事纠纷案件。劳动争议具有自身的特点：其一，在调整对象上，劳动关系中存在着形式上平等与实质上不平等的矛盾；其二，在调整方法上，多为强制性规范，确认劳动组织对违纪职工的纪律处分权，同时贯彻保护弱小一方劳动者利益的基本原则；其三在社会影响上，劳动关系既涉及劳动者的切身利益，又关系到经济发展和社会稳定，涉及面较广。2008 年 5 月 1 日起施行的《中华人民共和国劳动争议调解仲裁法》明确了注重调解的原则。对于劳动争议的调解不仅有企业劳动争议调解委员会及基层人民调解组织进行的调解，也有劳动仲裁委员会进行的调解，前者是人民调解的性质，而后者具有行政调解的性质。《中华人民共和国劳动争议调解仲裁法》第 42 条第 1 款规定："仲裁庭在作出裁决前，应当先行调

---

① 王喜珍：《行政调解对构建和谐社会的价值功能及适用》，《理论导刊》，2008 年第 10 期。

解。”劳动争议仲裁委员会由劳动行政部门代表、工会代表和企业方面代表组成，其工作受劳动行政部门的指导。劳动争议仲裁委员会根据法律的授权成为行政主体，具有行政仲裁和行政调解双重职能，可以依法受理劳动争议案件。

行政主管部门以及地方政府相关行政部门和事业单位，对劳动争议案件进行调解可充分发挥其权威性、专业性优势，既能及时有效地处理用人单位的违法行为，维护劳动者的合法权益，又能指导企业完善相关规章制度，预防劳动争议的再次发生。具体而言，可以行政调解的劳动争议案件包括以下几种类型：（1）去职纠纷。因用人单位开除、除名、辞退劳动者，或者劳动者辞职、自动离职而发生的争议。（2）劳动合同纠纷。包括履行、变更、解除、终止、续订合同、合同效力的确认以及事实劳动关系等过程中所发生的争议。如果劳动者与用人单位之间没有订立书面劳动合同，但已形成事实劳动关系，因事实劳动关系而发生的纠纷也属于此类争议。（3）劳动待遇纠纷。主要包括：一是劳动条件待遇纠纷，即执行国家有关工资、工时与休息休假、安全与卫生、劳动保护、以及职业教育培训等规定所发生的争议；二是社会保险待遇纠纷，涉及养老、医疗、失业、工伤和生育保险待遇等；三是社会福利待遇纠纷，涉及按照国家有关规定给付劳动者的各项福利待遇。（4）其他纠纷。法律法规规定的其他劳动争议以及许多新类型的劳动争议案件。

（三）知识产权纠纷

知识产权的行政管理部门在主管相关知识产权的管理工作中，可以依法对知识产权纠纷进行调解。《中华人民共和国专利法》第60条规定：“……专利权人或者利害关系人可以……请求管理专利工作的部门处理……进行处理的管理专利工作的部门应当事人的请求，可以就侵犯专利权的赔偿数额进行调解……”《中华人民共和国商标法》（2013年修正）第60条规定：“侵犯注册商标专用权引起纠纷的，由当事人协商解决；不愿协商或者协商不成的，商标注册人或者利害关系人可以向人民法院起诉，也可以请求工商行政管理部门处理…… ”《中华人民共和国著作权法》第55条第1款规定：“著作权纠纷可以调解……”，这里的调解当然包括行政管理部门对著作权纠纷的调解。

四、仲裁调解的适用范围

仲裁调解是一种复合式的争议解决方法。它是指根据当事人的请求，或者仲裁员在征得当事人的同意后，在仲裁庭主持下，双方当事人平等协商解决纠纷的方法。仲裁调解结合了仲裁裁决的可执行性，又结合了调解的灵活、便捷性，大大增强了解决纠纷的功能。根据《中华人民共和国仲裁法》第 2 条之规定，仲裁调解的适用范围是“平等主体的公民、法人和其他组织之间发生的合同纠纷和其他财产权益纠纷”。《中华人民共和国仲裁法》第 51 条规定：“仲裁庭在作出裁决前，可以先行调解。当事人自愿调解的，仲裁庭应当调解。调解不成的，应当及时作出裁决。调解达成协议的，仲裁庭应当及时作出裁决。调解达成协议的，仲裁庭应当制作调解书或者根据协议的结果制作裁决书。调解书与裁决书具有同等法律效力。”由此可见，根据《中华人民共和国仲裁法》的相关规定，仲裁调解的适用范围是平等主体的公民、法人和其他组织之间发生的合同纠纷和其他财产权益纠纷。

有必要提及的是，根据《中华人民共和国仲裁法》第 3 条之规定，下列争议不属于仲裁调解范围：（1）婚姻、收养、监护、抚养、继承争议；（2）依法应当由行政机关处理的行政争议。

综上，基于社会治理社会化的精细化之需要，我国调解类型呈现多样化。各种调解制度在受案范围上既有分工，也有合作。事实上，同一民事纠纷，基于当事人的选择不同，可以适用人民调解、法院调解或仲裁调解。为了更为明了起见，本文将各种调解的受案范围进行简单归纳（见下表）。

表 1：各种调解的受案范围

类型 受案范围	人民调解	法院调解	行政调解	仲裁调解
受理的案件	民间纠纷（含轻微的刑事案件）	民事纠纷	1. 相对人对行政赔偿和行政补偿数额不服产生的争议 2. 与行政管理密切相关的民事纠纷	合同纠纷和其他财产权益纠纷
法定不可受理的案件	其他行政案件不得调解	1. 适用特别程序、督促程序、公示催告程序以及破产程序审理的案件，不能适用调解； 2. 有关婚姻关系、身份关系确认的案件	其他行政案件不得调解	1. 婚姻、收养、监护、抚养、继承争议； 2. 行政争议。

第二节　调解的基本原则

调解的基本原则是在调解过程中能够始终贯彻并能反映调解客观规律的准则。根据调解主体及调解解决纠纷的性质，现有的调解方式主要有法院调解、人民调解、行政调解和仲裁调解。在调解实践中，四种调解类型虽然在调解员选派、调解依据和调解协议的效力等方面存在差异，但是三种调解均具有双方当事人自由处分自己权益的共性，故而四种调解所遵循的基本原则具有诸多共性，也即法院调解、人民调解、行政调解与仲裁调解活动遵守一些共同的行为准则。这些共同的原则主要有以下几种：

一、自愿平等原则

当事人自愿平等原则是自愿原则和平等原则的总称，是调解的基础，是指在调解过程中，无论是调解程序的启动还是调解方案的最终达成都取决于当事人的合意。调解作为一种重要的合意性纠纷解决方式，理应将尊重当事人意思自治作为调解的指导理念，将其贯穿于人民调解的全过程。《中华人民共和国民事诉讼法》第 93 条规定："人民法院审理民事案件，根据当事人自愿的原则，在事实清楚的基础上，分清是非，进行调解。"第 96 条规定："调解达成协议，必须双方自愿，不得强迫。调解协议的内容不得违反法律规定。"《中华人民共和国人民调解法》第 3 条规定："人民调解委员会调解民间纠纷，应当遵循下列原则：在当事人自愿、平等的基础上进行调解……"《中华人民共和国人民调解法》第 23 条规定，当事人在人民调解活动中享有下列权利：（1）选择或者接受人民调解员；（2）接受调解、拒绝调解或者要求终止调解；（3）要求调解公开进行或者不公开进行；（4）自主表达意愿、自愿达成调解协议。可见，当事人自愿原则是调解工作的首要原则。

调解员只有在调解工作中坚持自愿平等的原则，为双方当事人搭建沟通的平台、传递双方的信息以及提供中介服务，充分尊重双方当事人的意愿，才能使纠纷得到彻底解决。自愿原则主要体现在以下两个方面：一是在调解程序的启动上尊重当事人的意愿。调解必须基于双方当事人自愿，如果当事人不愿意接受调解，或者不愿意接受某个组织和个人的调解，或者有一方当事人不愿意接受调解，调解主体均不能强行调解。在调解过程中确保当事人地位平等。

当事人在调解的过程中地位平等，即平等地享有权利，平等地履行义务。调解员须对双方当事人公平对待，不得对当事人歧视、强迫、偏袒和压制，调解主体依据相关法律法规进行调解，整个调解过程应当保证当事人地位平等，确保当事人在平等、自愿的基础上，充分发表自己的意见，当事人在调解过程中可以随时结束调解。二是在调解协议的达成上尊重当事人意愿。当事人可以接受调解员提出的调解方案，也可以自行提出调解方案；当事人可以自主选择达成书面协议还是口头协议；当事人可以同意签订调解协议也可以拒绝签订调解协议。任何调解主体都不能强制当事人接受和履行调解协议。

二、诚信原则

诚信原则是市场经济活动中形成的道德规则，它要求人们在市场活动中讲究信用，恪守诺言、诚实不欺，在不损害他人利益和社会利益的前提下追求自己的利益。调解中的诚信原则是指调解主体、当事人以及参与调解的其他人在调解时，必须遵循公正、诚实和善意的原则。调解的诚信原则要求当事人双方诚实、善意地启动调解程序和进行调解，调解主体应尽量维持当事人双方的利益平衡以及当事人利益与社会利益的平衡，善意地进行调解，不能为了自身的利益而强制进行调解，损害当事人的利益。具体来说，诚信原则包括以下内容：

其一，禁止滥用权利或权力。对于当事人来说，当事人在选择是否进行调解时应善意为之，禁止滥用调解，禁止借调解之名义拖延纠纷的解决。任何一方当事人都不得针对对方实施欺诈性调解行为，禁止当事人之间采取以强凌弱、威逼要挟等不正当手段达成所谓的调解协议。双方当事人也不得恶意串通，共同实施损害国家利益、社会公共利益或第三人合法权益的欺诈性调解行为。对于当事人的代理人来说，代理人在代理当事人的案件时，应以当事人为中心，善意地规劝当事人调解解决纠纷，而不能为了自身的利益考虑而恶意劝调，损害当事人的合法权益。对于中立第三方调解主体来说，应充分尊重当事人的程序主体权，禁止调解主体采取强迫、威胁、施压、拖延等方法让当事人产生心理压力从而接受调解协议。

其二，不得违反真实义务。所谓真实义务，是指当事人在调解中不能主张已知的不真实事实或自己认为不真实的事实，并且不能在明知事实真相和对方提出的主张与事实相符或认为与事实相符时，仍然进行争执。在调解中，当事人不得故意为虚伪陈述，不得明知事实真相却故意掩盖，损害对方当事人的利益。只有双方当事人都诚实相待，才能更好地调解，实现调解从根本上解决纠纷的目标。

其三，禁止反悔和矛盾举动。诚信原则中的“信”的基本含义之一是指人的行为保持前后一致，它要求当事人在调解中要讲究信誉，恪守诺言，严格履行自己承担的义务，不得擅自毁约。当事人达成调解协议后应善意履行，不能轻易反悔。

三、中立原则

客观地讲，任何一种纠纷解决机制，其价值取向当然离不开公正和效率。调解作为一种社会救济方式，其具有经济、彻底、高效之特点已得到理论界和实务界一致认同。但是，调解因其具有非程序性（抑或称之为程序灵活性），而在确保公正方面遭受怀疑。随着《中华人民共和国人民调解法》出台及法院调解的相关规范日益完善，调解程序日益规范化。“在当事人地位平等、表达自由和完全自愿的状况下，调解可以成为一种非常具有民主色彩和实效的纠纷处理方式。由调解所达成的协议，无论是由当事人在没有外力强制的情况下自由自愿地达成的，还是在调解者运用适当手段下而“不得不”达成的，只要是被双方的真实意图所认可和接受的协议，就可以认为是“公平”的。”[①] 当调解员所建议的解决办法或可能的和解结果维护了当事人各方的利益，或者与当事人自己对调解结果的预期基本吻合，当事人愿意达成调解协议，表明调解已经实现了个别、具体和实质的正义。为了确保调解的结果公正，应当重视调解程序的公正性。具体而言，在调解程序中应当注意以下几点：其一，确保当事人有自主选择调解员的权利；其二，调解员在调解过程中尽可能保持中立；其三，当事人在调解过程中有足够的参与权，当事人地位平等。其中，最为重要的是调解员保持中立，即调解员在调解过程中要不偏不倚。[②] 实践表明，确保调解公正是人民调解健康发展的必要前提。正如一位人民调解员所言：“你如果说100个案子里面有一个案子是不公正的，那么老百姓肯定会一传十、十传百，就不相信你，讲的话没人听。”[③]

---

① 白德平：《浅议矛盾纠纷调解公正性问题》，详见荆州司法行政网，http://www.jzssfj.gov.cn/newscontent.aspx?id=4328。

② 《中华人民共和国人民调解法》第21条规定：“人民调解员调解民间纠纷，应当坚持原则，明法析理，主持公道。”《中华人民共和国人民调解法》第15条规定：“人民调解员有偏袒当事人一方等行为的，所在的人民调解委员会应当予以批评教育、责令改正甚至是辞退。”

③ 叶慧松、江孟飞：《人民调解化纠纷，调解公正最重要》，详见 http://www.lsol.com.cn/html/2012/laobaitantian_1211/115491.html。

众所周知，调解为纠纷双方当事人提供了一种解决问题的方式，其常态是当事人在中立的第三方的劝说、疏导下，互谅互让，达成调解协议，彻底解决纷争。从调解过程来看，第三方（即调解员）的中立性是确保调解公正、公平的必要条件。调解中立包括两层含义：① 首先，从外在形式上保证调解的中立，调解员和双方当事人以及申请调解的纠纷不存在法律上的利害关系，调解员不代表任何一方当事人，也不偏向任何一方当事人，他对双方当事人是公平的、公正的和不带偏见的，否则当事人可以申请调解员回避；其次，从调解内容上看，调解员不能过多的干预当事人的自由，调解员不直接或间接地对当事人进行评价，调解员亦不使用其专门知识去影响当事人做出的决定。纠纷解决方案的达成，取决于当事人的意思自治，调解员在调解过程中仅起到为双方当事人搭建沟通对话平台、促成双方沟通交流、提出调解建议等中介性作用，而不能将自己的意志强加给当事人，否则就违背了调解中立的原则，错置了作为中立第三方的调解人的应有地位。调解员中立原则的贯彻落实，使调解与其他纠纷解决方式（诉讼、仲裁）区别开来，是确保双方当事人自愿达成调解协议的必要前提，在中立的调解员的主持下达成的调解协议具有正当性。

四、保密原则

业内周知，调解是双方当事人互谅互让解决纠纷的方法。为了确保当事人能真实表达自己的意思，必须创造良好的环境以消除当事人的后顾之忧，因此，遵循保密原则是调解正常进行的前提。为了适用形势需要，《最高人民法院关于人民法院民事调解工作若干问题的规定》（2004 年 8 月）第 7 条规定：“当事人申请不公开进行调解，人民法院应当允许。”2015 年，《最高人民法院关于适用〈中华人民共和国民事诉讼法〉的解释》第 146 条规定：“人民法院审理民事案件，调解过程不公开，但当事人同意公开的除外。调解协议内容不公开，但为保护国家利益、社会公共利益、他人合法权益，人民法院认为确有必要公开的除外。主持调解以及参与调解的人员，对调解过程以及调解过程中获悉的国家秘密、商业秘密、个人隐私和其他不宜公开的信息，应当保守秘密，但为保护国家

① 在《中国国际商会调解员办案守则》中对调解员的中立性的规定则是直截了当的，具体内容如下：其一，调解员应独立、公正地调解案件。其二，调解员不得代表任何一方当事人。其三，调解员在调解过程中，不得有偏向一方当事人的言行。

利益、社会公共利益、他人合法权益的除外。”通常，调解保密原则体现在以下两个方面：一是调解过程不公开。相较于审判而言，调解是双方当事人对自己权益的处分，主持调解以及参与调解的人员，对调解过程应当保守秘密。二是调解协议的内容不公开。调解中当事人主要通过谈判协商来解决争议，如果涉及当事人的商业秘密和个人隐私，当事人当然不愿让他人知晓。即使调解的内容无关商业秘密和个人隐私，从心理学上看，当事人对自己的让步通常也不愿意让外人知晓。事实表明，只有在相对封闭的场所进行调解，或者在背靠背的情形下，当事人才会表达自己的真实想法。

调解保密原则具有吸引当事人参与调解的制度魅力，也是影响调解成功与否的核心要素，更是调解的生命所在。但目前的理论界对于调解保密原则的内涵却是众说纷纭、莫衷一是，其中最集中的体现就是不同的主体对调解保密原则的关注点不同，导致对调解保密原则的争议历经数载却未有定论。[①] 我们认为，调解保密原则是一个相对来说内涵比较丰富的综合体，这一原则对于不同的主体要求也不完全相同，对于调解的双方当事人而言，主要是调解信息的保密；对于调解员而言，主要是在后续程序中的作证问题；而对于其他人员主要是旁听、新闻报道等问题。具体而言，调解保密原则的内涵与外延主要体现在以下几个方面：

（1）调解保密原则的形式要求。调解保密的形式要求主要体现在相关的程序性问题，针对的主体主要是与调解无涉的其他人员。相比较审判公开原则而言，调解一般是不公开进行的。未经允许或法律的明确规定，与调解案件无关的其他人员不得进行旁听，新闻媒体也不得对调解活动进行公开地报道。即使是经过允许进行了旁听的人员也不得随意泄露调解案件中的信息。调解保密原则的形式要求是调解保密原则的最基本含义，其最基本的意旨就在于保持调解程序的独立性，避免在调解案件中公开的信息外露，保持当事人对调解程序的信任度，保证当事人在调解程序中能够坦诚相见，开诚布公地进行调解。

（2）调解保密原则的内容要求。调解保密原则的内容要求主要体现在调解信息在调解程序中保密。其最直接的体现就是一方当事人在调解过程中披露的信息未经当事人的许可不得向对方当事人和与案件无涉的其他人公开。根据参与的

① 关于这一问题的论述，可以参见肖建华、唐玉富：《论法院调解保密原则》，《法律科学》，2011年第4期；尹力：《商事案件调解保密规范解析》，《东方法学》，2008年第6期；周建华：《司法调解的保密原则》，《时代法学》，2008年第5期；余林明：《调解保密法律制度研究》，暨南大学2007年硕士学位论文；汪祖兴：《与ADR相关的保密制度探讨》，《现代法学》，2005年第3期；陶南颖：《美国法院附设调解保密制度简介》，《人民法院报》，2013年9月6日，第8版，等等。

主体范围不同，调解可以分为面对面调解和背靠背调解两种模式。[①] 尤其是在背靠背的调解程序中，一方当事人可能会交代自己的底线以及披露一些不愿意让对方当事人知道的案件信息以及个人隐私等，在这个时候，调解员就要承担一定的保密义务。关于这个层面的保密原则实践中没有受到重视，理论上也没有进行充分的阐释，是需要我们进一步挖掘的内涵。

（3）调解保密原则的附随要求。调解保密原则的附随要求主要体现就是调解信息在后续程序中保密。这一要求的基本内涵就是当事人在调解程序中展示的信息不能够作为后续的法律程序中对其不利的证据，即在后续的相关法律程序中不得要求调解程序中的调解员作为证人展示当事人在调解程序中已经披露的信息。这样的要求使得当事人相信自身的权利有保障，更加放心地在调解程序中披露信息，不必担心这些信息会在后续的程序中成为对其不利的证据呈现，有利于调解活动的进行和调解协议的达成。调解保密原则的这一要义充分地体现了调解话语空间与对抗式诉讼话语空间的断裂，增强调解程序对诉讼程序的规制。

调解程序保密原则是调解保密原则的直观体现[②]，调解信息在调解程序中的保密是调解保密原则的核心和精髓，调解信息在诉讼中的保密是调解保密原则的必要延伸。三者有机统一，共同构成了调解保密原则的制度内涵，共同促进调解制度的完善和发展。

第三节　调解的主体

调解主体是指在调解过程中起组织、指挥作用的人或组织。在我国，各种调解机制已逐步形成，人民调解、法院调解、行政调解和仲裁调解等调解方式日益完善。调解主体亦呈现出多元化现象，不仅包括各种民间调解组织（人民调解委员会、各种商事调解组织等）、仲裁机构等社会组织，还包括具有国家机关属性的调解组织（如人民法院和行政机关）。

一、人民调解的调解主体

人民调解的性质是由人民调解委员会的性质决定的。《中华人民共和国人民

① 廖永安主编：《如何当好调解员：中美调解培训启示录》，湘潭大学出版社 2012 年版，第 28、59 页。

② 肖建华、唐玉富：《论法院调解保密原则》，《法律科学》，2011 年第 4 期。

调解法》第7条规定："人民调解委员会是依法设立的调解民间纠纷的群众性组织。"这一规定充分表明了人民调解委员会的性质。人民调解是人民群众自我教育、自我管理、自我服务的一项制度。这一属性及定位是人民调解工作赖以存在的基础，也是长期以来人民调解工作保持强大生命力，深受群众欢迎的根本原因。《中华人民共和国人民调解法》第8条规定："村民委员会、居民委员会设立人民调解委员会。企业事业单位根据需要设立人民调解委员会。"但是我国除了根据《中华人民共和国人民调解法》第8条规定的村民委员会、居民委员会及企事业单位所设立的三种典型人民调解委员会外，《中华人民共和国人民调解法》在附则中为建立新型人民调解委员会预留了空间，即规定了乡镇、街道以及社会团体或者其他组织根据需要可以参照本法有关规定设立人民调解委员会。实践中，人民调解的主体主要有以下几种：

（一）村、居（社区）人民调解委员会

农村居民委员会、城市（社区）居民委员会设立的人民调解委员会（以下简称村、居（社区）人民调解委员会）是人民调解委员会最主要的组织形式，是人民调解的主体和基础。目前，从数量上来看，村、居（社区）人民调解委员会无疑是人民调解委员会各种形式中数量最多的。据统计，截至2010年年底，全国建立的人民调解委员会共82.4万个，其中村（居）人民调解委员会67.4万个，企（事）业单位人民调解委员会7.9万个，乡镇（街道）人民调解委员会4.2万个，行业性、专业性人民调解组织1.2万个。[①] 从质量上来看，村民委员会、居民委员会（社区）人民调解委员会同样是解决民间纠纷，化解社会矛盾最为便捷的组织。村、居（社区）是除了家庭以外最基本的社会单位，而社会矛盾，尤其是民间矛盾大部分属于家庭、邻里间的纠纷，这类纠纷的解决需要一个与纠纷主体联系密切并对产生纠纷的原因以及纠纷主体的具体情况都十分了解的组织。村、居（社区）人民调解委员会贴近群众的设置，就充分满足这一需要，因此村、居（社区）人民调解委员会无疑作为这类矛盾的解决主力军。

（二）乡镇、街道人民调解委员会

乡镇、街道设立的人民调解委员会也是人民调解委员会极为重要的组织形

① 《司法行政系统全面推动司法体制机制改革刑罚执行更科学服务群众更给力》，《法制日报》，2011年1月31日，第1版。

式。随着经济的发展，民间纠纷的形式和类型都发生了巨大的变化，复合型的、涉及多主体的民间纠纷开始增多，许多纠纷还超出了地域的限制。因此，单纯地依靠以村民委员会、居民委员会为单位建立调解委员会很难满足这种日益增多和扩大化的纠纷解决的需要。于是《人民调解工作若干规定》提出了建立乡镇、街道人民调解委员会，以调解那些村、居（社区）调解委员会调解不了的民间纠纷，或涉及两个以上村、居（社区）调解委员会的民间纠纷。

（三）企事业单位人民调解委员会

企事业单位人民调解委员会是《人民调解工作若干规定》增设的一类调解委员会类型。在我国，社会构成的单位除了传统的行政区划以外，企事业单位也是一个重要的组成部分。近年来，随着市场经济的不断发展，经济改革的不断深化，社会生活发生了巨大的变化。当然，社会矛盾也进一步凸显。这其中企事业单位在改制过程中出现的矛盾尤为明显。如何保障企业改革的顺利进行，维护职工的合法权益、化解职工在生产生活中的各种矛盾，解决企业与周边地区群众之间的矛盾纠纷是关系到社会稳定和经济平稳发展的重大问题。因此，在企事业单位设置人民调解委员会，化解这类矛盾就显得十分必要。在现实中，国家的重点企业、地方的骨干企业、重点扶植的民营企业都应当积极地设置人民调解委员会。这类调解委员会一般隶属于企业党组织或工会，专门进行调解工作。

（四）区域性、行业性人民调解委员会

区域性、行业性的人民调解委员会是人民调解组织向社会自律性组织发展的有效形式之一，对于发展和完善市场经济条件下的人民调解工作具有积极的意义。所谓区域性人民调解委员会是指在特定的行政区域，特定的生产、生活地区建立的人民调解组织。这类调解委员会主要以建立在行政接边地区、厂街接边地区的联合调解委员会以及集贸市场、经济开发区、商品集散地、工程工地、流动人口聚居地的人民调解委员会为形式。所谓行业调解，又称“社会调解”，是指行业、社团组织建立的人民调解委员会。如房地产行业调解委员会、消费者协会人民调解委员会等。充分发挥行业调解的专业优势、地缘优势，可以弥补人民调解的不足。行业（社会）调解的调解主体都是由政府认可或者行业认可的非营利性组织。他们多多少少具有政府背景，但其本质上仍属于民间自治团体，其调解属于民间调解。截至2011年，全国已建立各类行业性、专业性人民调解组织

3.1 万余个，[①] 调解各类行业性、专业性纠纷 40 万余件。

二、法院调解的调解主体

民事诉讼是我国多元化纠纷解决机制中必不可缺的一员。在民事诉讼中，在双方当事人自愿的基础上，在中立法官（调解人）的主持下，当事人互谅互让，达成协议，一直是我国解决民事纠纷的途径之一，此种途径通常被称为法院调解或诉讼调解。

（一）法官主持调解

长期以来，在民事诉讼中，法院调解为司法高层所倡导，也为法官所青睐。在民事诉讼实践中，曾经一度调解结案与判决结案的比例呈现为 8：1，即绝大部分民事案件是以调解方式结案。顾名思义，法院调解在本质上是法院依司法权而进行的审判行为。法院调解的主体当然是人民法院，具体为调解行为的主体则是法官。《中华人民共和国民事诉讼法》第 94 条规定："人民法院进行调解，可以由审判员一人主持，也可以由合议庭主持，并尽可能就地进行。"根据《中华人民共和国民事诉讼法》之规定，法院调解可以根据不同情况采取不同的组织形式：1. 审判员一人主持调解。基层人民法院和它派出的法庭审理简单的民事案件适用简易程序，实行独任制的审判组织形式，相应地，在调解时也由审判员一人主持调解。应当注意的是，审判实践中有的法院由书记员或陪审员一人主持，这是违反法律规定的。2. 合议庭主持调解。一审程序中，人民法院除适用简易程序审理的民事案件外，都应当组成合议庭进行。二审程序中，人民法院均应组成合议庭审理民事案件。在调解上述案件时，应当由负责审理的合议庭主持。有时，虽然可以由合议庭授权其中的一个审判员进行调解，但是制作调解书时，应当签署全体合议庭成员的名字。

值得一提的是，在大调解运动下，人民法院将调解前置到立案阶段，称为"立案调解"。立案调解是指在一审民商事案件立案后转至相关的民商事审判庭审理前，对法律关系表面明确、争议不大的案件，在征得双方当事人同意后，由

① 随着"大调解"运动的推进，各地建立健全各种人民调解组织。与此同时，行业调解也得到飞速发展，如上海长宁区人民调解组织在三级调解网络的基础上还设有市场调委会、物业调委会、企事业调委会等专门的调解委员会，人民调解工作日趋专业化。参见范愉：《社会转型中的人民调解制度——以上海市长宁区人民调解组织改革的经验为视点》，《中国司法》，2004 年第 10 期。

立案法官以合议庭或独任制形式及时主持调解的诉讼活动。在司法实践中，绝大多数法院在立案环节（立案前或立案后、移送业务庭之前）推行过立案调解。调解成功的，由调解法官出具调解书；调解不成功的，由调解法官记录案件主要事实等内容，然后将该记录随卷移送审判庭，为审判庭继续审理案件提供参考。立案调解针对的案件主要是法律事实清楚、案件争议不大的案件，进行调解的前提是征得双方当事人同意调解的意思表示。立案调解所依据的是“将调解工作贯穿于民事审判工作的全过程，特别要从案件的源头上抓调解”的指导思想，重视发挥调解的纠纷解决功能。

我国目前并没有关于立案调解的相关法律规定，但结合学界研究和司法实践，我们认为立案调解与诉前调解不同，仍属于诉讼调解模式，只是将调解的时机前移，立案之后即时进行调解。因此，立案调解的调解主体也是人民法院。诉前调解、立案调解和庭前调解三者有机结合，保证诉前调解与诉讼调解之间的有效衔接，而调解主体的扩大和调解类型的多元化，为人民群众提供更多的纠纷解决方式，同时起到案件分流的作用。立案调解与庭前调解不同的是其调解主体是立案庭法官，而非审判庭法官，目的是实现调审分离，确保审判不受调解的影响。但有必要强调的是，立案调解的调解主体依旧是人民法院。

（二）接受委托调解的单位或组织主持调解

近年来，司法实践中正进行着诉讼调解和非诉讼调解衔接，探索解决民事纠纷的新路径。随着司法改革的深入，相继出现了委托调解、协助调解等新型调解模式。这些新的调解模式突破了法院调解主体的限制，积极寻求新的调解主体。为了回答上述新型调解主体是否具有正当性问题，学理界对委托调解、协助调解等新型调解模式的调解主体地位进行了有益的探讨与研究。

委托调解是指人民法院对起诉到法院的民事案件，在征得当事人的同意后，委托人民调解委员会等组织或个人进行调解。委托调解是我国法院努力构建多元化纠纷解决机制的结果，是法院借助社会力量调处民事纠纷的新举措。2004 年 11 月 1 日起施行的《最高人民法院关于人民法院民事调解工作若干问题的规定》第 3 条明确规定：“根据民事诉讼法第 87 条（现修正为第 95 条）的规定，人民法院可以邀请与当事人有特定关系或者与案件有一定联系的企业事业单位、社会团体或者其他组织，和具有专门知识、特定社会经验、与当事人有特定关系并有利于促成调解的个人协助调解工作。经各方当事人同意，人民法院可以委托前款规定的单位或者个人对案件进行调解，达成调解协议后，人民法院应当依法予以确认。”2009 年 2 月 18 日，最高人民法院发布的《关于进一步加强司法便民工作的若干意见》指出：经当事人同意，人民法院可以将案件委托人民调解委员、有关行政部门、社会团体或者基层人民组织主持调解，调解达成协议的，由人民法院依法确认。2009 年 7 月 24 日，最高人民法院发布的《关于建立健全诉讼与非诉讼相衔接的矛盾纠纷解决机制的若干意见》第 15 条规定：“经双方当事人同意，或者人民法院认为确有必要的，人民法院可以在立案后将民事案件委托行政机关、人民调解组织、商事调解组织、行业调解组织或者其他具有调解职能的组织协助进行调解。当事人可以协商选定有关机关或者组织，也可商请人民法院确定。调解结束后，有关机关或者组织应当将调解结果告知人民法院。达成调解协议的，当事人可以申请撤诉、申请司法确认，或者由人民法院经过审查后制作调解书。调解不成的，人民法院应当及时审判。”该意见明确指出调解主体为接受委托的调解组织，法院仅根据其于调解结束后提交的调解结果作相应处理。

综上，委托调解的调解主体应当是接受委托的主体，包括人民调解组织等。但是，因相关司法解释和法律规范对委托调解的效力没有作出具体规定，委托调解制度目前仍没有得到较好发展。

（三）其他组织或个人与法官一起主持调解

协助调解是人民法院引入社会力量参与调解的试点，是指法院在审理案件的过程中，为了更好地促成当事人进行调解，邀请诉讼外的调解人参与诉讼调解，以促进纠纷解决的方式。如涉及妇女权益案件时，邀请当地妇联予以协助；调解劳动争议案件时，法院邀请工会予以协助等。

《中华人民共和国民事诉讼法》第 95 条规定：“人民法院进行调解，可以邀请有关单位和个人协助。被邀请的单位和个人，应当协助人民法院进行调解。”可见，《中华人民共和国民事诉讼法》明确规定了协助调解制度，即有关单位和个人协助人民法院解决纠纷的制度。2004 年，《最高人民法院关于人民法院民事调解工作若干问题的调解规定》第 3 条第 1 款规定：人民法院可以邀请与当事人有特定关系或者与案件有一定联系的企业事业单位、社会团体或者其他组织，和具有专门知识、特定社会经验、与当事人有特定关系并有利于促成调解的个人协助调解工作。在上述司法解释中，协助调解主体进一步被明确为“与当事人有特定关系或者与案件有一定联系的企业事业单位、社会团体或者其他组织”与“具有专门知识、特定社会经验、与当事人有特定关系并有利于促成调解的个人”。

从上述规定可知，协助调解是法院在审理案件、调解案件的过程当中邀请案外的调解人参与调解，其前提是法院进行案件审理和调解，而且法院对调解程序的启动、发展、结束，以及调解协议的形成、审查及最后调解文书的拟定等起着主导和关键作用。案外调解人协助调解具有被动性，案外调解人参与诉讼调解的前提是法官的邀请，案外调解人不会主动参与调解。法院的调解主体地位不容置疑。其次，案外人参与调解只是起到帮助和辅助作用。案外调解人参与案件的调解，其目的和作用是帮助法院进行案件的调解。虽然在调解的过程中法院邀请了诉讼外的调解人参与调解，但是这不影响协助调解作为诉讼调解的性质。因此协助调解在本质上是属于诉讼调解。协助调解的调解主体是人民法院，其他单位或个人只是协助而已，并不是调解主体。

三、行政调解的调解主体

在实践中，行政调解的具体类型多种多样，主要包括治安调解、交通事故损害赔偿调解、城市房屋拆迁纠纷调解、土地承包经营纠纷调解、消费者权益争议调解、劳动争议调解、医疗事故争议调解等。目前，我国行政调解的主体主要有基层人民政府、主管行政机关和法律、法规授权的组织。

（一）行政机关主持调解

行政机关是按照国家宪法和有关组织法的规定而设立的，代表国家依法行使行政权，组织和管理国家行政事务的国家机关，是国家权力机关的执行机关，也是国家机构的重要组成部分。行政机关利用行政资源以调解的方式解决在公共行政过程中遇到的纠纷，其在行政调解中充当的是中间人、调解人的角色，在调解中也不具有行政强制性，纠纷的解决主要靠当事人的合意。

1. **基层人民政府的调解。**调解民事纠纷和轻微刑事案件一直是中国基层人民政府的一项职责，这项工作主要是由乡镇人民政府和街道办事处的司法助理员负责进行。1990 年颁布的《民间纠纷处理办法》赋予了基层人民政府对各类民间纠纷的调解权。此外，国家还通过法律、行政法规赋予了人民政府和有关行政部门对行政工作中涉及的民事纠纷进行调解。

2. **公安机关的调解。**《中华人民共和国治安管理处罚法》规定：“对于因民间纠纷引起的打架斗殴或者损毁他人财物等违反治安管理的行为，情节轻微的，公安机关可以调解处理。”《中华人民共和国道路交通安全法》第 74 条第 1 款规定："对交通事故损害赔偿的争议，当事人可以请求公安机关交通管理部门调解，也可以直接向人民法院提起民事诉讼。"《道路交通事故处理办法》第30规定："公安机关处理交通事故，应当在查明交通事故原因、认定交通事故责任、确定交通事故造成的损失情况后，组织当事人和有关人员对损害赔偿进行调解。"这是法律法规授予公安机关调解的权力，有利于妥善解决纠纷，增进当事人之间的团结。

3．**国家合同管理机关的调解**。国家规定的合同管理机关，是国家工商行政管理局和地方各级工商行政管理局。1997年施行的《合同争议行政调解办法》规定："工商行政管理机关受理法人、个人合伙、个体工商户、农村承包经营户以及其他经济组织相互之间发生的以实现一定经济目的为内容的合同争议，工商行政管理机关调解合同争议，适用本办法的规定。法人之间和个体工商户，公民和法人之间的经济纠纷，都可以向工商行政管理机关申请调解。工商行政管理机关调解合同争议，实行双方自愿原则。"

4．**婚姻登记机关的调解**。《中华人民共和国婚姻法》规定："男、女一方提出离婚，可由有关部门进行调解或直接向人民法院提出离婚诉讼。"同时，该法规定："男、女双方自愿离婚的，应同时到婚姻登记机关申请。婚姻登记机关对婚姻双方当事人进行调解，维护婚姻家庭稳定。"

5．**卫生行政部门的调解**。2002年9月1日起施行的《医疗事故处理条例》第48条第1款规定："已确定为医疗事故的，卫生行政部门应医疗事故争议双方当事人请求，可以进行医疗事故赔偿调解。调解时，应当遵循当事人双方自愿原则，并应当依据本条例的规定计算赔偿数额。"

（二）法律、法规授权的组织主持调解

在我国，法律、法规授权主持行政调解的组织主要有两类：一类是法律、法规授权的行政机关的内部机构、派出机构及临时机构。这类调解比较常见的有商标评审委员会对商标权属纠纷的调解，公安派出所对治安案件的调解等。另一类是法律、法规授权的企事业单位、社会团体、行业协会、基层群众性自治组织等其他社会公共组织。如《中华人民共和国消费者权益保护法》第3条规定："消费者和经营者发生消费者权益争议的，可以通过下列途径解决：……请求消费者协会调解。"律师协会经《中华人民共和国律师法》授权可以对律师执业活动中发生的纠纷进行调解。

需要特别指出的是，我国有关劳动争议案件调解主体的区分。根据《中华

人民共和国劳动争议调解仲裁法》的规定，劳动争议的调解包括企业劳动争议调解委员会、基层人民调解组织进行的调解，还包括劳动仲裁委员会进行的调解。前者的调解主体当属于民间调解机构如人民调解的性质，而后者的调解主体应为劳动争议仲裁委员会。根据《中华人民共和国劳动争议调解仲裁法》第42条之规定："劳动争议仲裁委员会是法律授权的行政主体，具有行政仲裁和行政调解的双重职能。"可见，劳动争议的调解既可以是民间调解机构进行的调解，即人民调解；也可以是劳动争议仲裁委员会进行的调解，即行政调解。

四、仲裁调解的调解主体

仲裁调解的调解主体是仲裁委员会。仲裁委员会是独立、公正、高效地解决平等主体（公民之间，法人之间，其他组织之间，以及上述主体相互之间）合同纠纷和其他财产权益纠纷的常设仲裁机构。目前，我国的仲裁委员会分为国内仲裁委员会和涉外仲裁委员会。《中华人民共和国仲裁法》规定，我国国内的仲裁调解的调解主体是由人民政府组织有关组织和商会统一组建的仲裁机构，是典型的民间社团。涉外仲裁机构（国际经济贸易仲裁委员会和海事仲裁委员会）由国际商会设立的，但也属于民间性机构。《中华人民共和国仲裁法》第10条规定："仲裁庭在作出裁决前，可以先行调解。当事人自愿调解，仲裁庭应当调解。调解不成的，应当及时作出裁决。调解达成协议的，仲裁庭应当制作调解书或者根据协议的结果制作裁决书。调解书与裁决书具有同等法律效力。"

第四节　调解的程序规则

调解程序，是指各种调解主体对民事纠纷进行调解时所依据的方法、步骤。客观地讲，调解作为一种纠纷解决方式，其相较于诉讼（判决）而言，本身具有灵活性、非程序性等特点。但是，调解的启动，调解方案的提出，调解协议的签字等步骤仍有先后、次序之分，因此，将上述步骤称之为广义上的程序，并无不当。当事人双方对其合法权益有处分权，决定了调解程序既有一般纠纷解决方式的规范性，同时又有调解方法的灵活性。

一、调解的启动

鉴于调解有着自身的特性，各种调解制度在启动方式的设计上，没有司法程序中的“不告不理”，亦没有严格的管辖程序。不管是人民调解，还是法院调解[①]，其启动方式比较灵活。

（一）人民调解的启动

1. 当事人申请

《人民调解工作若干规定》第23条规定：“人民调解委员会根据纠纷当事人的申请，受理调解纠纷；当事人没有申请的，也可以主动调解，但当事人表示异议的除外。”《中华人民共和国人民调解法》第17条规定：“当事人可以向人民调解委员会申请调解；人民调解委员会也可以主动调解。当事人一方明确拒绝调解的，不得调解。”显然，相关法律规范为人民调解委员会主动进行调解提供了立法依据。但实践表明，当事人申请仍然是启动人民调解的主要方式。[②]

当事人申请人民调解的形式有两种：（1）书面申请。《人民调解工作若干规定》第23条规定：“当事人申请调解纠纷，可以书面申请，也可以口头申请。一般情况下，纠纷当事人申请调解应当提交书面的调解申请书。申请书的主要内容包括：申请人、被申请人的基本情况，调解的请求、事实和理由。”（2）口头申请。人民调解委员会是群众性自治组织，其主要任务是调解民间纠纷、化解群众矛盾，这就决定了它应当遵循便民、利民的原则。鉴于有些民间纠纷的当事人文化水平较低、年龄较大，提出书面申请存在一定的困难，因此，允许当事人口头提出申请，这样既便利了当事人，也有利于及时解决纠纷，防止矛盾激化。

2. 调解主体主动介入

主动调解是指人民调解委员会在没有当事人申请的情况下，主动为当事人调解纠纷。人民调解组织主动介入民间纠纷的调解，是人民调解组织发挥作用的有效途径和方法，也是人民调解有别于其他纠纷解决机制的一大特色和优势。人民

---

① 鉴于仲裁调解的程序规则与法院调解的程序规则大体相同，故本书对仲裁调解不再单独叙述。

② 这里所指的当事人申请，既包括当事人主动申请，也包括基层人民法院、公安机关对适宜通过人民调解方式解决的纠纷，告知当事人向人民调解委员会进行的申请。基层工作统计分析，2011年当事人申请人民调解的占55%，人民调解委员会主动调解的占41%，人民调解委员会接受委托移送调解的占4%．见司法部基层工作指导导司编：《基层工作统计分析》（2011），法律出版社2013年版，第27页。

调解委员会主动介入调解，能够抓住化解矛盾纠纷的最佳时机，使矛盾纠纷解决在萌芽状态。人民调解委员会可以通过以下几种渠道发现矛盾纠纷：（1）人民调解委员会可以定期对群众间的矛盾纠纷进行排查，发现纠纷就要及时化解，防止矛盾纠纷激化升级。（2）基层人民政府要求人民调解委员会主动介入调解纠纷。基层人民法院、公安部门或者政府有关部门发现适宜通过人民调解方式解决的矛盾纠纷，也可以及时告知人民调解委员会，由人民调解委员会主动介入。（3）人民调解委员会在工作中发现矛盾纠纷。人民调解员在调解纠纷时，可能发现相关联的其他矛盾纠纷，此时，人民调解委员会可以主动调解该纠纷。（4）社会组织、群众向人民调解委员会反映的矛盾纠纷。群众发现矛盾纠纷，可以向人民调解委员会反映。人民调解委员会认为适宜调解的，可以主动调解。

3. **接受委托或移送**

根据《中华人民共和国人民调解法》第18条规定："基层人民法院、公安机关对适宜通过人民调解方式解决的纠纷，可以在受理前告知当事人向人民调解委员会申请调解。"《公安机关办理行政案件程序规定》第152条第2款也规定："对不构成违反治安管理行为的民间纠纷，应当告知当事人向人民法院或者人民调解组织申请处理。"《民事调解规定》第3条："根据《中华人民共和国民事诉讼法》第87条（现修正为第95条）的规定，人民法院可以邀请与当事人有特定关系或者与案件有一定联系的企业事业单位、社会团体或者其他组织，和具有专门知识、特定社会经验、与当事人有特定关系并有利于促成调解的个人协助调解工作。经各方当事人同意，人民法院可以委托前款规定的单位或者个人对案件进行调解，达成调解协议后，人民法院应当依法予以确认。"……由此可知，我国的调解主体可以根据法律法规，将案件移送其他调解主体调解或者接受其他机关或者组织移送的调解案件。

（二）法院调解的启动

法院调解程序的开始包括两种方式：一是由当事人申请调解；二是法院在征得当事人同意后依职权进行调解。法院依职权启动先行调解据《最高人民法院关于适用简易程序审理民事案件的若干规定》第14条之规定人民法院对六类案件在开庭审理前应当先行调解。原则上，法院调解需征得双方当事人的同意。如果双方当事人自愿要求调解，或者一方当事人申请调解，经征询双方未表示异议的，或者合议庭经审查认为具备调解条件，且依职权主动征求当事人的意愿，双方当事人同意调解的均可进行调解。但法律规定必须先行调解的事件，法院在审理前应当进行调解。应注意的是，并非有一方当事人表示不愿调解，法官便不再作调解工作，有时当事人只是由于感情上一时的对立，而拒绝选择调解。这时法官应该进行“冷处理”或者适当地说服、劝解，通过缩短当事人之间人际关系的距离，取得双方当事人的同意后，再主持调解。

（三）行政调解的启动

行政调解程序的开始，行政机关处理矛盾纠纷时会主动告知当事人有申请行政调解的权利；对行政处罚、行政许可、行政强制等行政执法案件的行政调解应当在行政决定作出之前告知行政相对人。当事人申请行政调解，可以书面申请，也可以口头申请。行政机关接到当事人申请后，要认真进行审查，凡符合下列受理条件的，[①] 应在五个工作日内决定是否受理，并及时告知申请人；不予受理的，要向当事人说明理由。

此外，行政机关也可以根据案件情况，在征得各方当事人同意的基础上启动调解。

二、调解前的准备

调解前的准备程序是整个调解程序的重要组成部分，是当事人申请调解或调解主体主动介入调解后至正式进行调解前，调解主体按一定方式、程序实施的准备活动的总和。

（一）人民调解前的准备

1. 确定调解员

除了是非分明、情节简单、事实清楚的纠纷可以在受理后直接进入调解阶段外，一般情况下，人民调解委员会应当在调解前做好相应的准备工作。调解前的准备工作很多，但是最重要是：选定调解员及调解主持人、时间和地点。依照《中华人民共和国人民调解法》第19条规定：“人民调解委员会根据调解纠纷的需要，可以指定一名或者数名人民调解员进行调解，也可以由当事人选择一名或者数名人民调解员进行调解。”人民调解委员会对于已经受理的纠纷，应尽快确

① 受理行政调解须符合以下条件：1）调解对象是与本案有直接利害关系的当事人。2）该矛盾纠纷与该机关行政职权有关。3）该矛盾纠纷具有可调解性。4）各方当事人同意行政调解。

定好人民调解员，有数名人民调解员时，由其中1人担任调解主持人，并将调解时间和地点告知当事人，以便当事人做好准备。同时要教育当事人保持克制态度，避免发生新的纠纷，使纠纷复杂化。

2．调查案件事实

人民调解委员会受理纠纷后，要对纠纷的发生、纠纷涉及的有关事实进行调查。调解员可以分别向双方当事人询问纠纷的事实和情节，了解双方的要求及其理由，根据需要向有关机关或个人调查核实。客观地讲，确认纠纷的真实情况，辨别纠纷的焦点、难点和矛盾等是调解前准备工作的重要内容。

3．制订调解方案

在对纠纷事实进行充分调查分析的基础上，人民调解委员会要着手拟订调解方案。主要包括：确定调解所要达到的目的；准备好消除双方当事人争执的可行性方案；调解过程中可能出现的问题和对策；调解具体纠纷所涉及的法律、法规、政策条款；具体的调解方法和工作重点等。对于通过一次调解难以解决或容易出现反复的纠纷，应当事先做好多次调解的准备。在遇到疑难、复杂纠纷时，应经调解委员会集体讨论、集思广益。当然调解方案只是人民调解委员会在调解纠纷前所作出的各种设想，在调解时，要根据情况的变化，灵活、有效地把握调解活动的进程，不能机械地生搬硬套事先拟订的调解方案。

4．确定调解时间地点、规模和形式

《中华人民共和国人民调解法》第21条规定："调解民间纠纷，应当及时、就地进行，防止矛盾激化。"虽然关于调解的时间地点和规模并没有详细的明文规定，根据立法精神，调解工作应坚持自治和便利原则。"及时"意味着在申请登记之后及早确定时间，"就地调解"意味着除专门的调解工作场所以外，即使在"田间地头"也可以进行调解。即在具体时间地点安排上应结合实际情形灵活处理。实际上，在纠纷形成早期阶段和纠纷发生地更利于了解纠纷的具体情形和舒缓对立情绪，方便调解工作的顺利展开。

《中华人民共和国人民调解法》第19条："人民调解委员会根据调解纠纷的需要，可以指定一名或者数名人民调解员进行调解，也可以由当事人选择一名或者数名人民调解员进行调解。"《中华人民共和国人民调解法》第20条规定："人民调解员根据调解纠纷的需要，在征得当事人的同意后，可以邀请当事人的亲属、邻里、同事等参与调解，也可以邀请具有专门知识、特定经验的人员或者有关社会组织的人员参与调解。人民调解委员会支持当地公道正派、热心调解、群众认可的社会人士参与调解。"

关于调解规模实践中并没有限制，既可以是一个调解员，也可以是多位能够影响纠纷当事人和调解工作进行的调解活动参加者。其重点在于实现解决纠纷的目的。

《中华人民共和国人民调解法》第 22 条：“ 人民调解员根据纠纷的不同情况，可以采取多种方式调解民间纠纷。”比如，对相对简单的纠纷，人民调解员可以帮助当事人进行分析，提供参考意见和方案，促进当事人达成调解；对相对复杂、矛盾尖锐的纠纷，人民调解员在调解纠纷过程中，发现纠纷有可能激化的，应当采取有针对性的预防措施；对有可能引起治安案件、刑事案件的纠纷，应当及时向当地公安机关或者其他有关部门报告；人民调解员在调解纠纷过程中，发现纠纷不属于人民调解范围或者调解不成的，应当终止调解，并依据有关法律、法规的规定，告知当事人可以依法通过仲裁或者行政、司法途径维护自己的权利。

（二）法院调解前的准备

1．确定调解时间

调解贯穿民事诉讼的始终，也就是说，民事案件在诉讼进行的整个阶段都可以进行调解。包括立案之后、判决之前的审前准备阶段，法庭审理中以及开庭之后，随时都可以调解。

2．确定调解地点

既可以在法院内进行，也可以就地进行，包括当事人所在地和纠纷发生地。例如相邻关系纠纷，更适合就地进行调解。就地调解既便利了当事人，又有利于进行法制宣传，起到“调解一案、教育一片”的社会效果。

3．确立调解思路

人民法院在调解时，应当做好调解前的准备，确立调解思路或调解方案。主要是在审查起诉状、答辩状和证据材料的基础上，弄清双方当事人的争议焦点，征询当事人双方是否愿意接受调解，确定是否邀请有关单位或个人参加调解，以及进行必要的收集调查证据，掌握全部案情及有关情况，以便有针对性地进行调解工作。

4．通知当事人

人民法院调解案件时，当事人应当出庭。通知当事人出庭参加调解的方式可以采取书面、电话、口头等简便的方式。如果当事人不出庭，可以由经过特别授权的委托代理人到场协商。对离婚案件进行调解，当事人的确系不能出庭的，必须出具书面意见，以说明自己的主张。

（三）行政调解前的准备

1．**行政调解事项告知**

行政机关受理行政调解后，应当及时告知当事人调解起止时间、依法享有的权利、应当遵循的程序、注意的事项等，使当事人明确行政调解的有关要求，帮助当事人正确行使自己的权利。

行政调解应当自受理之日起20个工作日内终结，重大复杂的矛盾纠纷经调解机构负责人批准后，可以延长10个工作日。

2．**调查**

行政机关要根据双方的争议事项进行必要的调查，采用调查证人、现场勘验、询问当事人等方法了解争议的事实及矛盾纠纷的焦点，以便有的放矢地开展调解工作。

三、调解的具体过程与方法

前述各类调解虽然调解的主体不同，但其所遵循的程序基本相同。一般而言，调解须按以下程序进行：

（一）调解员的开场白

俗话说“好的开始是成功的一半”。调解开场同样影响着调解程序的顺利进行。好的开场，能够拉近调解员与当事人的距离，使当事人对调解员产生信任感。从心理学的角度来说，调解员在开始调解前应该进行自我介绍，如果调解员是当事人共同选择的，调解员还应当向当事人表示感谢。接着，调解员应当申明自己立场的中立性和公正性，表明自己只是调解程序的推动者，当事人自己才是调解结果的决定者，以此消除当事人对调解员可能存在的怀疑和不信任。如果纠纷的缘起是因为发生了人身伤害、意外死亡等令人沉重的事件，调解员应当向当事人表达自己的同理心。①

① 参见廖永安主编：《如何当好调解员：美国调解经典案例评析》，湘潭大学出版社2013年版，第22页。

（二）告知当事人权利义务，宣布调解规则

在简短的开场白后，调解员应当告知当事人在本次调解中所享有的权利义务和调解的规则。根据《中华人民共和国人民调解法》第23、24条，《人民调解工作若干规定》第30条之规定及相关法律规定，调解员在调解前应当以口头或者书面形式告知当事人人民调解、法院调解和行政调解的性质、原则和效力，以及当事人在调解活动中享有的权利和承担的义务。尤其要特别告知调解员的组成人员，向当事人询问是否申请回避，如果调解达不成协议可以向法院起诉或者通过其他途径主张自己的权利。然后，调解员应当主动告知当事人调解的规则和程序，并宣布当事人在调解过程中应当遵守的纪律和注意事项。

（三）双方当事人陈述事实和主张

在双方当事人都同意调解，且明确表示已经知晓调解过程中的权利义务后，调解员应组织双方当事人进行陈述（具体包括：案件事实的发生经过，相关证据、当事人的具体主张），引导双方当事人就纠纷事实和责任的认定交换意见。调解员可以依据有关法律、法规和政策规定，对双方当事人进行说服、教育和疏导，促使双方在分清责任、协商一致的基础上达成协议。为了使纠纷解决有序地进行，人民调解员应主导调解程序，确定当事人陈述的先后顺序。首先由申请调解一方进行陈述，然后由被申请人一方针对事实提出自己的看法和意见。调解员应当耐心倾听双方当事人的陈述、主张和意见，并做好记录。

（四）运用各种技巧进行调解

在双方当事人陈述自己的主张和处理意见后，调解员应当找准双方争议焦点，根据当事人的特点和纠纷性质、难易程度、发展变化的情况，通过背靠背、面对面、情理法结合等多种方法，开展耐心、细致的说服疏导工作，促使双方当事人互谅互让，消除隔阂，引导、帮助当事人达成解决纠纷的调解协议。

（五）达成调解协议

在调解过程中，调解员应该在综合运用多种调解方法和技巧的情况下对当事人进行说服、劝导，促使双方当事人之间互谅互让，引导双方当事人达成解决纠纷的调解协议。调解协议书应当包括下列内容：一是双方当事人的基本情况，纠纷受理单位和调解员的姓名；二是经调解认定的纠纷基本事实和各方应承担的责

任；三是协议的具体内容，包括双方当事人各自享有的权利和承担的义务，以及履行义务的具体期限、方式和违约责任；四是调解协议书的生效期限；五是由双方当事人和调解员签名盖章，并加盖调解委员会印章，协助调解人的也应签名盖章、注明制作日期。如果达不成协议，应当终结调解，告知当事人可以到法院起诉或者通过有关部门解决。人民调解委员会调解纠纷，一般在一个月内调结。

第五节　调解协议的效力

调解协议系纠纷当事人自行判断各自利益后，在调解员的主持下达成的协议。调解协议的效力，是指纠纷双方当事人经调解达成协议后，该协议对他们具有何种程度的拘束力。调解协议的效力是调解制度的关键内容，直接关系到调解的实行效用。

一、人民调解协议的法律效力

（一）人民调解协议

人民调解协议是指在人民调解委员会主持下，民间纠纷双方当事人就解决相互之间的纠纷依法达成的协议。根据《中华人民共和国人民调解法》第 28 条规定，调解协议有口头、书面两种形式：简单的纠纷，在当事人同意的情况下可以适用口头协议；有民事权利义务内容的，或者当事人要求制作书面调解协议的，应当制作书面调解协议。

（二）人民调解协议的履行

调解协议的履行，是指当事人遵照协议的约定，实现双方的权利义务，它是人民调解活动的继续和完成。履行调解协议的意义，一是实现协议所规定的权利，二是增强人民内部团结，三是教育公民自觉遵守法律和社会公德。

1、**自觉履行**。调解协议的自觉履行，是指纠纷当事人主动履行协议中确定的义务。调解协议的达成执行了国家的法律、法规、规章、政策和社会主义道德，体现了当事人的意志，维护了当事人的合法权益。协议的达成是在当事人提高了认识的基础上，出于自觉自愿的心理，心平气和地进行协商的结果，当事人应当自觉履行。当事人无正当理由不履行协议的，人民调解委员会应当做好当事人的工作，督促其履行。当事人在达成调解协议后没有自觉履行，人民调解委员会应当在确认其没有不履行协议的正当理由后，对不履行调解协议的当事人进行说服教育，告知其相关法律、法规关于当事人应当自觉履行调解协议的规定，并说明不履行协议的利害关系，要求当事人履行协议。

2、**强制履行**。根据《中华人民共和国人民调解法》第31条和《最高人民法院关于审理涉及调解协议的民事案件的若干规定》第1条规定，双方当事人达成的调解协议具有民事合同性质，即人民调解协议是双方当事人如何解决纠纷的合意。民事合同的效力始于合同成立，除法律另有规定或者当事人另有约定外，当事人双方应诚实履行合同。也就是说，当事人不履行调解协议，应当向对方当事人承担相应的法律责任。此外，根据《中华人民共和国人民调解法》第33条和《中华人民共和国民事诉讼法》第194、195条之规定，为确保人民调解协议的顺利履行，当事人可以合意向人民法院申请司法确认。经人民法院确认的调解协议具有强制执行力。

（三）行业调解协议的效力

一般认为，行业调解协议仅具民事协议的性质，不具有强制执行力。2009年最高人民法院《关于建立健全诉讼与非诉讼相衔接的矛盾纠纷解决机制的若干意见》第10条规定："人民法院鼓励和支持行业协会、社会组织、企事业单位等建立健全调解相关纠纷的职能和机制。经商事调解组织、行业调解组织或者其他具有调解职能的组织调解后达成的具有民事权利义务内容的调解协议，经双方当事人签字或者盖章后，具有民事合同性质。"行业调解协议原则上依凭当事人自觉履行。当事人可以按照《中华人民共和国公证法》的规定申请公证机关依法赋予强制执行效力。2009年最高人民法院《关于建立健全诉讼与非诉讼相衔接的矛盾纠纷解决机制的若干意见》第12条规定："经行政机关、人民调解组织、商事调解组织、行业调解组织或者其他具有调解职能的组织对民事纠纷调解后达成的具有给付内容的协议，当事人可以按照《中华人民共和国公证法》的规定申请公证机关依法赋予强制执行效力。债务人不履行或者不适当履行具有强制执行效力的公证文书的，债权人可以依法向有管辖权的人民法院申请执行。"第13条规定："对于具有合同效力和给付内容的调解协议，债权人可以根据《中华人民共和国民事诉讼法》和相关司法解释的规定向有管辖权的基层人民法院申请支付令。申请书应当写明请求给付金钱或者有价证券的数量和所根据的事实、证据，并附调解协议原件。"

对于社会调解机构调解不成的案件，目前，我国法律法规往往规定了向仲裁机构申请仲裁或者向人民法院起诉，如《中华人民共和国农村土地承包经营纠纷调解仲裁法》第3条规定："发生农村土地承包经营纠纷的，当事人可以自行和解，也可以请求村民委员会、乡（镇）人民政府等调解。"该法第4条规定："当事人和解、调解不成或者不愿和解、调解的，可以向农村土地承包仲裁委员会申请仲裁，也可以直接向人民法院起诉。"

二、法院调解协议的法律效力

（一）法院调解结案的方式

根据《中华人民共和国民事诉讼法》相关规定，一些案件无需制作调解书,[①] 以双方当事人达成调解协议结案。即"对不需要制作调解书的协议，应当记入笔录，由双方当事人、审判人员、书记员签名或者盖章后，即具有法律效力。"除无需制作调解书的案件外，其他案件经法院调解的，法院须制作调解书。法院调解书是人民法院制作的，记载当事人所达成的调解协议内容的法律文书。调解书以调解协议为依据，既是当事人对调解协议的确认，也是人民法院确认调解协议的法律文书。根据《中华人民共和国民事诉讼法》第97条的规定："调解书应当写明诉讼请求、案件的事实和调解结果。调解书由审判人员、书记员署名，加盖人民法院印章，送达双方当事人。调解书经双方当事人签收后，即具有法律效力。"

（二）调解书、调解协议的效力

根据《中华人民共和国民事诉讼法》规定，法院调解生效的时间因调解协议的形式不同而有所区别。人民法院制作调解书的，调解书经双方当事人签收后即具有法律效力。依法不需要制作调解书的案件，当事人达成的调解协议应当记入调解笔录，由双方当事人、审判人员、书记员签名或盖章，调解协议即发生法律效力。

① 《中华人民共和国民事诉讼法》第98条规定："下列案件调解达成协议，人民法院可以不制作调解书：（一）调解和好的离婚案件；（二）调解维持收养关系的案件；（三）能够即时履行的案件；（四）其他不需要制作调解书的案件。"

调解书、调解协议记入笔录或附卷后，即产生与生效判决同等的法律效力，具体表现在以下几个方面：（1）结束诉讼程序。这是法院调解在程序方面的法律效力。它和法院判决一样，都是结束诉讼程序的正常方式。凡经调解结案的，诉讼结束，当事人不得以同一事实理由二次起诉。人民法院不得进行审理和另行判决。（2）确认当事人之间的权利义务关系。这是法院调解在实体方面的法律效力。法院调解书生效后，即表明当事人之间实体权利、义务的争议已经得到了解决和确认，双方当事人不得就同一诉讼标的再向人民法院提起诉讼。（3）一调终局，当事人对调解结果不得上诉。由于调解协议是双方当事人自愿达成的，所以不产生对调解不服的问题，法律也不允许当事人对调解提起上诉。（4）具有强制执行效力。生效的调解协议与判决书一样，都具有强制执行的效力。依据法律规定，调解协议有给付内容的，一方当事人若拒绝履行，另一方当事人有权向法院申请强制执行。

（三）法院调解不成的处理

《中华人民共和国民事诉讼法》第 97 条规定："调解未达成协议或者调解书送达前一方反悔的，人民法院应当及时判决。"因此，人民法院对案件调解不成的，法院应当及时结束调解程序，并依照法定程序继续对案件的审理和依法作出裁判，不能久调不决或久拖不决。

三、行政调解协议的法律效力

（一）行政调解书、调解协议的效力

根据相关法律之规定，行政调解书经双方当事人签字，即具有法律效力。申请人不履行调解书设定的义务，行政机关可以申请法院强制执行；被申请人不履行调解书设定的义务，可以依法对直接负责的主管人员和其他直接责任人员依法给予行政处分。经行政机关调解后达成的具有给付内容的协议，当事人可以申请公证机关依法赋予强制执行效力。债务人不履行或者不适当履行具有强制执行效力的公证文书的，债权人可以依法向有管辖权的人民法院申请执行。

另外，最高人民法院 2009 年 7 月公布的《关于建立健全诉讼与非诉讼相衔接的矛盾纠纷解决机制的若干意见》规定："行政机关依法对民事纠纷进行调处后达成的具有民事权利义务内容的调解协议，经双方当事人签字或者盖章后，具

有民事合同性质，当事人可以申请有管辖权的人民法院确认其效力。”同时，《关于建立健全诉讼与非诉讼相衔接的矛盾纠纷解决机制的若干意见》第11条规定：“经《中华人民共和国劳动争议调解仲裁法》规定的调解组织调解达成的劳动争议调解协议，由双方当事人签名或者盖章，经调解员签名并加盖调解组织印章后生效，对双方当事人具有合同约束力，当事人应当履行。双方当事人可以不经仲裁程序，根据本意见关于司法确认的规定直接向人民法院申请确认调解协议效力。人民法院不予确认的，当事人可以向劳动争议仲裁委员会申请仲裁。”对于具有合同效力和给付内容的调解协议，债权人可以向有管辖权的基层人民法院申请支付令。此外，因支付拖欠劳动报酬、工伤医疗费、经济补偿或者赔偿金事项达成调解协议，用人单位在协议约定期限内不履行的，劳动者可以持调解协议书依法向人民法院申请支付令。

（二）行政调解不成的处理办法

行政调解未达成协议或调解协议未生效前一方反悔的，行政机关应当终结调解，同时一方或双方都有权向人民法院起诉。

四、仲裁调解的法律效力

（一）仲裁调解协议的效力

仲裁调解书经双方当事人签收后，即发生法律效力。应注意的是，调解书与裁决书虽然具有相同的法律效力，但二者生效时间不同。裁决书作出即生效；调解书则须待双方当事人签收后才生效。

仲裁调解书的法律效力主要表现在：（1）使仲裁程序终结。调解书一经生效，仲裁程序即告结束，仲裁机构便不再对该案进行审理。这是调解书在程序上的法律后果。（2）纠纷当事人的权利义务关系被确定。这是调解书在实体上的法律后果。（3）当事人不得再行申请仲裁或起诉。调解书的生效表明当事人已接受仲裁机构的裁决结果，依一裁终局原则，当事人不得再以同一事实和理由重新申请仲裁或向法院起诉。（4）任何机关或组织都要在重新处理该案方面受调解书约束。也就是说，对于仲裁机构出具了调解书的争议，任何机关或组织都不得再做处理。这也是一裁终局原则的要求。（5）强制执行的依据。具有给付内容的调解书生效后，如果一方当事人不履行调解书所确定的义务，对方当事人有权根据调解书申请人民法院强制执行。此外，据 2009 年最高人民法院《关于建立健全诉讼与非诉讼相衔接的矛盾纠纷解决机制的若干意见》第 9 条规定，“没有仲裁协议的当事人申请仲裁委员会对民事纠纷进行调解的，由该仲裁委员会专门设立的调解组织按照公平中立的调解规则进行调解后达成的有民事权利义务内容的调解协议，经双方当事人签字或者盖章后，具有民事合同性质。”

（二）仲裁调解不成的处理

仲裁调解不成或调解达成协议后当事人反悔的，仲裁庭应及时作出裁决。这主要是因为，达成调解协议的过程就是仲裁庭的审理过程，制作调解书时，实际上已经审理完毕。所以，当事人拒绝签收调解书时，仲裁庭没有必要再回复到审理程序，而是可以直接裁决，以免当事人的权利义务关系长期处于不确定状态。

第五章 现代调解的步骤与技巧运用

在调解实践中，调解员通过调处纠纷通常会形成自己的心得体会，善于总结的调解员会进一步提炼出自己的调解方法与调解技巧。因此，对于调解的步骤和技巧运用，并没有一个非常刚性的调解程序，也没有对于一切案件都绝对适用的调解技巧。相反，调解实践中要由调解员根据不同的案件情况来制定不同的调解步骤和采取不同的调解技巧。既然如此，本章所介绍的调解的步骤和技巧，只能是最基本的步骤和技巧，而不是一套标准化的、放之四海而皆准的调解流程。但这并不意味着本章所介绍的调解的步骤与技巧没有任何科学性。目前最高人民法院正在着手起草“人民法院特邀调解工作规则”，湘潭大学法学院作为参与“人民法院特邀调解工作规则”前期起草与论证工作的成员之一，提出的诸多合理建议都在一定程度上被采纳，尤其是关于调解的程序设计的建议，已经被写进了“人民法院特邀调解工作规则”中。因此，本章所介绍的步骤与技巧，在一定程度上已经得到了官方的认可，具有一定的科学性。

第一节 调解员的角色定位

一、调解员是纠纷化解的助手

曾经观摩过一个案件的调解模拟演练，调解员在演练中完全将自己置于审判人员的地位，像在遵循一套严格的审判程序那样“调解”双方当事人之间的纠纷，几乎将调解完全司法化。究其原因，是调解员没有正确地认识到自身在纠纷调解中所扮演的角色。调解员应当是纠纷化解的助手，而不是案件的裁判者。既然是助手，就应当面带笑容、和蔼亲近地进行案件调解，温和地请当事人入座，尽量营造一个和谐、温馨的气氛。在调解实践中，虽然有些案件是由县长、司法局长等官员充任调解员进行调解，但在调解过程中上述主体只能是调解员，只有调解员一个身份，是帮助当事人化解纠纷的助手，而不能以调解员以外的身份主持调解。

二、调解员控制程序

调解员不能向审判员主导司法程序那样主导调解程序，但是却要有效地控制调解程序。调解员控制程序的重要性，尤其体现在调解群体性纠纷的时候。群体性纠纷涉案当事人众多、涉及利益巨大、社会给予的关注度较高，正确处理有助于社会的稳定。部分缺乏经验的调解员在调解群体性纠纷的时候，纠纷没有有效的化解，自己却遭到因过于愤怒、悲伤等原因而失去理智的当事人及其家属的殴打、辱骂。之所以如此，很大原因是该调解员没有控制好调解程序。可行的做法是：首先，调解员应当在一个自己能够驾驭的场合进行调解。因为通常情况下群体性纠纷现场人数众多且双方当事人之间对抗性强，情绪激动的众多当事人不仅不会轻易接受调解员所提出的合理调解方案，而且可能会给调解员的人身安全带来危险；其次，调解员一定要有效地控制好调解程序。一个会控制程序的调解员，就好像一个始终掌握着话筒、控制着全场的优秀主持人，不会让节目出现失控的情况。调解员一旦进入一个调解现场，就要眼观六路、耳听八方，看看调解现场有哪些人，其中有没有持攻击性器具的。一旦觉得自己驾驭不了这个调解现场，就要暂时停止调解工作，换一个自己可以控制的现场重新开始调解工作。

三、当事人决定结果

在诉讼过程中，由法院根据证明的事实与法律决定裁判的结果。而在调解过程中，调解员永远不要试图去直接决定结果，而是要引导当事人，让当事人顺着调解员的思路走，最终的调解结果与方案还是要各方当事人表示同意，消除当事人的抵制心理，让当事人真正觉得自己是在调解现场，而不是在人民法院。当事人决定结果也是调解自愿原则的体现之一，自愿原则是调解的本质所在，纠纷的有效调解需要双方当事人的合意为基础，任何违背本意的外部强制都是与调解的本质属性相悖的。[①]

---

① 宋建立：《法制下的调解与和谐社会》，《法学杂志》，2008 年第 2 期。

四、调解员保持中立

实际上，即使是最优秀的调解员，也很难在每一个案件中都做到公平公正。即使是最理性的调解员，也很难在面对合法权益遭受侵害的社会弱者时不产生一丝恻隐怜悯之心。例如在医患纠纷中，调解员可能同情患方；在交通事故中，调解员可能同情受伤人员；在婚姻案件中，调解员可能同情无过错方或者女性。但是一个合格的调解员，不能把这种情绪带到调解过程中，调解员在形式上必须树立一个中立的形象。笔者针对调解问题做了多年的实践调研，通过这些调研所得出来的一个无可争辩的结论是：调解员最重要的素质之一就是其人品和道德。当当事人不认可调解员的人品和道德时，调解员的工作几乎不可能起到很好的效果。其原因在于，调解程序根源于人际间的信赖关系，当事人选择或者同意调解在一定程度上是基于对调解员中立公正的信任，调解员想要取得当事人的信任就必须保持中立的立场。① 调解员保持中立的一个可行的方法是：时刻牢记自己的身份是一个调解员，是当事人之间纠纷化解的助手，是一个引导者而非裁判者，因此应当尽量审慎地介入纠纷。

第二节 调解的基本步骤

一、调解开场工作

调解的开场工作，主要起到让调解员与当事人各方互相认识，知晓彼此在接下来的调解过程中所担任的角色的作用，是调解工作不可或缺的重要环节。一个良好的开场工作，是调解顺利进行下去的重要前提，良好的开始是成功的一半。至于开场工作的具体内容，留待后文具体阐述。

二、联席会议

所谓联席会议，实践中常称之为“面对面调解”，就是把双方当事人都请到

① 沈志先主编：《诉讼调解》，法律出版社 2014 年版，第 67 页。

调解现场，在双方当事人都在调解现场的情况下进行调解。在联席会议时，双方当事人均有机会阐述自己对案件的看法，提出自己的条件。此时，调解员应当协助双方有效对话，在双方有效对话的前提下进行调解。当然，联席会议是有侧重点的，即联席会议重在让双方当事人针对案件的情况各自发表自己的看法和观点，双方轮流进行。可见，联席会议虽由调解员主持，却也重在为双方当事人提供一个对话的平台，起到信息传递和情绪沟通的作用。调解员在为双方当事人提供这样一个平台之后，也要控制联席会议的程序，最好将双方当事人之间的争点列为一项一项的议题，在一个议题讨论完毕之后再转入下一个议题。

三、单方会谈

所谓单方会谈，实践中常称之为“背靠背调解”，即一方当事人在调解现场，而另一方当事人不在调解现场的调解。毫无疑问，调解员很多场合都需要将双方当事人安排在一起，促成双方达成调解方案并相互和解。但是，一旦双方沟通已经没有实质性的进展或者陷入僵局，调解员就应当考虑进行单方会谈。纠纷是发生在双方当事人之间的，在双方当事人都在场的情况下，一方当事人可能会态度强硬，另一方当事人见此情形也难免“以牙还牙”。同时，双方当事人均在场的情况下，一方当事人极有可能不会说出自己的真实想法，透露案件的真实情况。这些因素都不利于调解员对案件进行调解。相反，当调解员进行单方会谈时，基于对调解员的信任，一方当事人往往能够放低姿态、心平气和地与调解员交谈，也能够告知调解员案件的真实情况和自己的真实想法。这给调解员获取其顺利调解所需要的信息提供了极大的便利。

四、建立可选方案

一个案件是否能够调解成功，很大程度上取决于调解方案是否科学，是否有利于双方当事人实现双赢。这又要求调解员具备开阔的视野和活跃的思维。调解员在经过几轮的调解工作后，要结合之前初步掌握的案件事实，针对双方当事人之间的争点问题和当事人双方的性格、精神状态等因素，衡平双方当事人之间的利益，进而找准本案的突破口，在此基础上建立调解方案。一般而言，建立可选方案应当遵循下列原则：首先，所建立的可选方案不得违背法律、行政法规的强制性规定。调解作为一种替代性纠纷解决方法，虽然具有相当的灵活性，但调解方案的内容不能违反法律、行政法规的强制性规定，不能违背公序良俗。典型的例子是，双方当事人之间因无效合同产生的纠纷，不能在调解的过程中确认无效合同为有效合同。其次，要注意衡平各方当事人之间的利益关系。这是调解方案是否“可选”的重要判断标准。调解解决纠纷需要一方或双方当事人作出一定的妥协与让步，但是一份显失公平的调解方案必定很难为当事人所接受。最后，这里的调解可选方案，并非仅指一套方案，而是尽量考虑到所有情况后所制订的诸多可选方案，我们可以暂且称之为“可选方案库”。有了“可选方案库”，即便一套方案被当事人否决，也能立刻提出另一套方案供当事人选择，最终选择一套各方当事人都认可的方案。为何需要准备多套备选方案呢？原因很简单，因为调解员未必能在调解伊始就能清楚地了解各方当事人真实的想法，也未必一开始就照顾到了各方当事人的核心利益。

五、交换提议

所谓交换提议，即鼓励双方当事人说出自己内心的真实想法。这有助于调解员掌握案件的真实情况。当事人虽然不是专门从事调解的人员，也不精通法律，但是作为案件的当事人，他们很可能在进行调解之前就已经在内心确立了解决纠纷的几种方案，在一些情况下当事人可能将某方案作为自己的底线，一旦该方案没有得到对方的同意便转而通过诉讼解决纠纷。在这种情况下，鼓励当事人说出自己内心的真实想法和方案，有助于调解员更为精准地把握案件调解的进度，更加有的放矢地进行调解。

六、缩小争议范围

基于各自利益的考虑，当事人均会从有利于自己的角度来提出调解案件的方案，因而在调解工作的首轮交锋中，双方当事人之间对于问题解决方案会存在差距是不可避免的。但是，只要双方当事人具有真正的调解意愿，他们所提出的方案也总会有或多或少的共同点，或者说是均认可的地方。调解员对于当事人的调解方案需要认真分析，尽量耐心细致地思考，比较不同方案的异同，及时提炼出一致的意见、看法，进而达到缩小争议范围的目的。当事人对于调解的分歧是在不断调和中缩小的，调解员需要及时引导、总结，并通过一定的方式进行巩固。

七、和解并签订协议

调解的最后一个程序是和解合意的达成与协议的签订。和解协议可以分为阶段性的和解协议和最终的和解协议。在调解实践过程中，调解员要对调解过程中达成一致看法和意见的争点尽量巩固下来，在不能就整个案件达成全面协议的情况能够部分消除争议，达成一致意见也是调解工作的胜利，千万不可利小而不为。调解协议应当尽量以书面的协议进行，当事人达成口头协议的，调解员则需要做好笔录。当然，有些案件最终没有调解成功，可能到不了调解协议签订的阶段。

第三节 调解员开场工作

一、欢迎与介绍

（一）调解员介绍自己

调解员在开场时首先应当向当事人简要介绍自己，意在表明自己调解员的身份。调解员在介绍自己的时候应当注意展现自己良好的性格特征和人格特征，语速应当不急不慢，语调也应不高不低，从一开始就展现出冷静、理性和温和的姿态。部分调解员可能因为在正式开场前即与各方当事人彼此认识等原因，而在开场的时候不作自我介绍，或仅草草了事，这些行为都不利于营造一个正式的氛围，不利于各方当事人冷静下来配合调解员的调解。

（二）对当事人的出席表示感谢

调解员虽然是无偿帮助当事人化解纠纷的，但是仍然要真诚地对当事人出席调解表示感谢。这有利于减少当事人的防备和敌对心理，为调解中建立良好的合作关系打下基础。并且，调解员自身展现出来的谦虚和礼貌，也会对各方当事人起到一定的影响。

（三）询问当事人的姓名，征求恰当的称呼

在非正式的场合，例如向路人问路、在超市购物向售货员询问售价，是否知晓对方姓名并不十分重要，对于如何称呼也没有十分精准严格的要求，称同年龄段的女性为“美女”、称同年龄段的男性为“帅哥”等都未尝不可。但是在调解中，询问当事人的姓名，并征求恰当的称呼至关重要。所谓“恰当的称呼”，该如何理解？恰当，很多时候并非指恰如其分，而是要在称呼上适当拔高对方，从而让对方感觉受到了尊重。例如，当事人可能是副教授，作为调解员完全可以称之为某某教授；当事人可能是副科长，作为调解员完全可以称之为某某科长。这样的称呼不能肤浅地理解为溜须拍马，而是为了让当事人的心理产生高兴和愉悦的情绪，放松戒备心理，消除紧张和对抗情绪，从而为下一步更好地配合调解员的工作奠定基础。实践中，就有调解员因为没有恰当地称呼当事人，导致调解一度陷入僵局的情况发生。所以调解员应当特别注意这一点，如何恰当地称呼当事人是一门值得调解员好好研究的“学问”。

【案例】 某调解员，刚过而立之年，年轻有为，对调解的技巧颇有一套自己的心得，对自己调解的案件也颇为自信。某日，该调解员接受委托去调解一件家庭纠纷。纠纷发生在一对张姓父子之间，父亲70岁，儿子40岁。该调解员为了在调解过程中区分父与子，便径直将该纠纷中父亲一方当事人称为“老张”，而将儿子一方当事人称为“小张”。不料“小张”刚叫出口，“小张”便拍案而起，指着该调解员骂道：“我虽然年纪比我父亲小，但我年纪比你大，你怎么能叫我‘小张’呢？”说完便转身离去，此次调解便只能暂时停止。

这个案例就是调解员因没有恰当地称呼当事人，而导致调解无法顺利展开的典型案例。

（四）核查案件的决策人是否出席

只有对案件具有决策权的人出席了调解，调解员的工作才能够起到实质作用。否则调解工作很可能是“走过场”，调解员很可能既无法很好地了解到案件的真实情况，也无法掌握双方当事人的核心利益，导致调解工作事倍功半。此时，调解员应当对决策人没有出席调解心知肚明，这种情况下的调解不可操之过急。因为，在决策人没有出席的情况下，试图当场调解一个纠纷几乎是不可能的。相反，如果案件的决策人出席了本次调解，说明案件的调解工作受到了重视，作为调解员理应全力以赴，争取当场调解纠纷，至少当场调解部分纠纷。

二、调解介绍

（一）调解自始至终是自愿的

调解员应当告知当事人，调解员的调解工作是接受双方当事人委托进行的，没有强制性。对当事人而言，是否调解、由谁调解当事人始终是自愿的。一般而言，自愿表现在两个方面：

第一，选择调解作为纠纷的解决方式必须出于当事人自愿。也就是说，调解员必须在各方当事人都同意的情况下才能展开调解，只要有一方当事人不同意调解，调解员进行调解工作就违背了调解的自愿原则。

第二，调解协议的最终达成必须出于当事人的自愿。调解员不能以任何形式强迫当事人接受调解方案、签署调解协议。

调解员在告知当事人调解自愿原则的时候，应当告知上述两方面的内容。遵循调解的自愿原则，意义重大。在自主心理遭受强制的时候，人通常会产生抗拒和逆反心理。在逆反心理的影响下，可能产生两种情况：第一，拒绝调解并转变态度，使调解不能有效进行；第二，即便已经达成调解协议，当事人很可能反悔，从而不再履行任何调解协议。①

（二）调解是双方当事人合作解决纠纷的过程

调解员应当向当事人灌输合作解决纠纷的理念，互相妥协、相互让步，更好地解决彼此之间的纠纷。如果双方当事人均较好地遵循了合作解决纠纷的理念，调解员应当适时地给予肯定和表扬。

（三）调解需要双方当事人均作一定形式的让步

调解员应当告知当事人，既然选择调解解决纠纷，双方当事人必须都要有一定形式的让步，否则是不可能调解成功的。

（四）调解信息会按照当事人的要求进行保密

调解员应当告知当事人，在调解工作中了解到的当事人的信息，会按照当事

① 王律中著：《调解心理艺术——调解中的心理学问题及对策》，人民法院出版社2004年版，第9页。

人的要求进行保密。对信息进行保密，是调解员的义务，让当事人知晓调解员会对其信息进行保密，有利于当事人将案件的真实情况透露给调解员，以便调解员更好地制订调解方案及时调处纠纷。在有必要时，调解员可以与各方当事人签署保密协议。保密协议通常包括如下内容：作为本次调解的调解员，我保证，除法律规定就有关事项不享有保密权利外，我将就下列事项承担保密责任：第一，任何一方当事人要求本人保密的事项。第二，任何一方当事人提出的争议解决方案和对本案的看法。第三，在调解过程中披露或达成的书面文件。第四，在调解过程中所知悉的其他信息。

三、调解员角色介绍

（一）调解员为无偿服务

在目前的情况下，人民调解是无偿的，不收取当事人的任何费用。但为了更好地发挥人民调解的优势，激励调解员更好地调解纠纷，人民调解在今后时机成熟的时候也可以收取一定的费用。这在“人民法院特邀调解工作规则”专家讨论稿中已经得到了体现，调解组织经过主管部门和物价部门的审批后，可以开展收费调解服务。

（二）调解员是协助当事人解决纠纷的助手

调解程序虽然由调解员控制，但是调解员始终要将自己定位为纠纷解决的助手，是当事人的服务者。调解员不宜将自己定位成裁判者，更不宜将自己置于所调解纠纷主导者的位置。调解员应当是一个引导者，是一个充满智慧、和蔼可亲、谦逊平和的助手。

（三）调解员应公正中立

调解员应当告知当事人，在调解过程中自己会保持中立，不偏不倚，维护好各方当事人的核心利益。调解员既要保持公正中立，也要告知各方当事人自己将会在调解过程中做到公正，给当事人一种信赖感与安全感。在调解过程中，如何强调公正中立都不为过，因为公正中立是调解员必须具备的首要条件。

（四）调解员控制程序，但不决定结果

调解员对于调解过程需主动控制，整个调解程序的推进是由调解员操作设

计，需要当事人遵循的。调解员需要明确地告知当事人，以便当事人能够认真遵守。此外，调解还应当告知当事人，调解员只要求当事人服从调解程序，而对案件的处理结果则有绝对的决定权利，案件解决的真正主人是当事人，调解员任何时候都不会去决定调解结果。

（五）调解员是信息传递员

所谓信息，包括调解过程中对当事人有利或不利的信息。调解员应当控制调解过程中的信息，在恰当的时机有选择地透露给当事人一方或双方。传递信息是调解员应当好好研究的一门调解技巧，对于控制当事人的期望值起着至关重要的作用。

（六）调解员是安慰天使

对于认为自己有理却受到了委屈的当事人，调解员应当做好安慰工作。这对于平息当事人的情绪有一定的作用，为当事人下一步心平气和的配合调解打下基础。但应当注意，调解员在做安慰工作时需要注意场合和时机，以避免引起相对方当事人的不满。

四、调解纪律介绍及同意调解确认

（一）调解纪律的介绍

调解员应当温和地告知当事人调解过程中需要遵守的纪律，包括但不限于以下几点：相互尊重；有序发言；认真倾听；尽量关掉手机，专心调解。最后，征求当事人意见，看是否有问题。

（二）同意调解协议书

一方面，同意调解协议书可以表明调解员展开调解工作的合法性和正当性；另一方面，一旦当事人签署了同意调解协议书，就使得整个调解过程具有某种程度上的仪式感，有助于当事人更好地配合调解员的调解。一般而言，同意调解协议书可以包括如下内容：1. 我自愿参与调解，并以调解的形式解决我和对方之间的纠纷；2. 我同意由某调解员来主持此次调解工作或我同意委托某调解员来主持此次调解工作；3. 我清楚此次调解是自愿的，在调解的任何阶段都有权终止或暂停调解；4. 我清楚调解是无偿的，调解员没有提供任何法律意见的义务；5. 我清楚调解员是中立的，不会偏袒任何一方当事人；6. 我清楚调解的结果是由双方当事人自主决定，而非调解员决定的。

五、开场工作的目的及常见错误

（一）开场工作的目的

开场工作的目的，包括但不限于以下四点：第一，让当事人了解、认识整个调解过程，放松戒备心理，更好地投入调解。所谓认识调解，主要是指认识以下问题：调解员的中立性；调解员的保密义务；调解如何解决问题；调解协议的签署等。只有当事人真正了解调解，才能够真正放心地参与调解。第二，让当事人感到正式、庄重和被尊重感。只有调解员用心地主持调解的开场工作，只有调解员本身尊重调解，当事人才会尊重调解。第三，营造和谐的气氛。调解伊始就营造出一种和谐的氛围，可以为接下来的调解工作奠定一个基调。第四，为赢得当事人的信任奠定基础。一个良好的开场，是成功调解的一半。良好的开场工作能够让调解当事人初步认识到调解员的性格特征。作为调解员，应当具备以下性格特征：大公无私、坚强、坦率、果断、诚恳、热情、公正、谦虚、廉洁、自信、多思善想，能全面辩证思考问题，有强烈的责任心，愿意为社会、集体和他人履行义务等。调解员不应具有下列性格特征：粗暴、武断、专横、急躁、胆怯、软弱等。① 在开场工作中展现出调解员的上述优良的性格特征，有利于初步赢得各方当事人的信任。当然，这种信任不仅仅意味着信任调解员本身，还包括信任调解程序本身。让当事人明白，调解程序不是走过场、和稀泥，而是能够实实在在减少彼此分歧、降低彼此对抗程度、最终平息双方纠纷争议的解决程序。第五，告知当事人调解员在调解程序中所扮演的角色和定位。调解员是无偿的纠纷解决助手，当事人在调解过程中自始至终都保有决定是否接受调解以及是否达成调解协议的权利。这意味着，当事人在整个过程中都有相当程序的自由度，不会受到任何不良的干扰和压力。

① 王律中著：《调解心理艺术——调解中的心理学问题及对策》，人民法院出版社2004年版，第16页。

（二）开场中的常见错误

开场过程中的常见错误主要有：第一，认为大家互相认识而不做自我介绍。第二，认为当事人了解调解程序而不做介绍。第三，只关注法律。非开场过程中不应当过多地关注法律。如前所述，调解过程更多的是讲究“情理法”，而不是“法理情”。第四，调解员过早提出自己的意见和主张，一旦让当事人感受到调解员存在先入为主的可能，便很可能对接下来的调解不予配合。

第四节　联席会议

一、会议场所与布景

（一）调解室的设置

不同的场合，调解室应当有不同的设置。环境会影响人的思维和情绪。一般而言，调解室的设置应当考虑如下因素：桌、椅、空间、色调、音乐及其他设施。在桌子问题上，存在选择圆桌还是方桌的问题，我们认为在调解室放置圆桌比较合适。因为在放置方桌的时候，尤其是对立而坐的时候，容易产生或进一步激发对抗情绪。椅子在款式上并无硬性要求，但最忌讳的是各方当事人所坐的座椅不一样，容易让当事人产生调解员厚此薄彼的想法，从而对调解员的中立性产生怀疑。空间上，应当选择较为宽敞的空间，而不宜选择狭小的空间，因为狭小的空间容易让当事人更为拘谨和烦躁，不利于纠纷的解决。色调上，红色等鲜艳的颜色会让人产生兴奋感，淡蓝色、柔和的粉色会让人感觉放松。为了营造一种温和的气氛，原则上宜选择淡淡的颜色，而不宜选择大红大紫大绿等视觉感强烈的颜色。调解室可以放一些轻音乐。笔者在调研的时候，有些司法所甚至在调解室的四壁上贴上“和为贵”“退一步海阔天空”等劝和的警句，实践证明对于纠纷的调处起到了一定的积极效果。

（二）纠纷现场作为调解地

调解一般而言应当在设施完善的调解室进行调解，但根据案件的具体情况，在调解室以外的其他地方进行调解也未尝不可，例如邻里纠纷在村里有威望的长者家进行调解，婚姻家庭纠纷在当事人家中进行调解，林地纠纷在田间地头进行调解等。但切忌在群体性纠纷的现场进行调解，不能在捉奸的现场去调解婚姻纠纷。在考虑何种场地适宜作为调解地的时候，至少应当考虑下列因素：首先，调解员是否能够控制调解程序；其次，所选择的调解地能否使双方当事人更容易达成调解协议。

（三）茶楼作为调解地

茶楼是否可以作为调解地，也要根据案件的性质来决定。例如，一个婚姻纠纷，男女双方初次相识的地方就是在一个茶楼。调解员在了解到这个情况之后，将该茶楼作为调解地，起到了意想不到的效果，从而使得纠纷得以顺利解决。此外，茶楼作为一个相对而言比较安静的场所，一些双方当事人之间矛盾很深、分歧很大、对抗很激烈的纠纷就不适宜选择在茶楼进行调解。

（四）场地的灵活选择

调解场地的选择，没有一成不变、放之四海而皆准的标准，应当灵活选择。什么场地更有利于化解纠纷，更有利于让当事人放松心情、降低防备和对抗情绪，就应当尽量选择这样的场地。但是，无论选择什么地方作为调解场地，都需要遵循一个基本的原则，那就是调解员应当在选择调解场地上有所作为，选择一个让各方当事人都能够接受并感到舒适的调解场地，有条件的情况下还应当进行一些调解场所的布置和安排，使得调解场所本身具有中立性，对双方当事人而言都是“客场”抑或都是“主场”。选择一个中立的场所具有如下好处：

（1）调解员有空间控制外在因素将外在因素的干扰减到最低。

（2）双方无法利用空间。

（3）与冲突场所保持距离可以避免双方分心。

（4）离开平时的环境可以在心理上鼓励双方广开思路。

（5）减少被偷听或者被窃听的机会。

（6）双方处于一个新的环境，存在共同的心理障碍。[①]

---

① Christopher W. Moore,“The mediation Process: Practicial Strategies for Resolving Conflict”(San Francisco, Jossey-Bass Publisher, 1996, 2nd Ed) p. 149. 转引自：赵云著：《调解实务与技能》，清华大学出版社2011年版，第43页。

二、座位的安排

（一）桌椅高低、质量、材质考虑相同

中国的传统文化中包含了许多与座次有关的礼仪文化，调解员在调解的过程中也应当注意遵守这些文化的要求。原则上讲，无论采取什么材质和质量的桌椅，都应当同等对待各方当事人，保持调解员的中立性。

（二）座次

一般而言，双方当事人应当各自坐在调解员的两侧，并且距离调解员同等距离，表示出调解员的中立性。在当事人有支持人在场时，应当各自坐在其所支持者旁边，稍微远离调解员。在支持人人数众多时，最好与当事人及其支持人协商，选出支持人的代表参与调解，避免人数过多时调解员丧失对调解程序的控制权，引发进一步的纠纷。在当事人聘请律师的情况下，因为调解是当事人自主解决纠纷的程序，律师在调解过程中不宜发言。当然，当事人在发言之前征求律师的意见则是可以的。

（三）桌签

放置桌签可以使得各方当事人找到自己的座位，对号入座，特别是在当事人人数比较多的情况下，有利于节省安排落座的时间，始终保持调解现场的秩序。另外，摆放桌签会使得当事人产生被尊重感，有利于促进当事人理解和尊重调解员，进而为建构良好的调解气氛奠定基础。

（四）安排落座

调解员应当始终记住自己是调解程序和调解现场的主导者，所以调解员应当尊重每一个进入调解现场的当事人，在有条件的情况下及时安排落座，而不宜让当事人自己找位子坐，更不宜安排一部分当事人落座，而忽略了另一部分当事人。

（五）总结

之所以强调座位的安排，是因为不同的位置对应不同的身份，从而可能影响

到当事人的心情，最终影响到调解是否能够顺利进行。总之，调解员应当以中立的姿态，做好双方当事人的服务者，帮助双方当事人达成调解纠纷的共识。

三、发言顺序与时间分配

（一）谁先发言

一般来说，被安排首先发言的人会感觉自己受到重视。所以，应当让觉得自己有委屈、需要安抚及处于弱势的一方当事人先发言，这有利于平息这一方当事人的对立情绪。在没有明显的弱势方时，调解员也可以询问当事人，谁愿意先发言。如果这一阶段某一方当事人先进行了发言，那么在接下来的下一阶段，另一方当事人应当享有先发言的权利。

（二）时间分配

双方当事人各自的发言时间应当一样，这体现了调解员的中立性。一方当事人就某问题发言后，调解员可以建议换另一方当事人就该问题进行陈述，不宜由一方当事人进行长时间的陈述，而应当相互转换。

四、调解员控制当事人的发言内容

在当事人发言的时候，调解员应当告知当事人发言的注意事项，即应当表述事实，而不要指责和抨击对方当事人。一旦当事人的发言偏离了这个要求，调解员应当有礼貌地进行纠正，避免当事人不理智的言语引发更激烈的冲突。在当事人陈述的时候，可能会提出一些对案件事实的看法和解决纠纷的提议，调解员应当告知当事人，对于案件事实的看法和解决纠纷的提议，将在接下来的程序中依次进行。相应的，当调解程序进入到由各方当事人发表对案件看法的时候，就应当尽量要求当事人不要就已经进行了的事实陈述部分进行重复陈述。这有利于控制调解的进程，提高调解的效率。

五、调解员的具体工作

（一）微笑

微笑能够创造一种和谐的氛围，而这种氛围恰好是调解员进行调解工作所必须具备的，所以要时刻面带微笑。

（二）记录

调解员应当将当事人所陈述的案件要点进行记录，这体现出调解员对当事人的重视，让当事人有倾诉的欲望，从而使得调解员更多地了解案件的信息。

（三）观察

调解工作需要调解员察言观色，通过细致观察，读懂当事人的内心想法，从而为下一步调解工作的进行奠定基础。一个优秀的调解员一定要养成细致观察的习惯，不断强化自己的观察能力。

（四）控制

控制程序是调解员的一项重要工作，上文已述，此处不赘。

（五）弄清争点

所谓弄清争点，包括案件事实的争点、双方当事人各自的核心利益等内容。只有弄清楚争点，调解工作的进行才能够有的放矢。

（六）资料收集

在了解到初步的事实后，还要注意针对这些事实进一步收集相关资料。因为在调解过程中各方当事人可能提到了对案件的调解有帮助，但却由当事人以外的其他人掌握的资料，这些资料需要由调解员尽力收集。只有及时并且充分地收集与后续调解相关的资料，才能在接下来的调解过程中做到有的放矢，更好地与当事人沟通。也许有人会说，调解员不是审理案件的法官，没有收集证据材料的权力，所以不应当进行资料的收集，此其一。其二，法官按照法律的规定依职权进行资料的收集，是为了查明与案件有关的事实。而调解员并无查明案件事实的权力，也不需要完全将案件事实予以查明才能进行调解。其三，调解员收集资料的行为很可能导致其先入为主，甚至丧失一方或双方当事人的信任。这种观点的确有其道理。调解员在调解的过程中依据案情需要进行资料的收集，应当注意公平、公正地进行资料的收集，尽量避免上述不利影响。

六、联席会议的常见错误

（一）刨根问底

各方当事人都在场的时候，当事人愿意陈述多少事实，须尊重其意愿，作为调解员不宜刨根问底，而应当注意仔细倾听、记录。

（二）过早表达法律意见

当事人在调解的过程中可能会表达一些没有任何法律依据的要求，此时调解员不宜直接否定该当事人的请求，也不宜过早地表达自己的法律意见。在当事人双方未就案件的全部或大部分情况介绍完毕之前，调解员过早地发表法律意见，不仅在业务上显得不专业，而且在调解伦理上有丧失中立性之嫌。

（三）不做任何记录

好记性不如烂笔头，对于调解员而言，千万不能过分相信自己的记忆力。而应当将交谈过程中所了解的案件事实、核心争点、证据情况等对于案件的调处有决定性意义的信息一一记录。

七、联席会议的其他问题

（一）联席会议与单方会谈的顺序

先进行联席会议再进行单方会谈，抑或先进行单方会谈后进行联席会议，没有固定不变的教条，要根据具体的案情选择先后顺序。某些案件，可能完全不需要双方当事人见面就可以调解好，而有些案件只有双方当事人面对面才能够调解好，其他案件可能双方会谈后还要进行一轮或多轮单方会谈。这些都需要调解员根据案件的具体情况采取对应的调解方式。

（二）联席会议的目标

联席会议的目标包括但不限于如下几点：第一，双方见面陈述案件情况。第二，归纳核心争点，确定议题。在归纳核心争点确定议题的时候，应当将所归纳的议题写在各方当事人都能看见的地方。例如黑板上，此时各方当事人距离黑板的距离应当相同，以体现出调解场所的中立性。在归纳议题的时候，调解员应当特别注意避免用词不当，例如避免直接借用一方当事人在陈述时所使用的“指责”对方当事人的词语，以免造成对方当事人的不快，而应当使用不带任何感情色彩的用语。必要时，调解员可以询问各方当事人对于归纳议题时所用词汇的看法。第三，掌握需要收集的其他资料等。

第五节 单方会谈

一、单方会谈的目标

（一）进一步了解事实

某些案件各方当事人均在场的时候，一些事实不宜进行进一步的了解，否则会激发当事人之间的矛盾。进一步了解案件的事实是单方会谈的重要任务。

（二）挖掘当事人的利益所在

所谓“利益”，并非仅仅是当事人口头上所提出的要求，某些时候甚至不是当事人口头上所提出的要求，而是其内心的真实想法。调解员只有通过当事人表面的行为和口头上提出的一些表面上的要求，挖掘出他的真实意思，才能够顺利地调处纠纷。透过当事人的立场，挖掘其立场背后的利益所在，此时就要求调解员有透过现象看到事物本质的能力。调解员一旦发现一方或双方当事人有某种立场，就必须要在内心追问：他为什么会形成这种立场？是什么利益导致其采取这种立场？只有不断追问，才可能探究出争议的本质。在探究利益的时候，“聆听”是非常重要的，只有聆听对方的言语并观察对方的行为，才能够比较完善地发现立场背后的利益。[1]

（三）探索当事人之间的关系

探究当事人之间的关系，主要是指社会关系，而不是法律关系。典型的例子是，双方当事人都信服某人，则在探索到该人的信息后，可以邀请其出面协助进行调处，有时候可以起到事半功倍的效果。

（四）对当事人进行安抚

在双方当事人均在场的情况下，基于中立性的要求，调解员不宜表达自己对某一方当事人的同情，即不宜对某一方当事人进行安抚。而在单方会谈的情况下，调解员则可以表达自己的同情和理解，并安抚当事人的情绪。

二、单方会谈的模式

（一）现场单方会谈

所谓现场单方会谈，即双方当事人都在调解现场时所进行的单方会谈。调解现场的单方会谈，需要合理控制时间，否则临时回避的一方可能因久等而失去耐心，后果严重的还可能会对调解员的中立性产生怀疑。但即便是合理控制了现场单方会谈的时间，对于临时回避的一方当事人，仍然需要进行一些礼节性的照顾，例如请其喝茶，对其配合临时回避表示感谢等。

（二）非现场单方会谈

所谓非现场的单方会谈，即不在调解现场的单方会谈。通常是正式的调解结束后，调解员基于种种原因，在调解现场外单独与一方当事人所进行的会谈。这种场合下的单方会谈，时间控制上没有那么严格。

---

① 赵云著：《调解实务与技能》，清华大学出版社2011年版，第10页。

三、单方会谈的技巧

（一）表达同情与理解，取得信任

在单方会谈的时候，可以适时地表达同情和理解，这是单方会谈相较于双方会谈的优势。在双方会谈的时候，对一方表达同情和理解，容易引起对方当事人的不满。

（二）承诺保密，消除心理戒备

虽然在开场或者双方会谈的时候已经向当事人承诺过会对调解过程中所了解到的信息进行保密，但在单方会谈中仍然有必要向当事人承诺，会对单方会谈中了解到的信息进行保密，消除当事人的戒备心理。只有这样，才能够让当事人在单方会谈的时候尽量透露更多的案件信息给调解员，发挥出单方会谈的优势，从而为成功调解纠纷打下基础。在与当事人结束单方会谈的时候，调解员有必要再次强调会议的保密性和当事人自己将在单方会谈中所提出的想法带回调解过程的责任。

（三）适当传递信息，建立成功调解信心

在当事人认为调解没有成功可能的时候，作为调解员要适当地传递出一些正面信息，从而帮助消极的当事人重新建立成功调解的信心。否则，当事人如果误认为调解很可能失败，后续的调解工作便不会继续积极参与，调解员的工作效果将会大打折扣，甚至进行不下去。

（四）引导当事人着眼于调解成功后的未来利益

调解员在单方会谈的时候，要尽量引导当事人着眼于调解成功后可以获得的未来利益。在单方会谈阶段，调解员可以告知执着于分清彼此之间对错的一方当事人，调解的目的并非为了分清对错，而在于解决纠纷，通过调解实现共识，达成一致。所以，调解员必须强调未来利益，而告知当事人放弃对过去所发生事实的对与错的追问。

（五）提供打破解僵局的建议

当调解陷入僵局而各方当事人又没有打破僵局的方案时，调解员应当适时地提出打破僵局的建议。在调解员提供打破僵局的建议时，态度不宜过分强硬，以免造成调解员成为另一方当事人代理人的不良印象。诚然，在单方会谈中，调解员可以适时地表达自己的同情心，但是始终保持中立性则是调解过程得以顺利进行的必然要求。在主动提出建议时，应当注意方式方法，最好是以假设的方式让当事人自己来思考和提出。例如，调解员可以提议，“假如对方能够这样做的话，你是否愿意那样做?”或者“假如对方能够同意你这些提议的话，你是否能够同意对方的提议？能够同意对方的哪些提议?”

（六）控制当事人对于案件处理的期望值

对于如何控制当事人对于案件处理的期望值，是一个十分讲究技巧的问题，其中涉及许多谈判的知识。单方会谈的时候，应当控制好当事人的期望值，为下一步各方当事人的相互让步及达成和解奠定基础。

（七）寻找操纵调解结果的人

很多案件在调解的过程中，真正决策者很可能是不出席调解现场的，这类人虽然不是案件的当事人，但是却对当事人决定是否让步、是否接受调解以及是否能够最终达成调解协议其中决定性的作用。例如一个家族中很有威望的长者，一个家庭中很有知识的人，又或者是一个家族中社会地位较高的人，他们往往充当着幕后决策者的角色。如果调解员没有意识到这类人的存在，之前所进行的调解工作很可能起不到应有的效果。相反，如果找到了这个决策者，通过做决策者的工作，反过来影响当事人，会起到意想不到的效果。

第六节　如何控制当事人的期望值

一、控制信息

对于调解过程中的的各种消息，调解员要做到心中有数，要在适当的时候有选择性地透露给当事人，始终让当事人对利益的期望控制在合理可控的范围内。

之所以要强调控制信息，是因为调解员不是诉讼案件中的律师或代理人，调解员的首要任务就是以调解的方式平息和化解双方之间的纠纷，维护各方当事人的核心利益，而不是像诉讼一样成为某一方当事人的代理人，为其利益“冲锋陷阵”。所以，控制调解过程中的信息，使得调解的过程能够始终掌握在自己的手中，便十分重要。一旦一方当事人过早了解到己方的重大利好信息，其期望值可能会迅速升高，调解过程便极有可能失控。

二、风险评估与利益比较

所谓风险评估和利益比较，即调解员对当事人晓之以情动之以理的过程，目的是让当事人知晓利害，在进行一系列的利益考量后，更倾向于以调解的方式解决其与另一方当事人的纠纷，主动作出让步，达成调解协议。

三、消除背后的支撑力量

调解员应当找出当事人背后的支撑力量，一一化解这些背后的支撑力量。一旦当事人失去这些有力的支撑力量，自然会降低期望值，进而选择配合调解员的调解。

四、沟通与斡旋

所谓沟通与斡旋，即调解员不仅可以自己进行调解，还可以找出双方当事人共同的朋友进行沟通，或者对当事人的近亲属进行调解工作，使得当事人身边最亲近的人同意调解员的调解方案，进而通过这些认同调解方案的人去做当事人的工作。

五、相同案例比较

当事人提出过高的要求的情况下，如果存在相同或类似案例，可以将案件的情况介绍给当事人，在相同案件相同处理的情况下，当事人自然会降低期望值。案例是活生生的教材，也是最具说服力的事实。当然，在选择所谓的“相同案例”的时候，调解员务必保证自己所选择的案例确实与正在调解的案例具有相似性，否则极有可能弄巧成拙，激怒其所欲说服的当事人。例如，所选择的案例中当事人遭受伤害的部位在腿部，而正在调解的案例中当事人遭受伤害的部位在头部，且伴有轻微的脑震荡。调解员则不宜以遭受伤害部位在腿部的案例为“相同案例”进行调解。

第七节　如何打破僵局

一、更换话题或暂时停止调解

当调解进入僵局的时候，调解员可以适时地更换话题，如对下一个争点进行调解。也可以用暂时停止调解的方式搁置争议，寻求下一次的调解机会。

二、更换方案

当调解僵局是由调解方案的原因引起的时候，可以启动下一个备选方案。这就是在前文中为何要求调解员在初步了解案件的情况后，需要准备多种调解方案的原因之一。

三、合理运用道歉

一些家事纠纷，合理运用道歉对于打破僵局可以起到一定的效果。对于道歉，国外有关专家介绍到要注重区分什么是“同情心”“同理心”和“道歉”，简要介绍如下。[①] 表达同情心是每个人的权利。例如，“小明，很抱歉我把你的手机弄丢了。”按照该专家的介绍，该句话所表达的并非是我们此处所说的道歉，而是表达一种同情心。“小明，很抱歉我把你的手机弄丢了。我也丢过手机，那种感觉一定很伤心。”这句话相较于之前那句话来说，表达出了感同身受的感觉。作为一名调解员，在调解的过程中，通常是在单方会谈的时候，对自认为受有委屈和权益遭受侵害的一方当事人适时地表达自己的同理心有助于平缓该当事人的情绪，赢得当事人的信任。“小明，很抱歉我把你的手机弄丢了。这是

① 廖永安主编：《如何当好调解员：中美调解培训启示录》，湘潭大学出版社2012年版，第95页。

我的疏忽造成的错误，我向你道歉。我希望你能告诉我你的手机的价格，好让我对你做出补偿。虽然这并不会减轻你丢失手机的痛苦，也不会让你觉得我是对的，但我希望这样做。我真挚地向你道歉。”这样的表达才属于道歉。该专家介绍到：道歉，首先是要道歉者承认是自己的错误，并要为自己的行为负责。只有这样，道歉才显得诚恳。其次，道歉者如果希望自己的道歉能够取得较好的效果，取得对方的原谅，则有必要对自己所做不对地方向对方做出补偿。在评估道歉可以有效地打破调解僵局时，调解员应当引导一方当事人向对方当事人道歉，或者引导双方当事人相互表达歉意。

四、注入新的元素

在前文所述的“建筑商”和“开发商”之间的纠纷中，调解员就很好地运用了注入新的元素的方法打破了双方之间的僵局。为调解注入新元素，是打破僵局的有效办法，并且在各国的调解实践中都取得了很好的效果。这被一些美国的调解专家称为“把馅饼做大”[①] 的过程。

五、再次进行单方会谈

当调解陷入僵局的时候，如果调解员感觉到一方当事人存在让步的可能，便可以再次进行或者多次进行单方会谈。调解方案的达成取决于纠纷的各方当事人，但调解程序始终由调解员控制。当调解员根据具体情形判断，打破僵局需要再次进行单方会谈的时候，调解员可以再次进行单方会谈，甚至多次进行单方会谈。

六、换调解员

当调解进入僵局是由于调解员的原因引起的时候，更换调解员不失为打破僵局的一个有效的方法。不同的调解员有不同的风格，“有的像强势的老虎，有的像狡猾的狐狸，有的像智慧的猫头鹰”。[②] 当事人若对某调解员的调解风格极为

① 廖永安主编：《如何当好调解员：中美调解培训启示录》，湘潭大学出版社 2012 年版，第 106 页。
② 廖永安主编：《如何当好调解员：中美调解培训启示录》，湘潭大学出版社 2012 年版，第 88 页。

反感，这种情绪很显然会对调解活动的进行产生极为不利的影响，不如更换调解员。此外，各方对调解员的信任也是调解工作得以顺利进行的前提之一。若一方或双方当事人失去了对某调解员的信任，这种情况下及时更换调解员实乃明智之举。

第八节　调解协议的达成和履行

一、调解协议的达成

（一）将达成一致意见的成果及时巩固

双方当事人已经达成一致意见的部分，应当及时巩固。调解员和各方当事人应当在同一场合将获得共识的调解方案写成正式的文本协议，作为之后实施和执行的依据。协议应当清楚列明各方要履行的事项，债务人一方应当于何时何地以及什么方式履行债务，坚决避免含糊其辞的表述所可能导致调解协议无法落实。所谓及时巩固成果，不仅意味着将那些各方当事人均同意的、涵盖了纠纷和争议的全部要素的调解方案以调解协议的形式进行巩固，也意味着将能够部分解决争议的调解方案及时达成调解协议，或者达成原则性的协议，其他事宜留待日后再具体化。①

（二）协议不能违背强行法、不能损害国家和第三人利益，不能损害社会公共利益

协议如果违背强行法，或者损害国家和第三人的利益，便会被认定为无效协议。这种情形是调解员应当极力避免的，这要求调解员具备一定的法律素养，了解现行法的相关规定。

（三）灵活运用“倒钩”条款

所谓“倒钩”条款，即违约条款，最高人民法院称之为“督促条款”，② 即

① 赵云著：《调解实务与技能》，清华大学出版社2011年版，第79页。

② 最高人民法院《关于进一步贯彻“调解优先、调判结合”工作原则的若干意见》（法发【2010】16号）

约定达成调解协议后如果当事人不履行调解协议，就要承担违约责任。“倒钩”条款对于督促当事人履行调解协议有一定的担保作用。需要注意的是，所谓在调解协议中约定违约条款，本身存在一个前提：即各方当事人之间所签订的调解协议本身符合合同的成立要件，换言之，当事人之间的调解协议中有关债权债务和违约金设定的条款符合《合同法》有关要约、承诺的规定。若各方当事人对调解过程中的事项并未达成实质上的一致，则合同并未成立，所谓的“违约条款”则失去所依。对此，最高人民法院《关于人民法院民事调解工作若干问题的规定》第10条规定，人民法院对于调解协议约定一方不履行协议应当承担民事责任的，应予准许。调解协议约定一方不履行协议，另一方可以请求人民法院对案件作出裁判的条款，人民法院不予准许。

二、调解协议的履行

（一）鼓励即时履行

能够即时履行的，调解员应当倡导、鼓励当事人即时履行，从而彻底了结双方之间的纠纷。正如多伦县法院大北沟法庭刘瑞民庭长的口头禅所言，“调解能达成协议，大多是主张权利方作出了部分让步，如果人家再得不到受偿，那法律效果、社会效果就可想而知了。所以说调解案件一定要注重即时履行”。[①] 此言不虚，调解员应当尽量促成调解协议的即时履行。一般来说，标的额小、赔礼道歉、排除妨碍以及类似案件，都是适于即时履行的案件类型。

（二）调解协议履行担保

调解协议履行担保，即寻找当事人以外的第三人，作为调解协议所确定义务得以履行的保证人；或者要求调解协议确定的债务人提供担保。此类条款被最高人民法院称之为“担保履行条款”。[②] 应当注意，《担保法》第13条规定，“保证人与债权人应当以书面形式订立保证合同。”据此，保证合同为要式合同，要求为书面形式。在当事人以外的第三人自愿为债务人履行调解协议提供保证的情

---

① 引自《锡林郭勒日报》2015年5月26日，第08版。

② 最高人民法院《关于进一步贯彻“调解优先、调判结合”工作原则的若干意见》（法发【2010】16号）

况下，调解员务必要以书面的形式对上述内容进行记载，并要求债权人和保证人签字盖章。单独签订保证合同，抑或在调解协议中约定保证条款，均无不可。至于保证合同的内容，则依照《担保法》第 15 条第 1 款的规定进行约定。值得提出的是，为保证调解员的中立性，保证方式宜由各方当事人自主约定。但这并不意味着调解员在这个问题上只能保持极为消极的姿态而无所作为。相反，调解员应具体情况具体分析，当通过债务人和保证人的言语和行为可以推断出其有承担连带责任保证的意思时，调解员可以见机行事，协助各方当事人在保证合同中明确约定保证方式为连带责任保证。这样既尊重了债务人、保证人真实的意思表示，又较好地维护了债权人的利益。保证合同如此，在债务人自己提供担保的情况下亦然。对此，最高人民法院《关于人民法院民事调解工作若干问题的规定》第 11 条规定，调解协议约定一方提供担保或者案外人同意为当事人提供担保的，人民法院应当准许。案外人提供担保的，人民法院制作的调解书应当列明担保人，并将调解书送交担保人。担保人不签收调解书的，不影响调解书生效。当事人或者案外人提供的担保符合担保法规定的条件时生效。

（三）调解协议的公证

如果调解协议所确定的债务是适于强制履行的，便可在公证机构办理公证。经过公证后的债权文书可以强制履行。公证与诉讼相比，简单易行，实现权利的成本低，受到越来越多的当事人重视和应用。办理公证之后的债权文书（调解协议），若债务人未按照协议履行债务，债权人则可以申请人民法院强制执行。人民法院在收到当事人的申请后，通常会对经公证后的债权文书（调解协议）进行审查监督，这种监督主要体现在两个方面：一是债权人的债权是否真实存在并且合法。二是当事人是否自愿接受强制执行。只要公证债权文书（调解协议）能反映真实合法的债权债务关系，且债务人在该文书中自愿表示若未履行债务则接受强制执行的意思表示，人民法院就应当执行。因此，调解员在协助各方当事人达成调解协议的时候，应当注意避免上述不予执行情形的发生。

（四）调解协议司法确认

达成调解协议后，很可能存在变数的案件，调解员可以建议双方当事人进行调解协议的司法确认。最高人民法院总结地方法院对调解协议进行司法确认的改革经验，在 2009 年出台了《关于建立健全诉讼与非诉讼相衔接的矛盾纠纷解决机制的若干意见》，自此，调解协议的司法确认制度有了规范依据。此后，《中华人民共和国人民调解法》对该制度予以了规定。2012 年《中华人民共和国民事诉讼法》增加了调解协议的司法确认程序。上述规定是多元化纠纷解决机制改革的法律表现，标志着诉讼与非诉讼相衔接的矛盾纠纷解决机制改革进入了一个新的发展阶段。①

人民法院在司法确认程序中会对调解协议的内容进行审查，通常体现为对调解协议“自愿性”“合法性”和“内容明确性”的审查。具体而言：一是审查调解协议是否违反自愿原则。因此，调解员应当避免调解协议出现下列情况：当事人在违背真实意思的情况下签订协议、调解协议显失公平、调解组织或调解人员与案件具有利害关系等。二是审查调解协议是否违法。因此，调解员应当避免调解协议出现下列情况：违反法律、行政法规的效力性强制性规定②，损害国家、集体和第三人合法权益，涉及是否追究当事人刑事责任的。三是审查调解协议内容是否明确，内容不明确的调解协议无法执行。因此，调解员应当避免调解协议出现内容不明确而无法执行的情形。除上述三个主要方面之外，人民法院还会审查调解协议是否具有下列情形：第一，当事人是否具有民事行为能力，代理人参与调解的，代理人是否有相应的代理权。第二，调解协议的内容是否属于当事人的处分权范围。第三，是否以调解协议的形式掩盖非法目的。③ 调解员应认真审查，避免调解协议出现上述情形，造成调解协议无法进行司法确认的后果。

---

① 高民智：《贯彻实施新民事诉讼法（三）关于调解协议司法确认程序的理解和适用》，载《人民法院报》2012 年 12 月 8 日，第 04 版。

② 根据《最高人民法院关于适用＜中华人民共和国合同法＞若干问题的解释（二）》第十四条的规定，只有违反效力性强制性规定合同才无效。当然，调解协议的达成毕竟有调解员的参与，与完全由当事人自行达成的民事合同不同，所以，即便违反管理性强制性规定不会影响调解协议的民事效力，也应当尽量避免违反管理性强制性规定的情况发生。

③ 最高人民法院民事诉讼法修改研究小组编著：《＜中华人民共和国民事诉讼法＞修改条文理解与适用》，人民法院出版社 2012 年版，第 400－402 页。

第六章　社会心理学在调解中的运用

社会心理学是一门对于人们如何看待他人，如何影响他人，又如何互相关联的种种问题进行科学研究的学科。[①] 冲突与纠纷是发生在人与人之间的（包括个人、群体、组织等由人构成的社会实体之间），是社会心理学家们所关注的一种社会关系。社会心理学中对冲突产生的原因、发展的模式和解决应对等都有颇为丰富的理论与实证研究，了解这些对于调解员们来说是极有必要的，能够帮助他们更深刻、科学、透过现象看本质地去理解冲突与纠纷。同时，社会心理学在认知、沟通、谈判、态度、决策与问题解决方面的理论和实证研究都可以被运用到调解的各个环节当中，从而指导调解员更有效地与当事人进行沟通，更清醒地认识到促使僵局产生的心理因素，并采取有针对性的策略打破僵局。

在本章的最后两节中，群体性纠纷和医患纠纷这两种特殊的纠纷类型被置于社会心理学的视域中进行讨论，分析其发生发展的动因和规律，并提出对于这两类纠纷调解的建议。群体性纠纷和医患纠纷之所以被挑选出来进行特别的讨论，是因为：第一，二者均是群体性事件的常见诱发因素，往往容易造成较大的、具有破坏性的社会影响；第二，在调解的沟通和僵局打破中运用到的理论与技巧主要集中于社会心理学在微观层面（比如认知、思维和决策）和中观层面（比如人际沟通和互动）的研究；而社会心理学中相对宏观的主题，比如关于群体心理与行为、社会信任和社会心态方面的研究，则与群体性纠纷和医患纠纷关联最为密切；相关的理论与研究成果也对这两类纠纷最具有指导意义。

第一节　社会心理学与调解中的沟通

沟通是调解过程的第一个重要环节，从调解员第一次与当事人接触时起，沟通就开始了。作为帮助纠纷双方解决冲突的中间人，调解员的一项最基础的任务

---

① ［美］戴维·迈尔斯著：《社会心理学》，侯玉波等译，人民邮电出版社2006年版，第1页。

便是与双方当事人顺畅地、有效率地沟通。要做到这一点，其实并不那么容易，因为人与人之间的沟通是门大学问，既需要经验也需要智慧，其中不仅包括语言的交流，还包括倾听、察言观色、情绪表达等方面的技巧，社会心理学中有许多关于人际互动和沟通策略的专门研究，也许能为调解员们的沟通实践带来一些启示。

一、调解员的印象管理

在日常生活中，人们常常希望给别人留下一个好的、符合自己社会角色的印象，这种试图控制自己在别人心目中印象的过程，在心理学中叫做印象管理（或者印象整饰）。印象管理对于调解员来讲是很重要的，因为没有当事人会信任给自己留下不良印象的调解员，并且不好的印象一旦形成，要改变起来是相当困难的。社会心理学中有一个概念叫做“首因效应”，就是讲人与人第一次交往中给人留下的印象，会在对方的头脑中占据主导地位，并会影响之后的人际交往。因此，从第一次与当事人打交道开始，调解员便需要注意自己的言行。

笔者在一次调研中，随一位基层调解员去了一位当事人老李的家里。当调解员出去找另一方当事人谈话时，李家的二女儿向笔者表达了对调解员的不满，先是说调解员效率低，根本不可能解决好问题，所以他们已经打定主意要求仲裁了；接着又很生气地说：“这个人（指调解员）头一次进我屋里（我家），就问我爸有几个儿子，他这是什么意思？是觉得我们家好欺负吗？”笔者这才发现，老李家到场的家属，是大女儿、二女儿和小女婿，老李只有三个女儿，没有儿子。可能是当地仍有乡土社会的一些传统观念，认为有儿子的家庭才有顶梁柱，当与外人发生纠纷时才有底气。因此当调解员问及李家有几个儿子时，李家人觉得是对他们的挑衅，感觉到愤怒。笔者愿意相信，这是调解员的无心之失，他的原意也许只是询问李家的人口结构情况，但是提问的方式却有些不合时宜，而这一不合时宜的问话恰恰给当事人留下了不好的第一印象。

那么作为调解员，如何做好自己的印象管理呢？社会心理学家米德（Mead）和库利（Cooley）强调参与社会活动的人要站在别人的角度上看待自己，才能使自己有效地控制社会行为。换言之，做好印象管理的基础是明确他人对自己所扮演的角色的期待。那么，当事人对调解员的角色都有一些怎样的期待呢？总体来说可以概括为：真诚的帮助者和公正的权威者。作为真诚的帮助者，调解员在与当事人沟通时，要尽可能地表达出一些积极的、善意的、友好的信息；而作为公正的权威者，调解员也要展现出自己的自信、专业、威严和对调解过程拥有掌控力的一面。

（一）积极情绪的表现

为了能够取得当事人的信任，为身陷纠纷中、怒气冲冲的当事人们提供一个平和、乐观的言谈处境，调解员需要向当事人展现出友好、关心以及乐观和自信的一面。在对优秀基层调解员的访谈中，他们向我们分享了这方面的经验①："你得表现出热情，和当事人拉近感情，否则，他（当事人）会觉得你冷淡，不信任你，觉得你有什么了不起，也不愿意理你。"

一位在当地颇有威望的资深的调解员谈到："有时候笑话也要讲，玩笑也要开，做调解员就是要和当事人融洽感情，这也是我最大的优势。一般接触到当事人，会谈的前几分钟我都在和他们拉家常。"

而另一位年轻的乡村调解员，谈到他如何获得"难打交道"的年长的当事人的信任时说："有时候，他们（当事人）不大愿意和我交流。我就亲自去他家，要表现出这样一种感觉：我不是来做调解的，而是去找他聊天、拉家常的。我甚至会动手去帮助他（当事人）做一点事情，比如帮他搬一把凳子……表现出足够多的热情和关心，这样是为了博取他的好感。"

调解员表达的积极情绪不仅包括亲切感和热情，还应包括表现出来的自信，正如某位被访的调解员所说的那样："不管你心里有没有底，可能你对案子只是一个初步的了解，但是首先要给自己打气：我绝对能调好而且今天一定能结案，给别人的印象就是要很有自信心。"

（二）同理心的表现

强烈的情感往往与冲突相伴随，纠纷中的当事人通常带着许多负面情绪，比如焦虑、愤怒、悲伤等等，而处在负面情绪中的当事人很难理性地对话、商讨冲突解决的方案。因此在当事人释放各种负面情绪时，调解员常被要求带着同理心去和当事人交流，主动地表达对当事人的同情和理解。一位资深调解员谈到自己从业多年的心得时，说："做调解员，首先要与当事人交心，站在当事人的立场去理解他的处境和感受。特别是对于弱势群体，我往往会在和他们的交谈中表现

① 以下访谈资料均来自于湘潭大学与湖南省调解理论与人才培训中心2012—2013年间在湖南郴州、长沙和湘潭开展的"湖南省基层调解制度调研"。

出同情和体谅，这样就比较容易取得他们的信任。”

（三）威严与互动控制

调解员不仅仅需要获得当事人的好感和信任，在此基础之上，还需要能够引导双方当事人理性、有效地沟通，在合法合情合理的范围内找到双方都满意的解决方案。因此在与当事人的互动过程中，调解员必须对当事人的情绪和互动的过程进行有效的掌控。一位富有经验的基层调解员在接受我们访谈时说：“当双方当事人在会谈时情绪都过于激动，局面一下子难以掌控时，调解员常常会表现得十分严肃和威严；对于某些太过无理，或者想采用极端方式达到自己目的的当事人，调解员们一致认为应当动用法律、权威的威慑力。”“一定要告诉他（当事人），他的想法或者做法是违法的，是绝对不被允许的，不能因为他蛮横，而让我变得被动！”“每个地方都有不懂道理的人，他们的纠纷就比较难调解，有时候也要运用权力或权威对其进行压制。”

有时，调解员们也会采取“冷处理”的方式：“如果双方（当事人）态度都不大好，我一般会先“晾一晾”他们，先不着急处理案子，也不主动联系他们（当事人），不能表现得急切，而是淡定，甚至有点冷淡。让他们先着急来找我，这样他们会有比较强的解决问题的动机，会比较珍惜调解的机会。”

（四）公正与中立

调解员的职业角色不仅仅要求他们要给当事人留下热情、友好和乐观的印象，更重要的是体现公正性。因此调解员在当事人面前的每一个表现都会受到公正、中立原则的约束。比如，表达积极情绪时也需要讲究度，调解员对当事人的热情程度不会像销售员对顾客那样，而是相对会比较温和，并且会对双方当事人要一视同仁，否则便容易给人以不公正的感觉；调解员的表现也可以有“冷”的一面，适当的时候他们也可以对要求过分或者太不讲道理的当事人进行批评，但是这种批评也必须是理性和客观的，并且尽量是不公开的，尤其不能当着另一方当事人的面批评，要给当事人“留面子”，要保证中立性和公正性。

二、听比说更重要

有人认为调解工作的关键是靠三寸不烂之舌去说服当事人，事实上，比说更重要的是，通过倾听和观察从当事人那里捕捉到更丰富、更真实的信息。因此，对于调解员来讲，听比说更重要。这里的“听”，不仅仅要用耳朵去听，还得用眼去“听”，用脑去“听”，用心去“听”。

有效的倾听和细致的观察能够帮助我们获得许多必要的信息，理解当事人的真实立场和利益诉求，找到解决问题的关键所在；此外，积极的倾听是赢得当事人信任的重要环节，能让当事人感受到自己受到了尊重、关注和理解，因此而愿意去倾诉内心的真实想法，也愿意以合作的态度去讨论问题。对于带有愤怒、压抑等情绪的当事人来说，能够得到调解员耐心的倾听，也是其释放不良情绪、平静心情的重要途径。

（一）有动机地听

积极地倾听是发自内心的、真诚的，并带有强烈动机的。调解员发自内心地想要去关注当事人的想法、态度、情绪和观点，对当事人的谈话抱有兴趣和保持专注，充分表现出对当事人的尊重，不能轻易去打断当事人的谈话。

（二）有表情地听

表情的作用一方面是自己内心情绪的释放和表达，另一方面也是他人了解你当下情绪的线索。调解员在积极倾听时，同样也需要向当事人展现出相应的表情线索。一般来讲，当你在关注对方说话时，你的面部和肢体会有这样一些反应：身体和面部朝向说话者，身体前倾，会与说话者发生眼神的交流，并且会有一些与谈话节奏一致的肢体语言，比如在适当的时候点头，表示理解和鼓励当事人继续说下去。同时，调解员手中要有笔和笔记本，可以将听到的要点记录下来，即便你觉得光靠耳朵听就足够了，但做记录的动作也是对说话者关注和重视的一种表现。与此相反的是，有一些表情和肢体语言对于调解员来讲是应当“忌讳”的，比如：当事人在说话时，调解员脸朝向别处；低头沉默，不与当事人目光接触；双臂交叉，身体往后躺在椅背上并翘着二郎腿；或者不停地看自己的手机、双腿抖动、表现出不耐烦等。这些面部和肢体的表情都会传达给当事人一些这样的信息：你不想听他说话，没有兴趣、不耐烦——这些都是不利于调解与有效沟通的。

（三）有语言反馈地听

在日常的交流中，如果总是发言者一人在说，而四周一片沉寂，那么这个发言者一定会感到忐忑不安，他会怀疑对方有没有在倾听，也不知道对方是否听懂了自己的意思，又或者是否认可自己的发言，自己是否应该继续讲下去。所谓交谈、交流，“交”就是指交互的、交换的，即便以发言者为主，也需要听众的反馈。调解员在倾听当事人的发言时，也是如此，可以适当地给予一些言语反馈，简单的如“嗯”“哦”“然后呢”“继续”“我知道了”，等等——表示自己在听，并鼓励对方继续讲下去；更进一步的反馈是复述当事人的意思或者恰当地提问。用自己的语言重复对方说过的话，这样可以确保自己听明白了对方所说的，也可以让对方知道你正在认真倾听，比如，“你刚才说对方卖给你的机器有问题?”“你说他当着很多人的面给你难堪?”如果有些事情需要澄清或者想进一步了解某件事，调解员可以要求对方给予说明。除了可以获得多一点的信息资料外，调解员还可以通过提问表示自己在乎对方的感受和顾虑。在当事人的发言基本结束以后，调解员也可以对其发言的主要意思进行一个总结，然后问当事人总结是否正确，是否还需要补充。①

（四）察言观色地听

倾听的对象不仅仅是当事人说出来的话，还包括当事人在说话或不语时的表情和语调，等等。比如，在一个工伤保险待遇纠纷案中，双方迟迟无法达成共识的原因，就是赔偿数额的问题，在调解员的多次努力和双方的配合下，虽然取得了一些进展，但是双方的差距还是挺大。调解员联系索赔的当事人周某做工作，当谈及数额问题时，调解员发现当事人周某欲言又止，不停地用眼神征求丈夫的意见。调解员意识到：在赔偿金方面，周某的决定在很大程度上都受其丈夫的影响。于是，调解员决定在其丈夫身上寻找突破口。在此之后，调解员多次单独会见了周某的丈夫，经过多次谈话、协调，他终于表示愿意适当下调请求数额。②

另外，调解员有时会遇到当事人沉默不语的情况。当事人的沉默究竟表达了什么？调解员要通过观察情境和当事人的表现，去了解其沉默的原因。有的当事人是因为正在对之前讨论的问题进行思考，他可能会瞪大眼睛使劲地想，也可能会眯起眼睛自言自语，或者凝视着某一点陷入一种沉思状态。在这种情况下，调解员可以适当放慢调解节奏，给当事人一点时间和空间去完成他的思考和决定。但是有时候，当事人可能会因为对对方当事人或调解员不满意，而表现出不满和

① 孙赟峰编著：《如何做好调解工作：调解实务技巧与案例》，中国法制出版社2013年版，第110页。

② 案例来源：《平衡劳资双方的利益——周某诉某实业公司工伤保险待遇纠纷案》，参见沈志先主编：《调解精品案例选》，中国法律出版社2012年版，第136页。

不信任的沉默，这种沉默常常是带有愤怒情绪的，当事人在沉默的同时，表情和肢体语言可能会表现出怀疑、不信任或者气哼哼的样子，比如双手交叉在胸前，歪着头皱着眉不屑地看着调解员或者对方当事人等。这时的沉默表达的是："我不愿意涉及这个话题!""我不想呆在这儿了!"又或者是"你们到底是不是来解决问题的?""调解员总是针对我，是对我有偏见吧?"这时，调解员需要反省一下之前自己的言行或者对调解程序的控制是否合适，然后可以给以适当的解释和调整，或者结束双方会谈，单独去做当事人的思想工作，建立其对调解员和调解的信任感和信心。另外，还有些沉默可能是因为当事人感觉到无助，不知道该说什么，也可能是因为性格内向而羞于表达。面对这样的沉默，调解员应当给当事人更多的关心和鼓励，提一些具体化的问题，帮助他开始表达和思考。

三、提问与重组的学问

在调解会谈时，如何提问是有讲究的，而如何对当事人的话进行概括和重组也是有学问的。常见的提问方式有封闭式、开放式、假设式和澄清式。提问的方式不同，得到的信息也会不同，调解员应当灵活地根据不同的时机提不同的问题，以服务于不同的目的。而通过对会谈内容和信息的概括，可以帮助当事人回顾一段会谈中自己和对方交换的重要信息以及表达的态度与立场，同时也让当事人感受到调解已经取得的成果和进展；而重组信息则可以过滤掉负面信息，传达积极的、正面的信息，帮助当事人关注解决问题的积极一面。

（一）提问

1. 封闭式提问

封闭式提问是指可以用"是""否"来作答的提问。比如"是你首先提出调解的，对吗?""他是你的儿子吗?"这类问题通常用"是不是""要不要""会不会"等形式提出，不引导当事人提供更多的信息，不扩大话题，而是就征询的问题进行查证。它的功能是获得特定的信息、澄清事实、缩小讨论范围，或使会谈集中于某个特定问题。

2. 开放式提问

开放式提问是在调解会谈中用得较多的一种提问方式，通常不能用一两个字作答，而是能引出一段解释、说明或补充的提问方式。开放式提问常常以"什么"、"怎样"、"为什么"、"能不能"、"愿不愿"等形式发问。根据咨询心理学的研究发现[1]：以“什么”发问的提问往往引出一些事实资料；以“怎样”发问则涉及一件事情的过程、次序和情绪性的事项；以“为什么”发问则引出一些理由、原因及合理的解释；以“能不能”、“愿不愿”发问则引起当事人做自我剖析。在调解中，常见的开放式问题有：“关于……你指的是什么意思？”“你的意思是……”“请你进一步谈谈……”“你能想出其他可能的办法来处理这个事情吗？”“其他可能的选择是什么？”“它对你有多重要？”“什么对你来说是重要的？”“关于……你希望发生什么？”“你为什么不希望发生这样的事情？”等。这些问题都能帮助我们搜集更多的资料，促使当事人自我剖析立场背后的利益，推动会谈的进行。

3. 假设性提问

假设性提问是指调解员给当事人假定特定的情形，并询问他对这些情形的真实想法是什么。假设性提问常常以“如果”、“假设”等其他类似的形式发问。假设性提问往往出现在调解的关键时刻，常被调解员在单方会谈中用来检验当事人的底线，探讨并检验有关调解协议新方案的可行性、确定调解方案的细节等。

比如，调解员可能会提出类似于这样的假设性问题：“假如对方同意适当增加赔偿的数额，但数额不超过3000元，你觉得如何呢？”“如果你们两个都不要房子，那么把房子卖了，然后平分卖房款怎么样？”“如果这个问题由法院来裁决，你觉得可行吗？”“刚才你也听到了对方关于这些问题的意见，你觉得他会接受你的方案吗？”“如果到了月底，你还是还不上钱怎么办？”“如果对方同意你只还5000元，那么你什么时候能还清呢？”“如果今天一次性解决，对方当场付款，但要免除利息，你愿意吗？”“他愿意付清货款，但暂时没有那么多现金，需要分三期半年内付清，你可以接受吗？”等。

4. 澄清式提问

澄清式提问是为了对一些问题进行澄清而进一步做出的追问，能够帮助我们充分理解当事人的意见，了解相关的背景情况，掌握导致冲突的症结所在。比如在一个商品买卖纠纷中，一方当事人说“我们是不会接受他这些要求的。”调解员为了寻求澄清，可以问：“那么你们认为问题的关键是什么？”又比如在损害赔偿纠纷中，一方当事人说：“我不会同意买新的家具电器给他的，他又没有发票，再说他的东西又不是新的。”调解员可以继续提问：“那新买一套家具电器需要多少钱？如果他已经用了五年了，大概还值多少钱？”

---

① 江光荣著：《心理咨询与治疗》，安徽人民出版社2011年版，第110页。

5．应该避免的提问方式

除了以上应该掌握的技巧以外，调解员还应该注意以下应该避免的提问方式：在任何情况下都不应该采用逼供式的提问方式，因为这样的问法会让当事人感到被攻击而对调解员产生敌意；另外，调解员也应该避免引导性的提问，这些问题通常是来寻求对方的同意而不是对方的答案。因为对方的答案往往会被调解员引导性的问题所影响，所以未必是对方真实的想法。

（二）概括与重组

1．概括

概括是指将当事人表达的意见、情绪等进行分析综合，以整理过的形式向当事人表述出来。概括可以看作是一个谈话段落或者一次会谈的总结。概括的主要作用在于使当事人感到调解讨论正在取得进展，并获得继续朝着积极方向前进的动力。同时概括也让调解员和当事人对前一段会谈的内容有一个重新审视的机会，通过这种审视，当事人可以更好地认识自己（和对方），或得以补充资料，或得到反馈以确定调解员是否正确地理解了自己。另外，概括往往自然地构成会谈的一次单元式结束，让调解员和双方（或单方）当事人有一个喘息之机。做出概括需要注意以下几点：

第一，当事人谈话时，要留心各种主题、当事人的立场、利益以及情绪反应；

第二，把关键性的信息、情感的基本意思加以综合，用概括的语句表述出来；

第三，不要增添新的东西；

第四，概括时可以强调已经发现的双方的共同利益所在。

2．重组

重组是在概括的基础上，将当事人陈述的语言或者内容稍加修改从而正面地加以表述，同时将当事人未能准确表达的意思以准确的方式表达出来。许多人际冲突源自沟通不畅，双方不能以正向的、有利于问题解决的表达方式去进行沟通。调解员正是要帮助双方当事人改善这样的情况，使双方的沟通能够清楚地传递各自的真实利益与诉求，以对方能够接受和理解的方式表达，以解决问题作为目标。常见的重组方式如下：

第一，将一个纯粹负面的主张转变为一个更加正面、前瞻性的讨论点。比如，在民间借贷纠纷中，一方当事人说："我根本就不相信他会按照协定履行。"

调解员："你的意思是想要一些确保他履行协议的保证吗？"

第二，软化一方当事人立场的阐述，从而使得对方当事人更容易接受。比如，在买卖合同纠纷中，一方当事人坚持："除非他把电脑拿来让我修理，否则我对他说的电脑问题是不认可的，我们也不会保修。"调解员："你的意思是，作为销售者，你希望有机会检查并且确定电脑的问题所在吗？"

第三，澄清当事人所真正关心的问题，剔除针对对方当事人带有贬义、轻蔑且带有侮辱性的用语。比如，在婚姻纠纷中，一方当事人说："他一直好吃懒做，不务正业，有点小钱就去赌，家务也不分担，这样下去，夫妻不离婚才怪。"调解员："你关心的是他作为丈夫，必须要有更多的责任承担，夫妻俩为家庭共同努力，对吗？"

第四，将带有太多情绪性的、偏激的表达转换为较为中立的表达，以获得双方当事人的同意。比如在邻里纠纷中，一方当事人表示对另一方当事人的行为非常愤慨，调解员可以说："你是不是对对方没有充分考虑到你的感受而感到不高兴？"①

第二节　社会心理学与僵局的打破

从社会心理学的视角来看，冲突是一种感知到的利益分歧（Perceived divergence of interest），即当事人各方当前的期望存在矛盾这一信念。② 僵局则是冲突双方各自固执于自己的期望，不肯退让也不愿调和的僵持状态。可以说，从社会心理学的角度来看，冲突与僵局在本质上都是当事人的一种主观信念，是由认知、思维、情感等因素所导致的。在第五章中，我们曾经讨论过在调解中遇到僵局时的几种常见应对方式，而在本节中，将会更深入地帮助大家理解各种僵局背后的心理根源，以及相应的解决之道。

如果经常与纠纷打交道，我们便不难发现，各种纠纷中看似纷繁复杂的争议点和僵局的成因，归纳起来基本上都属于这样几种类型：在价格上谈不拢，在情感上过不去，在谈判空间上拓展不开，以及在面子上的顾忌。

---

① 孙赟峰编著：《如何做好调解工作：调解实务技巧与案例》，中国法制出版2013年版，第112页。

② ［美］狄恩·普鲁特、金盛熙著：《社会冲突：升级、僵局及解决》，王凡妹译，人民邮电出版社2013年版，第8页。

一、谈不拢的价格——当事人期望值的差异

在纠纷解决的过程中，非常常见的一种情况是双方在价格上讨价还价，最终仍然僵持不下。对于当事人而言，坚持自己的要价（或者出价）不肯退让，一方面是出于非常现实的利益考虑；但是在有些情况下，这种坚持所带来的却不一定是获利，反而有可能是时间、精力的浪费，以及其他方面的风险。那么为何许多当事人好像都不明白这一简单的道理，而要执着于自己的某个期望值呢？

（一）比上不足，还是比下有余——两种判断框架

俗话说“比上不足，比下有余”，讲的是同一个现状，但因为参照点的不同，就会获得“不足”和“有余”两种不同的价值评价。心理学家卡尼曼（Kahneman）等人关注于由于不同的参照点而获得的消极或者积极的判断框架会对人们的决策行为产生怎样的影响，这些影响对纠纷中的当事人的决策行为也是关键的。卡尼曼提出了“框架效应”的理论，即在不确定的条件下，人们往往保持两种思维：一是面对收益（“有余”——积极的判断框架）时，对风险进行回避；但在面对损失（“不足”——消极的判断框架）时，又会变成风险偏好。① 比如，在劳资纠纷中，工人方坚持认为资方必须把工人的工资从每小时 10 元涨到每小时 12 元，在考虑到当时通货膨胀的情况下，任何少于这个数的方案都代表损失。资方则表示任何高于每小时 10 元的上调都是强加的无法接受的支出。双方是选择以每小时 11 元的工资达成协议（一个明确的解决方案）呢，还是诉诸具有约束力的仲裁（一个有风险的解决方案）呢？

毫无疑问，这是一种消极的判断框架，也就是双方都从损失的角度去考虑这个冲突。那么按照“框架效应”理论，我们可以预测，双方都将尝试风险，而不愿意接受那个明确的解决方案。然而，如果当事人的判断框架从消极变为积极，就会产生不一样的预测结果。如果工人方将任何超过每小时 10 元的上调都看作是获利，而资方则把任何低于 12 元的下调都看成是获利，那么双方都会规避风险，就有希望协商解决问题。尼尔和巴泽曼（Neale& Bazerman）发现与具有消极框架的谈判者相比，拥有积极框架的谈判者更有可能做出让步，从而达到

① Kahneman, D., & Tversky, A: Psychology of preferences. *Scientific American*. 1982. p. 245, pp. 161 – 173.

互惠的结果。①

由此可见，当事人的判断框架能导致不同的结果——既可能达成一项重要协议，也有可能陷入僵局。为了达到和解的目标，调解员应该始终对双方框架保持清醒的认识，并且提醒当事人考虑采用其他框架的可能性，努力说服双方以积极框架看待谈判。当调解员分别接触不同的当事人时，应该呈现不同的参照点，使各方都规避风险。同时为了影响框架，调解员也必须强调情景中的现实风险，从而引起双方对不确定性的注意，引导双方选择明确的和解方案。

（二）自己的总是最好的——自利倾向

在许多纠纷中，争议的焦点在于赔偿数额。调解员发现在索赔时常常出现这样的情况，一方开出另一方无法理解和接受的“天价”，于是调解工作便陷入了僵局。为何索赔者和被索赔者对损失的价值的评估会有如此大的差距呢？除了因为将自己的利益最大化、损失最小化的动机之外，还源自一种影响我们客观认知的心理规律：我们倾向于赋予自己所拥有东西更高的价值，即我们有时存在一种自利的倾向，觉得自己拥有的总是最好的。

卡尼曼等人曾做过一个这样的实验：② 他们将所有的被试者分为三组，A 组扮演“卖家”，B 组扮演“买家”，C 组则是“选择者”。实验者将杯子放在 A 组“卖家”面前，并告诉“卖家”们，他们拥有这些杯子，并且有权选择用合适的价格卖掉杯子，接下来实验者给他们呈现了一系列可能的销售价格，从 0.50 美元到 9.50 美元（以 50 美分递增）不等，让他们说出是否愿意在某一价格上卖掉或者保留杯子。

B 组“买家”们则被告知，将给他们一定数目的钱，可以留着或者用它买杯子。实验者要求他们回答对杯子和钱数（0.50 美元 - 9.50 美元）之间的偏好。而对于 C 组的“选择者”们被要求填写一个问卷，让他们在杯子或者一定钱数之间做出选择。实验者也要求他们标明对杯子与钱数（0.50 美元 - 9.50 美元）之间的偏好（但是他们既不拥有杯子也不拥有这些钱，只是做一个估价）。

结果显示，买卖关系中的角色是会影响我们的估价的。卖家卖杯子所要的均价是 7.12 美元，买家是 2.87 美元，选择者是 3.12 美元。买家和选择者对杯子

① Neale, M. A., and Bazerman, M. H. Perspectives for understanding negotiation: Viewing negotiation as a judgmental process. *Journey of Conflict Resolution*, 1985(29). pp. 33 - 35.

② Kahneman, D., Knetsch, J. L., & Thaler, R. Experimental tests of the endowment effect and the Coarse theorem. *Journal of Political Economy*. 1990(98). pp. 1325 - 1328.

的价值有非常相似的评价。相比较而言，杯子的拥有者给杯子赋予更高的价值，卖家与买家的估价差别一般为 2：1。这种现象告诉我们，人们倾向于过高估计自己所拥有东西的价值。在这种心理倾向的影响下设定的价值，与在理性的客观分析的基础上设定的价值是不一致的。这种估价不一致的现象就能部分解释，为何有些索赔者一开始的期望值往往与被索赔者给出的价格相去甚远。

当调解员发现当事人因为这种心理倾向而阻碍调解协议达成时，最直接的办法是请当事人提供出价的理由，明确指出其中不合理之处；并以合适的方式提醒当事人，既然双方的目标都是和解，那么在出价时，不仅仅要考虑自己的想法和感受，也要考虑对方接受的可能性，如果给出的价格对方没有接受的可能，那么这个出价也是没有意义的。

（三）执着于“沉没资本”

设想你在参加一个这样的游戏：

有人拿出一张一百元的人民币作为竞拍物进行拍卖，你可以参与竞拍，或者旁观别人竞拍。每次出价必须是 5 元的倍数，如果没有人继续报价，报出最高竞拍价的人将按自己的报价付钱，并赢得 100 元。这次拍卖与传统拍卖唯一的不同之处在于，报出第二竞拍价的人不仅得不到这 100 元，而且还要按自己的报价付给拍卖者钱，例如：A 报价 50 元，B 报价 55 元并成交，拍卖者将付给 B 45 元（100 元 − 55 元）；而 A 则要付给拍卖者 50 元。

如果以 10 元起拍，你会参加这次竞拍游戏吗？

这个游戏源自舒必克（Shubik）发明的“美元拍卖”游戏。[①] 这个游戏被玩过很多次，常见的情况是：刚开始大家都玩命地报价，当报价到了 60 到 80 元之间时，其他人都退出竞拍，只剩下两个报价最高的人。这时他们感到进退维谷了，A 报 80 元，B 马上报 85 元，这时 A 要么再报 90 元，要么损失 80 元。继续竞拍带有一定的不确定性（一旦对手退出，自己就可获利），但相比退出后的确定损失，这种不确定的赢利似乎更有吸引力。所以 A 往往会又报价 90 元，直到报价攀升到 95 元和 100 元。有意思的是，当出价到了 100 元之后，竞拍往往还在继续，最终成交价往往超过了 100 元，虽然我们都很清楚出价一旦超过 100 元，就是非理性的了，不论对于 A 还是 B 而言，都意味着损失，是“双输”的。

---

① Shubik, M. The dollar auction game: A paradox in noncooperative behavior and escalation, *Journal of Conflict Resolution*. 1971(15). pp. 109 – 111.

如果对这种竞拍游戏细加考察就会发现，虽然每次提高竞拍数额都有可能会使对手退出，但如果双方都这样想，后果就很严重了。当出价已经超过了100元时，在这场无论如何都会造成损失的竞争中，双方开始关注的是如何打败对方。调解员们不难发现，在很多纠纷中，当事人也有陷入这种陷阱的情况。当事人双方为了能赢，已经为此投入了越来越多的时间、精力和金钱，并且认为这些损失都应该从对方身上得到补偿，只有坚持自己的要求、不退让，最终获胜才能减少损失。但是如果双方当事人都持这样的想法，随着投入的增多，他们都不会收手、主动退让，于是僵局便形成了。

帮助当事人改变这种困境，策略之一是提醒当事人站在对方的角度来考虑，即换位思考。调解员可以告诉当事人，你觉得你已经为此事耽误了很多时间花了很多钱，所以不能让步，但是对方为此事也没有少花时间和金钱；如果他也坚持和你一样的想法，那么只会让你们双方为此付出更多的时间和金钱，那么事情得不到解决，你们却会越陷越深，对谁都没有好处。

策略之二是向当事人解释之前的付出和花费只能被当作“沉没资本”，为了脱离困境，解决问题，明智的方式是不再考虑“沉没资本”，而努力向前看。我们从小就被教育要“坚持，再坚持”，但事实上，如果方向错误，坚持只会浪费大量的时间、精力和金钱；只有方向正确，坚持才能产生相应的回报。我们可以帮助当事人分析，在什么情境下他的坚持能获得回报，而在什么情境下却不能。在你无法获得回报的情境中已经投入的时间和金钱都是“沉没资本”，也就是说这些投入已成为过去，无法挽回，将来的行动不应对此予以考虑。

策略之三，是引导双方当事人认识到，双方都陷入了这场纠纷的困境中，是同病相怜的，如果继续关注如何打败对方，谁都难以成为赢家。只有双方将竞争策略改变为合作策略，加强沟通，以如何解决问题、减少双方的共同损失作为目标，问题才能获得好的解决。

二、过不去的情感——纠纷中的情感因素

许多当事人固执于自己的立场和打败对方，有时并非基于客观、理性的利益考虑，而是因为在情感上过不去，也就是因为不公平感、偏见等情感因素，想要惩罚对方，尽管在惩罚对方的过程中自己也会付出许多代价。

（一）对公平感的追求

作为调解员，最希望看到的是双方当事人能够找到“双赢”的问题解决方案，也就是双方都能从达成的协议中将损失最小化而将收益最大化。如果双方当事人都是纯粹理性的，那么问题就简单很多了，只要是对个体而言能够获利的方案，双方都不会拒绝，但事实却往往不是这样。在很多纠纷中，有些当事人常常表现出“争气不争财”，宁可与对方争得两败俱伤，也不能“便宜”了对手，因此做出许多“损人不利己”的决策。对当事人而言，他们的这些行为决策都源自于对公平感的追求。心理学家曾经设计过一个实验，要求人们设想自己正处在一个这样的情境中：

你正在旅途，坐在飞机靠过道的位子上，靠窗的位置坐着一个衣着考究的商人M，你和M中间坐着一个老妇人V。飞机起飞30分钟后，V打断了你和M的交谈，告诉你们她很富有，在飞机上感到无聊，想通过玩游戏来消磨时光，然后她从皮夹子里抽出50张100美元的钞票说：“如果你们同意如何分这5000美元，我想把它给你们两位，但我有两条规则：首先由M来决定这5000美元如何分配，然后你（读者）来决定是否接受这种分配方案。如果接受，你们就按照M提出的方案分这5000美元；如果你不接受，那么你们两位都将一无所获。”你和M都同意玩这个游戏。M想了想说：“我建议这样分：我得4900美元，你得100美元。”现在轮到你做决定了！你同意这样分配吗?①

这是心理学家设计的一个情境实验，在回答这个问题时，大多数的人都可能会拒绝这种分配方案，为什么？很显然，拒绝这种分配是违背经济理性的，因为如果你接受的话，双方都会获益（M得到4900美元，你得到100美元），但如果你因为种种原因而拒绝的话，你就背离了财富最大化的自利原则。但研究证实了人类并不是纯粹的经济理性的动物，人们会有各种理由去拒绝这100美元：不想接受不公平的分配，不想让M因为你的同意而获利。还有人可能会说，自己通过惩罚M这种自私自利的分配方式，维护了社会的整体公平。可见，人们通常愿意得到他们认为公平合理的结果，因此，如果对方贪得无厌，他们宁愿付出代价，也要惩罚对方。

那么当调解员发现当事人受到不公平感的影响而拒绝去与对方合作时，应当

---

① ［美］马克斯·巴泽曼著：《管理决策中的判断》，杜伟宇、李同吉译，人民邮电出版社2007年版，第175、109页。

如何做呢？

第一，尝试着从另一方当事人入手。

如果一方当事人确实因为另一方而遭受了不公平的对待而气愤难平，调解员可以尝试着从另一方当事人下手，向其阐明能否平复对方因不公平感而带来的气愤，这是和解能够达成的关键；鼓励其主动地做出让步，或者向对方表示真诚的道歉；在道歉中表达自己的同情心和同理心：承认自己的错误，表示自己的歉意以及请求对方的原谅；调解员也要帮助忿忿不平的当事人看到对方道歉和让步的诚意，鼓励他们谅解、原谅对方。

第二，鼓励当事人换位思考以消除因自我服务偏向而带来的不公平感。

有时，当事人的不公平感的来源可能并非来自于实际上的不公平，而是源自于自我服务偏向。社会心理学的研究发现，自我服务偏向在人群中普遍存在。自我服务偏向（Self Serving Bias）让我们觉得自己在很多方面都比他人要强（特别是在品质、道德等主观方面），自己在很多方面做得要比他人多。罗斯和西科利（Ross & Sicoly）研究了婚姻中的自我服务偏向。他们发现，加拿大已婚的年轻人通常认为，他们在清理房间或照顾孩子这些方面所承担的责任，要比配偶承担的多。[①] 在一个美国的全国性的调查中，91%的妻子认为自己承担了大部分的食品采购工作，但只有76%的丈夫同意这一点。[②] 在其他研究中，妻子们对自己所承担家务比例的估计，也高于丈夫们对她们的评估。[③] 这些有关承担责任的自我服务偏向常会导致婚姻不和、员工不满和讨价还价的僵持局面。[④] 因为自我服务偏向很容易给当事人带来不公平感，并且认为自己做出的让步总是比对方更大，因而会坚持自己的立场而不愿做出任何退让。这种情况下，调解员可以帮助当事人更多地关注对方的贡献、诚意、努力和让步。要劝说当事人换位思考并不是太容易，因此可以多用具体、生动的信息来影响当事人。比如调解员可以通过劝说另一方先采取单方的和解行动，不管多么微小，都尽量找出一些有形的证据，并指出这证明了该方愿意放弃某些事物，忠于和解进程的诚意。

第三，通过几个方案的比较，引导当事人关注自身利益而并非情感。

---

① Ross, M., and Sicoly, F. Egocentric biases in availability an atrribution, *Journal of Personality and Social Psychology*. 1979. p. 37, pp. 332 – 337.

② ［美］戴维·迈尔斯著：《社会心理学》，侯玉波等译，人民邮电出版社2006年版，第48页。

③ ［美］戴维·迈尔斯著：《社会心理学》，侯玉波等译，人民邮电出版社2006年版，第47页。

④ ［美］戴维. 迈尔斯著：《社会心理学》，侯玉波等译，人民邮电出版社2006年版，第48页。

布朗特和巴泽曼（Blount & Bazerman）曾经做过一个这样的实验①：他们将被试分为三组：一组被试者参加40分钟的实验将得到7美元，并被告知所有被试者都会得到7美元；另一组被试者参加40分钟的实验可以得到8美元，并被告知有的被试可以随机得到10美元（依据他们的社会保险号码的最后一位数字）；第三组的被试者可以有机会选择：A，参与40分钟的实验，每个人得到7美元；B，参与40分钟的实验，有些被试者（包括他们自己）得到8美元，而其他人得到10美元；C，不参加实验。尽管第一组（72%）比第二组（55%）有更多被试者选择参与实验，但第三组被试者中的大多数（56%）选择参加B实验（自己得到8美元，而其他人得到10美元），16%的被试者选择A实验（每个人均得到7美元），28%的被试者选择C（不参加实验）。因此，在决定是否参与某一个实验时，其他人的受益与自己的比较是关键的。然而，当存在多个机会时，被试能够比较不同实验的收益，他人的收益就变得不那么重要了。也就是说，如果同时有好几个选项存在，我们就会更少地把重点放在情感信息上，而更倾向于去比较工资信息或程序公正问题，会更容易做出比较理性的决策。

（二）偏见

张某是一位四川籍老人，2010年5月他来到上海参观世博会，顺便探望儿子，却在武宁路附近横穿马路时，与在非机动车道正常驾驶电动车的周某发生了碰撞，致使张某手部被擦破。由于初到上海，人生地不熟，又素来认为上海人非常“精明”、擅于“砍价”，所以，情急之下，张某便使出“头戴三尺帽，不怕砍一刀”，索性开价1000元。而周某也觉得委屈，自己好端端地在非机动车道上正常行驶，是张某违反交通规则乱穿马路，吓了自己一跳不说，还把电动车撞坏了，而他只是手擦破点皮，就张口要赔偿1000元，实在令人无法接受，因此一口咬定张某的索赔要求是“敲竹杠”。张某因为一直生活在四川的一个小镇上，那里街道狭窄，车流量小，车速也较慢，走街串巷向来是说走就走，因此张某怎么也想不通，为何眼前这位“肇事者”非但毫无歉意，反而态度强硬，用自己听不懂的上海话喋喋不休。于是张某很生气，一直到进入调解室，他用浓重的四川口音高声指责道：“你们上海人欺负外地人！今天，不赔1000元我不干！”周某也不甘示弱：“侬迪（这）个外地人也太不讲理了吧！自己乱穿马路不说，竟

① Blount, S., and Bazerman, M. H.. The inconsistent evaluation of comparative payoffs in labor supply and bargaining. *Journal of Economic Behavior and Organizations*. 1996. 891. pp. 1 – 14.

然还‘敲竹杠’，素质哪能嘎（这样）差？”一个“外地人”，一个“上海人”，一句“四川话”，一句“上海话”，双方你来我往，互不相让，争得面红耳赤，矛盾不断升级。①

这个案例中的纠纷是由一个很小的交通事故引起，案情很简单，涉及的损失也不算严重，原本可以由当事人在现场自行和解，之所以越闹越凶，主要是源自于双方当事人对对方的偏见，尤其是张某对上海人的偏见。张某认为上海人非常“精明”，擅于“砍价”，而自己又是外地人，上海人肯定会“欺生”。因为这些先入为主的偏见，张某决定要保护自己，要对对方狠一点，于是便不客气地要价1000元。张某的这种行为和态度，使周某也建立起了对张某的印象（或者是印证了之前对外地人的偏见）：这个外地人素质低，不讲道理，想讹钱。基于这样的偏见，二者不大可能会理性地沟通，而只会各执己见地互相攻击。

偏见（prejudice）是指对一个群体及其个体成员的负面的预先判断，如社会心理学家奥尔波特（Allport）在其经典著作《偏见的本质》（The Nature of Prejudice）中所界定的那样，是“基于错误和顽固的概括而形成的憎恶感”。② 偏见让我们基于对某人所属群体的认识而不喜欢这个人。在调解活动中，偏见对调解协议的达成往往是破坏性的。在医疗纠纷、针对政府或企业的维权纠纷中，偏见往往是阻碍调解顺利进行的重要因素。因为，人们会倾向于停止与那些自己不喜欢或不尊敬的人交往和沟通，心怀偏见的人会对对方持有敌意，会产生更多的攻击行为，同时也会以敌对的方式去关注、解释对方的任何行动（友好的或者不友好的，强硬的或者妥协的）；而所有的这些，往往也是相互的。社会心理学的研究告诉我们，我们更愿意喜欢那些喜欢我们的人们，讨厌那些讨厌我们的人们。因此偏见带来的所有敌视、不友善和攻击，基本上也会换取对方的“以牙还牙”和“以眼还眼”，在这种恶性循环中，偏见得以强化，冲突也会升级。

因此，偏见对和解的阻碍是巨大的。那么调解员如何帮助当事人突破偏见的障碍呢？针对偏见最好的解决办法是增加双方的接触和沟通。但是考虑到持有偏见的当事人会基于所持偏见选择性地关注信息、做出解释，因此在促使双方的接触沟通时，调解员要讲究一些策略与技巧。比如从偏见没有那么强烈的一方入手，劝其主动做出一些改变和退让；调解员作为中间人帮助当事人正确地去理解

① 案例来源：《和谐的结局——张某诉周某某人身损害赔偿纠纷案》，参见沈志先主编：《调解精品案例选》，中国法律出版社2012年版，第158页。

② Allport, G. *The nature of prejudice*. Cambridge, MA: Addison-Wesley. 1954. p. 91.

对方的行为和动机，鼓励双方换位思考、做出让步。比如在前文中的这个交通纠纷中，调解员首先想到的是请老人的儿子赶过来，这样可以缓解老人的孤立无援感，同时作为在上海学习生活的年轻人，老人的儿子应该能够帮助老人打破对“上海人的欺生”的偏见。在等待的过程中，调解员再三叮嘱周某，在接下来的调解过程中，请他尽量使用普通话而不是上海话交流；在正式的调解程序开始以后，调解员首先是代表上海人民对张某来沪参观表示欢迎——这些细节都是调解员为缓解冲突，改变老人对上海人的偏见而做出的努力。

三、拓不宽的谈判空间——当事人的思维局限

谈判空间是当事人双方所给定的纠纷解决可能性的范围。谈判空间越大，双方可以讨价还价的余地越大，纠纷越容易得到解决；相反，谈判空间越小，双方讨价还价的余地就越小，便越容易陷入僵局。一个有经验的调解员在解决纠纷时往往就会十分关注谈判空间的拓展问题。谈判空间之所以无法拓展开来，往往是由于狭窄的、消极的思维方式造成的。

（一）抢蛋糕与做大蛋糕——从竞争到合作

很多情况下，纠纷解决的过程之所以会僵持在某一点而没有进展，是因为双方当事人将目标限定在了一种竞争性的思维中。最常见的一种思维方式是，认为自己与对方是在争夺同一块大小固定的蛋糕，双方的目标都是尽可能为自己争取更多。那么如果对方争夺到了更多的蛋糕，我方就必定只能得到更少的——对方所得，就必定构成我方所失。因此，对方与我方必定成为一种截然对立的关系。① 在博弈论中，这种思维方式叫做“零和思维”，在这种思维方式的指引下，当事人会更具竞争性和攻击性，而不大愿意沟通与合作。但事实上，合作往往会比竞争更有效率，更能使双方获益。因为在大多数情况下，蛋糕都不是固定不变的，通过双方的沟通与合作，蛋糕是有可能被做得更大，从而实现双赢的大小。比如下面这个案例：

在一个餐厅租赁纠纷案中，房东弗兰克有一处商业地产。该房产在上一个租约到期之后就没有租出去，因此弗兰克降低了价格招租，在招租一年后，弗兰克

---

① ［美］马克斯·巴泽曼著：《管理决策中的判断》，杜伟宇、李同吉译，人民邮电出版社 2007 年版，第 175 页。

终于找到了一个租客安。安计划开一家大红狗全国连锁餐厅。安之前在一家医院做护士，但她更喜欢做厨师。安曾在法国菜烹饪大赛中获奖，并有餐厅经营的相关经验。

安打算将弗兰克的商铺用于一家著名的大红狗连锁餐厅的特许经营。出租协议上记载每月租金1000美元，加上3%的总利润额，租期为五年。租约规定房东弗兰克按照安的要求对店面进行装修，装修的费用由弗兰克负担，协议还约定安向弗兰克支付2000美元的定金。

合同签订后安立即支付了2000美元定金，弗兰克也开始装修店面。在弗兰克为装修花了2500美元，租客安为店面添置了新的设备后，大红狗餐厅传出濒临破产的消息。

安希望停止租约，弗兰克不同意。弗兰克要求承租人要么继续履行租约，要么支付80000美元的赔偿金。安不同意弗兰克的要求，因此弗兰克将商铺的锁换掉。商铺内现在有安为了开业购买的厨具设备等。

在该案正式开始调解之前，大红狗连锁餐饮公司已经破产。①

在进行调解之前，双方的态度和立场表明双方存在一个消极的谈判空间，也就是双方都将谈判的空间限定为对一个固定大小蛋糕的争夺——如果自己想少损失一些，对方就必然需要多损失一些，因此双方的立场很难调和。但是如果着眼于双方的未来，考虑如何用合作的方式将蛋糕做大，不把讨论局限在谁赔偿多少钱损失的问题，而是通过别的办法（不是终止合作，而是继续合作），就能够使双方在未来一段时间内都有可能盈利：安既然有经营餐馆的意愿和天赋，又已经为租赁店面、采购设备付出了自己的所有积蓄，只有继续与弗兰克合作，把餐馆开起来，才可能不浪费这些本钱，并且获利；而弗兰克是花了挺长的时间才找到安这样一个租客，如果终止合同，要重新把商铺租出去也需要花费不少的时间，这对弗兰克而言也是一笔损失；同时安已经花光了所有积蓄，面临破产的境况，即便弗兰克去打官司获胜，安也不可能拿出80000美元赔偿给弗兰克，因此，如果不终止合同，对弗兰克来讲更实际也更有好处。在这样的思路下，调解员进一步引导双方讨论继续合作的可能性和困难之处，并商讨出解决这些困难的办法，比如：安原本打算加盟的大红狗餐饮公司破产了，但安还可以开一家清真餐厅，她早就有过这种打算，并且也有开清真餐厅的能力；但是以安现在的境况无力支

① 案例来源：廖永安、覃斌武、罗伯特·史密斯编著：《如何当好调解员：美国调解经典案例评析》，湘潭大学出版社2013年版，第47页。

付更多的租金，也需要一段时间来发展业务。在调解员的提醒和引导下，弗兰克主动表示可以在开始阶段采用较低的租金，再慢慢提高的方式，并且双方经过讨论确定了具体的比例和租约的具体方案。通过这种方式做大了蛋糕，整合了双方各自的利益，实现了双赢。

可见，要拓宽谈判的空间，首先要摆脱“争夺固定大小蛋糕”的思维限制，由竞争的思维转变为合作的思维，开始多方思考双方的共同目标与实现双赢的可能性。当调解员发觉当事人可能存在的思维限制时，首先可以通过“面质”[①]的方式直接指出当事人认知模式上的偏差，比如：“你是想要获得满意的赔偿，开始自己的新生活，还是想要打败对方，让他不好过呢？”“打败他究竟对你有什么好处呢？”通过面质使当事人认识到自己思维方式上存在的问题，从而能主动地改变其情绪体验和行为倾向。但是使用这一方法时也需谨慎，直接指出当事人的认知模式的偏差也需要考虑到一些条件和方法，比如，最好是在调解员和当事人建立了一定的信任关系之后再进行，否则容易直接激起当事人对调解员的反抗情绪；最好是使用循序渐进地尝试性面质的方式，不要过于直接地一步到位，要循循善诱地引导当事人自己反思，而不是像无情地批判一样让当事人难以接受；不宜当着另一方当事人的面进行，这样可能会让当事人感到难堪，甚至怀疑调解员是站在对方的立场上说话。

其次，在比较复杂的纠纷中，鼓励当事人同时考虑多个议题。在调解议程中，应当先讨论哪些问题？有些人认为应当把最重要的问题放在最先，否则便是在拖延问题的解决。而在劳资关系的纠纷中，很多有经验的调解员则认为，应当从最简单的问题开始。但是心理学家巴泽曼则提出，由简单的问题开始可能会使谈判的初始阶段比较顺利，但它会增加出现僵局的可能性；而从最困难的问题开始，常常会使双方的谈判在起步阶段就中断。两个策略可能都忽略了可能创造共同利益的权衡点。[②] 巴泽曼想说的是要在谈判中突破思维局限、创造价值，最好是同时考虑多个议题，看双方在这多个议题之间是否有利益可以交换、平衡。如果鼓励当事人一次只考虑一个问题的话，一个问题一旦被“解决”，在后面的谈

① 在心理咨询与治疗中有一种“面质”技术。面质是指心理咨询师当面指出来访者自身存在的情感、观念、行为的矛盾，促使其面对或这些矛盾的一种语言表达方式。面质的目的并不是在于向来访者说明他说错了什么话或做错了什么事，而是为了帮助来访者认识到自己内心的矛盾以及认知方式与思维方法的误区。

② ［美］马克斯·巴泽曼著：《管理决策中的判断》，杜伟宇、李同吉译，人民邮电出版社 2007 年版，第 175 页。

判中它就很少再会与后来提出的问题一起得到重新考虑，于是便会束缚双方的思维，限制了问题解决的空间。

（二）为什么要争夺橘子——立场背后的利益

詹姆斯和罗伯特是室友，共用一个冰箱，冰箱里左边的位置归詹姆斯用，而右边则归罗伯特用，但是中间没有隔开。平时他们各自买的食物和水果都放在冰箱里自己的位置上。某天下午，冰箱里只剩一个橘子了。詹姆斯以为这个橘子是自己的，而罗伯特觉得是他自己的，两人争执不下。在这种情况下，调解者首先询问他们需要这个橘子做什么。询问后发现，詹姆斯是因为下午去健身房之前要喝一杯橘子汁补充维生素C；而罗伯特下午要赴一个很重要的约会，需要带蛋糕去，要把橘子皮削下来作为蛋糕的点缀。于是通过调解，二人握手言和。①

立场和利益是两个紧密相关的概念，在调解中有着非常重要的地位。立场是指一位当事人在一件纠纷中所持的主张——即该当事人主张采用何种方案解决纠纷。利益是当事人立场背后的原因，当事人采取相应的主张实现自己的利益。西方学者研究发现在纠纷解决中利益有以下三个特点：纠纷的各方都有多种不同的利益；在冲突的情景中，我们通常误解了他人的利益；在争执中，关系利益、身份利益总是存在的，只是隐藏在表面下。② 而在争议双方的立场对立的情况下，立场背后的利益却可以是不矛盾的。在争夺橘子的案例中，双方都想要这个橘子，这是双方的立场，它们彼此冲突；但两人为何要争夺这个橘子呢？——各自需要橘子的用处是不一样的，一个要橘子汁补充维生素，一个要橘子皮做蛋糕，这是两人的利益，利益不相冲突。因此，在调解中，要想拓宽谈判空间，首先需要挖掘当事人立场背后的利益。只有理清了当事人立场背后的利益所在，调解员才能根据其利益引导当事人。

要挖掘当事人立场背后的利益，其根本方法很简单，就是追问当事人主张的原因。但是追问时提问的方式却不能过于简单，否则会让当事人反感。美国调解总结出几条有效的方法，调解员可以用来挖掘当事人的利益所在。这些方法包括：提开放性的问题、运用沉默使当事人主动诉说、表达同理心、解释并明确信息、营造积极的氛围从而赢得信任、总结及引出反馈（在第一节中均有相应的

① 这个案例出自2012年6月美国马萨诸塞州大学、马萨诸塞州法官协会与湘潭大学公共举办的美国调解培训课堂。本书作者征得授课专家同意，可以使用本案例。

② ［美］威尔莫特、霍克著：《人际冲突——构成和解决》，刘宇耕译，上海社会科学出版社2011年版，第272页。

讨论）。

当事人可以在实现利益的同时改变原来彼此冲突的立场，从而成功调解。另外，当事人对自己利益的理解也可能出现偏差，这就为调解员的工作提供了空间。通过与当事人谈话，追问当事人采取立场的原因，调解员就能引导当事人认识到自己的真实利益所在。调解员能够协助当事人将自己追求的多项利益排序，确定各项利益的优先顺序并引导他们思考是否能够放弃排序靠后的利益来确保获取排序优先的利益。总而言之，只有挖掘当事人立场背后的利益，才能够形成真正符合当事人利益的争议解决方案。

（三）跳出法律思维的限定

跳出法律思维，也是重塑问题、解决纠纷的重要途径。在调解和谈判过程中，当事人总会想办法使自己的主张正当化，而现代社会中，法律的正当性是非常强的。因此如果一方当事人认为自己的主张有法律上的依据，当事人往往很难跳出法律思维进行思考。事实上不仅仅是当事人，绝大多数的调解员也有非常强的固守法律依据的倾向。所谓合法调解并不是要求调解的结果和判决的结果完全一样，这点无论是学术界还是实务界都可以接受；但是如果当事人自愿形成解决方案，而解决方案与法律规定相去甚远，相信有很多人都无法接受。但是在价值多元的今天，很多当事人依照法律主张权利，其目的并不是权利本身，而是通过权利实现自己其他的利益。

法律有法律的思维方式，从法律的角度思考问题，其程式往往是固定不变的。因此按照法律思维来进行调解，就会将纠纷限定在权利、义务、责任等框架之内，也会将纠纷的解决方式限定在法律规定的救济方式内。因此，法律对当事人之间的争议有它独特的、单一的也是僵化的界定方式，如果固守法律思维，就会导致无法重塑问题，因而难以通过调解解决纠纷。

四、放不下的面子——社会评价的顾虑

笔者曾经在公交车上目睹过一个这样的小纠纷。

时值春节前，正是寒风凛冽的季节，公交车上满满当当地挤着乘客，窗户紧闭着。虽然车上贴着车内禁止吸烟的警告，但坐在笔者身边的一名中年男子，还是点燃了手里的香烟，当他吐出第一口烟圈时，便引起了周遭乘客的反感，笔者正在心里盘算该如何给这位先生提提意见，就听见在旁边站立着的一个年轻的小

伙子，大声说道："车上严禁吸烟，你这人怎么这么没素质!"正在享受香烟的男子一下被惹怒了，大声还击："我就是要吸，关你什么事?!"小伙子更加生气："素质低！素质低!"吸烟男子对其嗤之以鼻，一幅无所谓的样子。这时周围有的乘客出来说话了，有人说："哎哟，车上这么多人，又关着窗，吸烟不大好。"还有人说："小伙子说话是不客气，不过在车上吸烟确实不好，你就把烟灭了吧。"…… 吸烟男子激动的神情渐渐缓和了下来，面对众人的劝说，他沉默着，仿佛思考了一阵以后，他把身边的车窗打开了一条缝，但是那支点燃的香烟，一直夹在指间，直到他下车，虽然他再也没有吸上一口。

这个案例并算不上不是一个需要调解员去干预解决的纠纷，但是吸烟男子却和许多纠纷中的当事人有着一样的心理规律：他在公交车上吸烟，这一行为本身便是不占理的，也许他点燃香烟是无意识的，但当遭到人们的提醒和反对时，他不可能完全意识不到自己的问题；但是为什么小伙子"义正辞严"地指责他时，他却也理直气壮地表示"就是要吸"，并且直到下车也并未灭掉他手中的香烟呢？有经验的调解员肯定会清楚，小伙子虽然做出了"有正义感"的行为，但是方式并不大合适，他的这种激烈的公开指责方式激起了吸烟男子的逆反情绪和反击，并且直接刺激他当着众人作出了"公开的承诺"——"我就是要吸!"

社会心理学的研究发现，一旦当事人做出过某种公开承诺，再试图去说服他改变决定和行为就比没有做出过公开承诺的当事人要困难得多。有关冲突升级的文献也预测，如果谈判者坚持他们最初的公开声明，他们将会非理性地拒绝考虑一切让步。因为人们都想在他人面前保持自己言行一致，说一不二的形象。对于中国人而言，"面子"则更是在调解中不可回避的一个问题。从社会心理学的角度来看，面子是在人际交往中依据自我表现做出的自我评价，它与身份、地位、角色相联系，是一个人经社会认可的"自我"和影响力的代称。在中国文化的调解中，我们常会发现"面子问题"有时会是双方当事人僵持不下的直接原因，甚至在有些纠纷中，"面子"和"关系"的修复要比利益的争取重要得多。那么作为调解员，我们需要十分注意的是：首先，要避免双方当事人在针锋相对的辩论中，迫使对方做出某些极端的公开承诺，调解员一旦意识到当时的情况潜伏着此种危险，就应当及时中断双方当事人的对话；此外，调解员也要善于发现在所处理的纠纷中，"面子"所扮演的角色和发挥的作用，并且有效地利用"面子"促成和解。

第三节　社会心理学与群体性纠纷调解

群体性纠纷是指一方或双方当事人人数众多的纠纷，主要特征在于主体人数的众多性、社会影响的突出性、集合行动的一致性与冲突激化的极大可能性。群体性纠纷的复杂之处不仅仅是因为在人数上的众多，更是因为一旦个人集合成了群体，其心理、行为以及决策的规律便发生了变化；群体并不是若干个个体的简单相加，而是若干个个体在情感、认知、思维、决策等各方面发生了化学反应，发酵为一种特属于群体的情绪、意志和行为方式。因此，进行群体性纠纷的调解不仅仅需要一般的调解技能、训练和经验，更需要掌握群体心理和行为的一般规律，在面对群体性纠纷时，能通过观察和沟通，迅速把握当事群体的特征和解决问题的关键。

一、群体性纠纷的社会心理学规律

社会心理学的研究表明，群体对其所属的个体存在着多方面的影响，同时个体也会反作用于其所属的群体。一方面，社会助长现象的存在会让身处人群中的人们体验到更强烈的情绪和类似于心跳加速、血压升高的生理体验；另一方面，身处于群体中的人们容易出现责任分散，使人们将自己的自我和责任感被淹没在人群之中。因此，往往一群人会比一个人更容易做出一些过激行为。再加上从众、群体观点的极化、对群体领袖的服从等，会使群体性纠纷不仅比非群体性纠纷涉案主体人数更多，同时也更体现出集合行为的特点，更容易出现非理性情绪的高涨，过高、无理的诉求也会更多。比如下面这个案例，便可以看到群体性纠纷的这些典型特征。

2014年4月11日上午8点左右，樟树村村民廖清明、廖言平带领本村村民10余人，跑到怀仁镇振华工业经济园的园区指挥部讨要说法。廖清明、廖言平等人声称，振华工业经济园违规占用了自己村的田地，而且后来开出的安置补偿价格明显过低，因此，他们要求园区负责人出面与村里重新签定用地安置补偿协议。当园区工作人员说，园区主要负责人都出差在外，要过几天才能回来时，廖清明、廖言平一行人立即表示不相信这种说词，他们认定这是经济园区没有诚意的表现，他们认为这是园区在找借口拖延时间。之后，园区工作人员越解释，樟树村村民就越不相信。随着聚集围观的人群越来越多，廖清明一行人的情绪也越

来越激动，他们开始打砸园区指挥部门窗，损坏办公室财物……①

可见，群体性纠纷比非群体性纠纷潜伏着更多的危机：很容易冲突升级，而且往往是来势凶猛、一触即发，一旦没有处理好，就有可能激化矛盾，甚至酿成群体性事件。社会心理学对于群体影响的一些发现，会给我们把握群体性纠纷的发生发展规律提供可参考的科学依据。

（一）拥挤人群让人激动

社会心理学家扎伊翁茨（Robert Zajanc）的研究发现有众多他人的在场和围观，会刺激人们更容易采取未经思考的直觉行为和本能行动。因此拥挤的人群容易激发当事人的非理性的、过激的行为，唤起当事人凭着本能冲动、采取简单粗暴行为的倾向。研究还表明，当在场的他人人数增多，并在一定空间内达到视觉上的拥挤感时，会使人产生极大的压力感。这时，身处其中的人们会产生出汗量增加，呼吸变快，血压升高，心跳加速，肌肉收缩次数增多等一系列紧张反应。而这种心理紧张可能会进一步唤起人的兴奋感，降低人对自身的有效控制能力。在许多群体性纠纷中，人群的集中和围观群众的增多往往也是使当事人情绪激动、行为过激的原因之一。

（二）"罚不责众"心态下的从众行为

中国成语中有个成语叫做"罚不责众"，指某种行为本应受惩罚，但很多人都那样干，也就不好采取惩罚的办法去处理了。可以说，当人们混在群体中作恶时，这是普遍存在的一种心态。在这种心态下，群体情境中的人们更可能抛弃道德约束，以至于忘却了个人的身份，而做出一些破坏性的从众行为，比如在前面案例中的打砸门窗、损坏公物。因为在大多数人们的心目中，此刻做出恶行的不是"我"，而是一群人，"我"已经被淹没在了人群中，微不足道，我们的价值观、道德准则等都变得没有那么重要了，随波逐流是很容易的事；并且，不论做出了什么行为，既然大家都做了，作为个人便好像无需承担任何责任了。在近年来的许多群体性事件中——比如由反日游行演变成的针对日资商场和日产车的暴行，或者一些聚众哄抢的事件等，都有这种心态在其中起着推波助澜的作用。

① 案例来源：笔者 2013 年暑期对湖南湘潭基层调解的实地调研。

（三）人多胆壮——群体观点的极化

社会心理学的研究发现：在群体中，如果群体成员的观点相似，通过讨论之后，群体成员的观点会得到强化，更极端、更夸大。这大概就是我们常说的“人多胆壮”，用社会心理学的概念来说，叫“群体极化”。如果身边有更多的附和者，原本有些犹豫的、拿不定主义的当事人就更肯定自己的观点是正确的，自己的理由是充分的，自己坚持是理所应当的了。同时，群体的讨论也会让个体更容易做出冒风险的决定。人多胆大，群体决策往往会更加冒险。这个现象被学者们称作“风险转移”。在进行群体性纠纷的调解时，调解员们也常常会发现，相比于单个当事人来说，一群当事人更容易提出过高的要求和过激的观点。

（四）群体领袖的作用

社会心理学家指出，只要有一群人聚集在一起，都会本能地让自己处在一个头领的统治之下。① 当然，在通常的群体性纠纷当中，所谓的群体领袖，并非是指此群体中会存在一个至高无上的绝对权威或精神指引者。纵观现实中存在的各种群体性纠纷，更常见的情况是，群体领袖通常只是这个群体中相对更有煽动力、更具蛊惑性的小头目而已。不过，我们也不应该因此就完全否定群体领袖对其所在群体的重要影响力，因为多数情况下，群体领袖的个人意志很容易发展成为群体的统一意见，并最终在群体领袖的引导、鼓动下付诸为现实的行动。反之，群体领袖的缺席，往往会让群体成员间分歧不断、吵闹不休，从而导致整个群体的分崩离析。现实生活中，群体领袖的不在场，会使群体成员像一群无头的苍蝇，虽然提出了各种各样的不同主张和意见，但他们最终很可能一事无成，既形成不了任何集中性的意见，也采取不了任何实质性的统一行动。因此，从这个意义上看，群体领袖对群体的存续与发展、表达与行动等 ，无疑具有至关重要的作用。

就群体性纠纷而言，纠纷主体中那些见多识广、个性强烈、富有蛊惑性与煽动力的当事人往往会成为群体的灵魂人物，他的行动倾向在很大程度上将影响、决定着其他人的行动方向。通常情况下，这样的灵魂人物甚至会成为其所在群体的“头脑”，他的意见会取代其他人的意见，他的判断与决定直接成为了群体的

① ［法］古斯塔夫·勒庞著：《乌合之众——大众心理研究》，冯克利译，广西师范大学出版社 2007 年版，第 26 页。

判断与决定。另一方面，群体性纠纷中那些个性温和、优柔寡断的当事人往往会成为群体“灵魂人物”“核心人物”的追随者与附和者。从心理学的角度来看，后者虽然并不能决定群体行动的实质内容与重要方向，但他们的存在会给群体“头脑”以强大的心理支持力量。

二、群体性纠纷的化解技巧

（一）控制拥堵围观的情境

群体性纠纷往往涉及人数众多，常常形成人群的聚集，造成拥堵围观的场面。此时，调解员应做的第一件事情便是控制住闹哄哄的现场，将情绪激动的当事人带离围观拥堵的环境，以避免拥堵的围观人群加剧当事人的生理唤醒和情绪感受。因为在众多他人在场的情境下，即便他们与纠纷主体间并不存在竞争、对抗或协作之类的任何关系，也不实施奖励或惩罚等积极措施，而是仅仅作为一个消极被动的观众或共事者存在，也会对身处纠纷中的当事人构成某种实质性的心理影响。在群体性纠纷当中，涉及的纠纷主体本来人数就已不少，如果再加上若干的围观者，就很容易就会唤起当事人凭着本能冲动、采取简单粗暴行为的倾向，进而采取非理性的过激行为。因此，当一个群体性纠纷突然发生在医院、闹市区、临街大道等公共场合时，想办法尽快将纠纷当事人带离喧闹拥挤的场所，是成功化解一起群体性纠纷的关键性步骤。

（二）遏制负面从众

从众是人类社会典型的群体心理之一。在群体性纠纷当中，当有纠纷主体释放出强烈的对抗情绪，并表现出明显不合作不友好的态度时，随之而来，其他的纠纷主体往往也会呈现出程度不同的消极态度与负面情绪。反之，当一些纠纷主体率先表现出同意妥协的意思，愿意降低原来的条件从而促成纠纷的更快解决时，其他当事人的口气往往也会逐步开始缓和下来，使得纠纷化解出现一线可喜的曙光。因此，作为一名有经验的调解员，一旦发现群体性纠纷中的某个当事人表现出引人注目的对抗情绪时，一定不要掉以轻心，而是应该积极应对，尽快想办法隔离、阻断这种负面反应的继续漫延。另一方面，我们要敏锐观察，只要发现某些纠纷主体流露出一点愿意和解的意思，就要瞅准时机、趁势而为，尽早促成矛盾纠纷的成功化解。

（三）关注群体领袖

如果将一个群体类比为一个能独立思考、自主行动的有机统一整体的话，群体领袖在这个统一体中就承担着类似于“大脑”的功能，他们往往是成功化解群体性纠纷的关键所在。俗话说，射人先射马，擒贼先擒王。只有做通了群体领袖的工作，群体性纠纷的矛盾冲突才能够迎刃而解。要想做好群体领袖的调解工作，首先要能准确地辨认出谁才是这个群体真正的领袖。从心理特性与个性特征来看，群体性纠纷中的“领袖们”通常是一些意志坚定、行事果断、表达力行动力都较强的人。他们往往以群体代言人自居，敢于公开表达各种利益诉求，并与对方当事人以及调解员进行各种交涉。除了性格特质以外，群体性纠纷中的领导者一般还享有一定的社会声望并拥有较高的社会地位。在当代中国语境下，群体性纠纷中的“领袖人物”其社会特质一般表现为三个方面的条件：（1）受过良好的教育；（2）在某单位担任（或担任过）一官半职；（3）拥有一定的社会财富。通常情况下，群体领袖往往兼具这三个方面的条件，或至少满足了其中的两项要求。

不过，也不能排除少数情况下，群体性纠纷中的意见领袖因某些特殊原因不方便或不愿意直接出面，而是藏身幕后控制操纵整个纠纷的发展局势。调解这种类型矛盾纠纷的过程，往往会更加曲折。但是不管怎样，不找到群体中的意见领袖并与之进行有效的沟通，群体性纠纷不可能获得解决。

（四）防止冲突升级

群体是成员间经常频繁互动与密切交流的聚集体。在群体性纠纷当中，当众多当事人聚集在一起时，各自的不满情绪会因互相感染而不断发酵升温，往往容易突然出现整体情绪失控的局面。此外在纠纷诉求方面，当事人一方会不断地彼此攀比、互为声援，从而加剧对方当事人的不满与对抗性情绪，由此导致矛盾冲突出现从轻到重、从小到大、从具体到普遍、从很少到许多等不同程度的恶化。通常而言，如果不及时化解，一个群体性纠纷大致要经历六个不同的发展阶段：

第一个阶段是萌芽阶段，这是群体性纠纷正式发生前的积蓄阶段，好像一颗准备萌发的种子一样。

第二个阶段是矛盾冲突的初发阶段。在这个阶段，因为某件或某几件事作为导火索，矛盾双方开始正面对抗，发生言语上的直接冲突。一般而言，群体性纠纷在初发阶段还是比较容易解决的，因为双方积怨还不深，也没有多少现实的损害可言。

第三个阶段是矛盾冲突的全面激发阶段。处于初发阶段的群体性纠纷，如果不被进一步激化，通常是随着时间的不断推移而慢慢淡化，最后不了了之。然而到了全面激发阶段，情况就大不相同了。如果在初发阶段过后很短的时间内，矛盾双方又因为别的事再发生冲突与摩擦，这时双方的怨恨与不满情绪就会迅速上升，很可能就会产生攻击行为、肢体冲突，从而导致轻微流血事件的发生。不过，即便到了这个阶段，如果调解组织能够及时化解，这时候群体性纠纷应该仍然处于相对容易解决的阶段，并不会出现双方人员重大伤亡或财产出现重大损失的情况。

从萌芽阶段到初发阶段再到全面激发阶段，这三个阶段调解纠纷的成本相对较低，调解人员操作起来也比较容易处理。

第四个阶段就是全面激发阶段。到了这个阶段，纠纷双方的矛盾会越闹越大，双方的亲戚朋友可能也会被卷入或被要求加入到对抗中来，从而造成更大范围内的矛盾与冲突，导致更多的人员伤亡与更严重的财产损失，甚至会出现重度伤残或械斗死亡的情况。

如果在全面激发这个阶段，一起群体性纠纷仍没有解决好，当事人就可能会到村组、街道去反映情况。如果基层组织解决不了，他们就会进一步到乡镇党委、政府的有关部门去反映情况，并提出各种要求。这个时候，群体性纠纷就进入到了第五个阶段——反映情况阶段。

群体性纠纷的最后一个发展阶段，是上访缠讼闹访阶段。一起群体性纠纷如果在乡里没有解决好，在县里又没解决好，当事人的愤懑往往就会越积越深，冲突双方的怨恨情绪可能会进一步激化，最后变成对对方根深蒂固的仇恨心理。到了这个阶段，基层法院或调委会如果不能有效地化解这种仇恨心理，矛盾双方往往会进一步采取非理性的报复行为，依靠蛮力不断地去闹事，从而制造更多的事端，造成更大的财产损失与人员伤亡。另一方面，冲突双方还会开始到县市、省里找相关领导要求解决，甚至会进京上访。到了这个阶段，群体性纠纷的双方都花了大量的精力、财力，都遭受了很大的损失。而且，在纠缠的过程中，双方通常都出现了一定的过错，因此矛盾就不容易解决了。

需要说明的是，上述所谓的六阶段论，只是对群体性纠纷发展过程一种理论上的划分与总结，并不是说所有现实的群体性纠纷都必然会经历这样几个阶段。实际上，大部分的群体性纠纷可能在第一至第三阶段就已自行解决或被成功化解。另一些群体性纠纷，可能一发生就直接进入到了第三、第四甚至第五阶段。

而少数发展到第四、第五阶段的群体性纠纷可能最终也并非都会出现上访缠讼或闹访的局面。但是作为一种过程分析工具，群体性纠纷发展的六阶段论仍是相对贴切的。总的来说，处于第一到第三阶段的群体性纠纷是最好解决的。到了第四个阶段，矛盾纠纷也还算能够控制。但发展到第五、第六阶段，解决纠纷的成本与难度都会大大增强。因此，从降低调解难度、节省调解资源的角度来看，一名优秀的调解员应该通过排除无关他人的干扰、锁定群体领袖等各种办法，尽可能地将手头的群体性纠纷保持在可控的范围内，从而有效地避免群体性纠纷的不断恶化与冲突升级。

第四节　社会心理学与医患纠纷调解

医患纠纷是指医疗机构及其医务人员与患者之间因医疗、护理等执业行为发生的争议。[①] 近年来，医患纠纷成为中国社会关注的热点和难点问题，其表现形式呈现出暴力性色彩，给社会带来不稳定的因素。有数据统计，我国医患纠纷普遍呈现暴力化、激烈化的现状。[②] 在新闻个案中常常出现医患暴力的身影，例如2011年北京同仁医院王宝洺伤医案，2012年上海新华医院患者连环伤医案，2015年昆明医科大学第一附属医院伤医案，等等。我国目前医患纠纷的形成与社会转型密不可分，与医疗卫生体制改革的错位更是息息相关。医患关系的恶化是医患纠纷增加的首要原因，甚至导致严重的暴力后果，影响医疗秩序，进而破坏医方对病人救治的信心和积极性，妨碍医患双方的正常交流，甚至延误救治时机。同时，医患纠纷导致的暴力事件还会进一步加深整个社会的信任危机，破坏社会和谐。[③] 在本节中，我们将更多地从社会心理学的视角来解读医患纠纷产生的原因，以及对医患纠纷调解提出建议。

一、医患纠纷的社会心理成因

医患纠纷的形成与社会结构性矛盾密切相关。一个社会的变迁总是伴随着一

① 参见《上海市医患纠纷预防与调解办法》第二条，2014年1月11日上海市人民政府令第12号公布。

② 徐昕、卢荣荣：《暴力与不信任：转型中国的医疗暴力研究》，《法制与社会发展》，2008年第1期。

③ 徐昕、卢荣荣：《暴力与不信任：转型中国的医疗暴力研究》，《法制与社会发展》，2008年第1期。

系列的结构性调整和创新，这个过程也总是会不可避免地带来一系列的矛盾和冲突。但是社会结构性的矛盾不是本节讨论的重点，下面更多地侧重于从社会心态、医患关系、医患沟通和舆论影响四个社会心理层面探讨医患纠纷的成因。

（一）功利主义盛行与社会信任危机——社会心态的温床

马克思·韦伯最早对伴随着现代化而来的理性化困境提出了自己的担忧，他认为工具理性的盛行和现代化结伴而来，既带来了科技的进步、物质的丰富，同时也带来了价值理性的式微和精神道德的沦丧，人们变得越来越功利，越来越追求个人的物质利益。随着中国社会的转型，中国社会也同样陷入了类似的困境。如学者阎云翔所担忧的那样："摆脱了传统伦理的个人往往表现出一种极端功利化的自我中心取向，在一味伸张个人权利的同时拒绝履行自己的义务，在依靠他人支持的情况下满足自己的物质欲望。"①

实用主义的精神发挥到了极致，失去了对他人的顾及和自我节制之后，变成了彻头彻尾的自我中心的工具理性。如果医患双方都在功利主义与自我中心的支配下去相处、进行诊疗，医生自然不会去考虑医德、伦理和病人的利益，正如马克思. 韦伯形容的那样"专家没有灵魂"。而病人也不会尊重医生，甚至不会尊重证据，一旦治疗结果不满意，便以"维权"之名不择手段，甚至不惜践踏法律、侵犯别人的权益。

与此相伴随的，是社会信任危机的出现。生活在当今中国的很多人都已经感受到了当下的信任危机，这种信任危机弥散在整个社会的各个方面，不仅存在于不同人群、阶层和行业之间，也不同程度地存在于每个社会细胞内部。② 在医患关系中，医患之间相互信任的程度会对医患关系产生直接、关键的影响；而且一旦出现争议，患者对医院和医生的信任、对医疗事故鉴定委员会成员的信任、对法院或调处者的信任，如果其中任何一个环节中出现信任的缺乏，都会导致患者对结果不满，从而产生过激行为。学者徐昕就曾指出引发医疗暴力的关键因素在于信任的缺失，即医患双方互不信任，尤其是患方对医方极度不信任以及患方对现有医疗纠纷解决机制的不信任。③

---

① 阎云翔著：《私人生活的变革：一个中国村庄里的爱情、家庭与亲密关系（1949－1999）》（序言），龚小夏译，上海书店出版社2009年版。

② 郑永年、黄彦杰：《中国的社会信任危机》，《文化纵横》，2011年第2期。

③ 徐昕、卢荣荣：《暴力与不信任：转型中国的医疗暴力研究》，《法制与社会发展》，2008年第1期。

（二）医、患的角色与期望——挫折与失望

医患纠纷的直接导火索往往是人们对医疗结果的失望，但医疗是一种高风险的行为，某些疾病也具有不可逆的特点，不可能每位病人去了医院，都会健康出院，即使是看上去常见的病情。一旦治疗结果不理想，不管因果关系能否证明，部分患者就认定医院有过错，该为后果负责。这样的结果仅仅是因为现在的患者们变得蛮不讲理了吗？实际上患者的失望不仅仅是针对于医疗结果，还有很大一部分是源自对于医生非技术方面的失望和高医疗成本与不理想的医疗结果的不对等所造成的强烈挫折感。

在很多情况下我们讨论医患关系，其实都不自觉地集中在医患关系的非技术方面：关于求医过程中医生与病人的社会、心理方面的关系，也就是通常所说的服务态度、医德、医风等。事实上，绝大多数病人都不是医学专家，对技术本身的评价是超出他们的能力范围的。他们的满意体现在医生是否有耐心、是否认真，是否抱有深切的同情心，是否尽最大努力地做好诊治工作。简而言之，就是服务态度好不好，医德高不高。因此，我们可以看到，患者乃至社会对医生的期望，不仅要求医生受过良好的训练，有很好的医术，还要求医生富有同情心，能够亲切而热情地对待病人，为病人保守秘密，把病人的利益放在首位，具有救死扶伤的献身精神。一旦医生的言行不符合患者的这些预期，比如不够耐心、态度不好、冷漠，等等，在实质性的技术实施之前，患者便已经对医生失望和产生不信任了。并且这种不信任和失望会因为诊疗过程中的小事而强化，一旦出现了任何不好的结果与损害，首先就会怀疑是由于医生的过错而造成的，于是导致医患矛盾的恶化。

另一方面，市场化医改之后，因各种医疗服务价格上升，加上相应的医疗费用保障制度只能解决部分医疗费用，封顶线上的自负部分和种种自费项目则需要患者自掏腰包，一旦遇上所谓的“大病”，很多家庭就面临着因病致贫的境地。昂贵的医疗成本，使患者及家属往往也会对治疗效果抱有较高的期望值，一旦治疗效果不好，就会产生很强的挫折感。想象一下，当那些倾家荡产来治病的患者及其家属，一旦治疗失败，身受着病痛或者失去亲人痛苦的同时，还承担着巨大的经济压力，这会给他们的精神带来巨大的打击；一旦还发现医院在管理或者任何其他方面存在瑕疵，他们会极度愤怒，并且将这些愤怒直接指向医院和医生。而站在医生的立场来看，他们对病人的角色也有自己的期待，他们希望从病人那里得到尊重和理解。因为工作压力巨大，不少医生希望自己的精力能够集中于技

术性层面的治疗，希望病人明理一些，在非技术性层面的要求低一些，好沟通一些，不要过分地苛求他们。实际上，正常情况下病人来医院求医，通常都是尊重医生的，因此，医生是医患关系的主动控制者。但是也有些特殊情况，病人不理解医生的劳动强度，过度要求医生的体贴，做出干扰医疗过程的行为，以至于无理取闹等。

（三）信息不对称与沟通不畅

医疗是一个高度专业化的行业，对于医疗决策与医疗行为是否符合规范、医疗过程是否存在过失、医生是否最大程度地考虑到了病人的福利之类的问题，患者在大多情况下并不能做出准确的判断。一旦发生永久性的致伤致残或者失去亲人，即使医疗行为在专业上并无不当之处或医疗机构已经做出了合理的解释，也难以获得当事人的理解与认同。因此，患者对医疗过程中的法律过错很容易发生误判，这会使得法律应有的预期功能大打折扣。由于信息与知识不对称，患者只能根据信息成本较低的一些不相关素，例如道德直觉、医疗结果的好坏，来判断医疗中是否存在过错，这就可能导致不必要的医患纠纷。[①]

因此，医患之间的沟通就显得格外重要。一般说来，医患之间的沟通包括以下内容：第一，工具性行为，如提供医疗方面的专业信息咨询、风险告知等；第二，社会情感性行为，如表示同情、关注、称赞，认真倾听，发表个人评论，自我介绍，积极鼓励，热心帮助，等等；第三，咨询的情感品质，如说话口气是否友好、亲切、耐心、诚实，是否微笑服务，是否表现出兴趣。特别是后两项沟通内容，这些沟通行为所传达的认真、负责、关心、同情、亲和等情感道德信息，成为患者及其家属判断医疗行为合理性的重要标准。[②] 医生认真而又详细的专业询问与风险告知，将晦涩的专业技术和科学用语转换成通俗的语言，帮助患者理解自身的情况和各种治疗方案可能存在的风险，会被病人当成一种负责任的职业道德态度。这种职业道德态度，能够使医疗风险以一种易于接受的方式被患者所认可。因此，沟通是否充分和顺畅，是影响医患关系的关键因素。以江苏某医院为例，2005 年因医患沟通不当导致的医疗纠纷构成比为 72.22%。[③] 2012 年对内蒙古的调查显示患者对医患沟通很满意和满意的比例只有 14.06%，医生的则为

① 伍德志：《论医患纠纷中的法律和信任》，《法学家》，2013 年第 5 期。
② 伍德志：《论医患纠纷中的法律和信任》，《法学家》，2013 年第 5 期。
③ 宋发彬：《基于医患关系的医务人员法律地位研究》，华中科技大学博士论文，2011 年。

60%。[①] 从医生是否主动征询患者诊疗意见的评价来看，很主动和比较主动的医方比率是12.5%和41.4%，而患方为20.6%和22.1%。[②]

(四) 舆论的推波助澜

目前，由于医疗行业本身存在很多问题，受到社会的诟病较多。无论是在媒体的新闻叙事当中，还是在老百姓茶余饭后的闲聊中，医患纠纷中的患方总是以弱势的形象出现，而问题一定总是出在医生和医院的身上。殊不知在有些情况下，医院与医生也有着他们的无奈。医务人员一方面要承受巨大的工作压力，同时还要在出现医疗争议时面对社会舆论一边倒的指责。随着新媒体的普及和运用，尤其是互联网、微信的运用，舆论传播速度很快，使大众普遍形成了对医院和医生先入为主的偏见。持有偏见的人们，生病之后不得已来医院治疗，但是一定也是充满戒备之心，甚至是疑心重重的，总担心医生不负责任，或者唯利是图，一旦有了任何的不顺利，也很容易指责医生。舆论的负面影响为医患纠纷的产生起到了推波助澜的作用。

二、医患纠纷调解的关键

(一) 患方情感安抚

发生医患纠纷后，患方当事人容易情绪激动和愤怒，常表现为言辞过激，不易沟通，举动异常，无法自控，并常带有攻击性。比如患方不接受医患沟通；责问、谩骂甚至殴打医务人员，有时调解者也有可能成为他们发泄愤怒、委屈的对象；甚至会做出一些无理取闹的行为，说出一些威胁性的语言。作为调解员，去处理医患纠纷之前，就得做好应对各种激烈、负面情绪的准备。在医患纠纷中，最常见的负面情绪是愤怒和无助感。

愤怒可以说是和冲突关系最为密切的情感，也是调解员最常需要帮助当事人应对的情感。“愤怒是和感觉到的不公平、不公正联系在一起的。”[③] 当我们相信

---

① 刘国祥：《医疗过失民事责任》，西南政法大学博士论文，2005年。

② 邹旋：《医疗改革过程中非营利性医院医患关系研究》，复旦大学硕士论文，2008年。

③ Young-Eisendrath, P. *You're not what I expected: Love after the romance has ended*. New York: Morrow Press. 1993.

自己成为不公正的受害者时，我们通常的反应是愤怒。① 愤怒如同兴奋剂一样，愤怒的人们会感受到很强的生理唤醒，比如血压、心跳加速、呼吸急促等。与此同时愤怒的人们通常会感到被赋予了力量，想要给对手以狠狠的反击。那么调解员应当如何去应对当事人的愤怒情绪呢？面对当事人激烈的愤怒情绪，调解员可以先不急于与其讨论解决问题的方案，而应将情绪问题的处理放在首位。

首先，可以给愤怒的当事人创造机会释放情感。一个怒气冲冲的当事人，就如同一只内部充满了压力的高压锅，如果不为其创造任何相对温和的释放机会，那么便会以爆炸的方式结局。所以对待当事人的愤怒，调解员应当在有一定约束的前提下给予其释放内心真实态度和感受的机会。比如在单方会谈中，调解员首先要做的是先让当事人宣泄情绪，再进行安抚和讨论。情绪和情感的释放对于情绪激动的当事人来讲是重要的，在心理咨询和治疗中都非常强调倾诉和倾听的作用，所谓“一吐为快”，将心里积累的痛苦、挫折感、恐惧和愤怒等不良情绪宣泄出来，会帮助当事人恢复平静和理性；另外在条件合适的情况下安排双方会谈，也为患方提供机会，与医院和医生面对面地表达自己的痛苦和委屈。当然，这必须在局面可以掌控的前提下进行。

其次，当愤怒的当事人在释放和宣泄情绪时，调解员要做的是努力地倾听当事人的心声，尽可能地去理解当事人的情感，并真诚地向当事人表达自己的同情与理解。好的倾听无疑会帮助调解员获得很多的有效信息，同时，如果调解员能够带着尊重和“同理心”去倾听当事人的感受，并且真诚地做出回应，会给当事人带来莫大的心理安慰，既能安抚当事人的情绪，也能加强当事人对调解员的信任感。

无助感同样也是在医患纠纷中常见的一种负面情绪，尤其出现在那些所属社会阶层较低，文化程度不高的患者及家属身上。弱势的一方往往会感受到无力、挫败和失望。表面上，无助感更容易产生退缩的行为，没有愤怒感那样具有攻击性。但是在某些情况下，无助感会比愤怒更加危险。当调解员想要帮助医患纠纷的双方去协商解决方案时，自我感觉弱势和极度无助的当事人往往会更加地不理性，因为他们怀疑自己能不能受到平等地对待，也缺乏和对方以及调解员理性沟通的信心和能力。因此他们只能以自己能够做的，并且自认为会给对方带来压力的方式来争取自己的权益。比如，不信法而信访，或者拒绝配合鉴定和调解，一

① Mikula, G., K. R. Scherer, and U. Athenstaedt. “The role of injustice in the elicitation of differential emotional reactions”. *Personality and Social Psychology Bulletin*. 1998(7). pp. 769 – 783.

味地哭闹、静坐。更危险的是，充满无助感的当事人，会很容易受到一些别有用心者的控制和利用，比如“医闹”往往便是选择这样的当事人下手。因此，越是弱势的当事人，调解员越应给予其加倍的关心和耐心，不仅仅需要优秀的调解技巧和专业知识，更需要悲天悯人的情怀。只有真诚地去倾听、去了解、去同情他们，给予他们实在的帮助和力量，才能改善他们的无力感和绝望，让他们知道他们的倾诉是有用的，调解员是愿意也能够帮助他们的；同时也鼓励他们意识到，通过大家的努力，是可以积极地解决问题的。

特别需要指出的是，对于患方的情感安抚不仅仅只是调解顺利进行的基础，在很多情况下也是调解的一项最主要的任务和目标。徐昕对100例医疗暴力个案类型进行了分析，发现其中情感宣泄型占69%，索赔策略型占18%。[①] 有一个针对原告诉讼目标的研究也提出，作为原告的患方除了金钱之外，还有其他情感要求，例如，希望医方承认错误等。[②]

（二）构建信任

信任的缺失是医患纠纷产生的一个重要原因。调解员面对的是相互间已经缺乏信任感的双方，也许帮助双方恢复信任是一件很难的事情，对于调解员来说，这一要求也显得过高。但是调解员仍然需要将信任的构建和恢复视为自己的一项基本任务，即便无法帮助纠纷双方恢复良好的信任关系，但是至少要构建起调解员和当事人之间的信任，以及双方对于调解的过程的信任。如何构建这种信任，在本书前面的一些章节中已有涉及。需要特别指出的是，在医患纠纷调解中，又存在内部和外部调解两种形式。外部调解是区别于医院内部调解的，是第三方调解。在外部调解中，调解员从一开始介入就需要特别强调自己的第三方角色，并且向当事人承诺自己会遵守中立、公正的原则。而在内部调解中，调解者往往是医院的医务部，因为与医方具有关联性，调解者更加应该注重中立的原则，并且在与患方的交流中，也尽量地将自己的中立性以各种方式表达出来，获得患方的信任。

首先，尽量淡化作为医务人员的符号形象，避免患者对其公正性的质疑。在着装上，尽量不穿代表医院的制服；医务部办公室可远离诊疗区；调解标语和座

① 徐昕、卢荣荣：《暴力与不信任：转型中国的医疗暴力研究》，《法制与社会发展》，2008 年第 1 期。

② Tamara Relis. It's not about the money：A theory On Misconceptions of Plaintiffs´Litigation Aims. *Social Science Electronic Publishing*，2006(3)：701 – 746

位安排等方面也要尽量显示公正性。同时，也要尽量运用口头语言表达中立立场，在患者面前不与医生热络，并在口头交流中向患方澄清调解结果与调解者之间无任何利害关系。另外，尽量保证调解程序的客观和中立，包括：为当事人提供满意的调解时间和场所；在当事方之间客观、准确地、建设性地传递信息；促进当事方认真地对待对方诉求，等等。这些都可以为构建信任创造条件。

（三）加强沟通

沟通不畅是争议产生的重要原因，调解的过程便是要为医患双方打开沟通的渠道。一方面，调解者自身要成为医患双方之间的沟通桥梁，将医方的证据和解释用患方比较好接受和理解的方式传递给他们，同时也要将患方的不满、质疑、遭遇、困难和诉求以能打动人的方式传递给医方。因此在处理医患纠纷时，调解者需要在沟通方面付出非常多的努力和耐心，因为在医患纠纷的调处中，由于专业知识的晦涩、高深、患方较多的情感成分以及医疗中的许多不确定因素，要做到顺畅沟通，使双方相互理解会比其他类型的纠纷困难很多，不仅仅需要调解者有良好的沟通能力、很强的敬业精神、良好的耐心和意志力，最好还具备一些相应的专业知识储备。在专业知识储备有限的情况下，很多有经验的医患纠纷调解员很擅长引入专家咨询的方式来帮助调解。

另一方面，在调解过程中，被指控有过失的医生参加调解也非常重要。如果涉事医生不参加调解听取患者的感受，患者会认为医生对他们的需求漠不关心。同时医生参加这个过程也是为了真正地聆听针对他的诉求，并对这些指控做出判断。

（四）警惕升级

处理医患纠纷，往往会给调解员带来很大的压力。因为中国的医患纠纷呈现出暴力性的特点，常常一触即发，稍微不注意就有可能演化成为医闹和群体性事件。因此，调处医患纠纷，必须时刻保持警惕，防止冲突升级和当事双方产生暴力冲突。

首先，对于医患纠纷的介入必须快。因为只有快，才能将纠纷控制在起始阶段，防止其恶化，也会减少医患双方的相互伤害和影响。其次，调解医患纠纷，调解员要有足够的魄力，能够对局面进行有效的掌控。尤其是对于那些想要采取极端方式给对方施压的当事人，要以严肃的态度告知他们利害关系，杜绝违法违规的行为产生。最后，还要特别警惕“医闹”对当事人的操控。笔者在湖南郴州、湘潭等地调研时发现，当地的医患纠纷调处中心都有一些杜绝“医闹”的具体做法，比如在调解开始之前进行清场，也就是请无关人员统统离开；有些地方还采用了签到表制度，就是在每次面谈，尤其是双方会谈之前，请双方到场人员登记姓名、身份证号、与当事人的关系，等等。这些做法都能有效地避免“医闹”对患方的操控，防止冲突升级。

第七章　调解的未来：机遇与挑战

第一节　全球调解发展趋势概况

一、全球化语境

随着交通、通讯、信息传播等现代科技的发展，人类的活动范围空前扩展，“全球化”一词随之开始广为流传。按照马塞厄斯·柯尼希－阿奇布吉的理解，“全球化”是一个模棱两可的词汇，其具体含义因使用者、使用情境的不同而不同。其中，经济全球化的支持者认为，所谓全球化，简单来说就是加入到世界市场中去，从而促进商品交易与世界经济的繁荣。然而，发展中国家与发达国家的部分人却忧心忡忡：全球化正在侵蚀民主管理，而且会加剧不平等和非正义。① 另外，不少人期待，全球化将促进多元文化的融合与世界规则的统一；但也有学者却冷峻地指出，全球化将导致文明的冲突与世界秩序的暴力重建。②

“‘全球化’是世界不可逃脱的命运，是无法逆转的过程。”③ 然而，全球化的前途却扑朔迷离：一方面，它意味着普适主义的同一性和文明交流对话的融合性；另一方面，它也涵盖了多元文化的差异性和不同文明碰撞的冲突性。

两种相互悖离的面向——统一与分化、融合与冲突，同时并存于全球化浪潮之中，它构成了现代调解制度发展的宏观背景与重要语境。也就是说，现代调解

---

① ［英］马塞厄斯·柯尼希－阿奇布吉：《前言：全球化和对管理的挑战》，载［英］戴维·赫尔德等著，《驯服全球化》，童新耕译，上海译文出版社 2005 年版，前言第 2－3 页。

② ［美］塞缪尔·亨廷顿著：《文明的冲突与世界秩序的重建》，周琪、刘绯、张立平、王圆译，新华出版社 1998 年版。

③ ［英］齐格蒙特·鲍曼著：《全球化：人类的后果》，郭国良、徐建华译，商务印书馆 2001 年版，第 1 页。

制度的发展已被裹挟进全球化发展浪潮之中，并且同时呈现出世界一体化、趋同化与地方特色化、差异化两种不同的发展趋势。

二、调解全球一体化发展趋势

在全球化浪潮兴起之前，世界各国、各地区的调解制度在相对封闭的环境下独自发展。随着世界经济一体化发展与全球化时代的来临，调解制度的全球一体化发展趋势日益明显。

调解制度的全球化进程肇端于20世纪70年代美国ADR制度的迅速发展。准确地说，1976年，“基于对司法管理的普遍不满”，全国司法行政大会——即著名的“庞德会议”①，在美国明尼苏达州召开。为了解决司法行政程序成本高昂、效率低下的问题，会上提出了“关于接近正义的危机”这一重大议题，并且首次正式阐释了今天已广为人知的“多扇门法院”概念——这里的“多扇门”概念，正是要求法院应该为当事人提供多元的纠纷解决方式。② 此外，参加“庞德会议”的法官、政府工作人员、从业律师和法律学者主要探讨了两个方面的问题：一是更快更低廉的司法行政程序问题；二是非诉讼纠纷解决机制的发展问题。③“庞德会议”的召开，是美国现代调解正式崛起的标志性事件，它表明美国社会对运用以调解为主的ADR方式缓解“接近正义的危机”的自觉意识与积极态度。

与美国的“庞德会议”遥相呼应，20世纪70年代，由福特基金、意大利国家委员会（CNR）和欧洲大学协会共同资助的佛罗伦萨项目将来自全球的学者聚集在一起，共同讨论了发生在美国和遍及其他西方国家的接近正义运动。会议具体探讨了如何运用以调解为主导的ADR程序来弥补传统诉讼程序在当事人接近正义方面的不足，继而思考不同法律文化间，尤其是从普通法国家向大陆法国

① 1906年，美国著名法哲学家、社会法学家罗斯科·庞德先生对美国法律制度发起了强有力的控诉，他指出喜欢争论的对抗程序已经将诉讼变成一场游戏。七十年后，全国司法行政会议召开，继续探讨由庞德先生曾经提出的问题，进一步讨论了引发社会对诉讼普遍不满的原因问题。因为此次会议的主题由庞德先生率先提出，所以这次会议俗称“庞德会议”。（See Geetha Ravindr, *Reflections on Institutionalizing Mediation*, Dispute Resolution Magazine, Vol. 14, Spring 2008, P. 28.）

② ［澳］娜嘉·亚历山大主编：《全球调解趋势（第二版）》，王福华等译，中国法制出版社2011年版，第4页。

③ See Geetha Ravindr, *Reflections on Institutionalizing Mediation*, Dispute Resolution Magazine, Vol. 14, Spring 2008, P. 28.

家扩张的经验借鉴与制度移植问题，从而将调解制度跨文化、跨地区的经验传播提到了自觉严谨的学术研究层面。①

美国的“庞德会议”，是以法官、诉讼律师、法院行政管理人员为主体，探讨诉讼外纠纷解决机制发展问题的一次会议，它开启了美国以法律人为主角，以法院对内自我修正、对外积极鼓励为基本背景，以尊重当事人自主选择为基本精神，以诉讼外调解为主要类型的现代调解发展模式。而欧洲的佛罗伦萨项目则以法律学者为主体，正式开启了欧洲乃至世界范围内现代调解的崛起之路。总之，现代调解的全球崛起，大致依循以下路径：以法律职业人与理论研究者为主要倡导者，由政府与法院提供资金资助与政策扶持，以尊重纠纷当事人的意思自治为基本精神，以利益基础型调解为主要类型。

进入 21 世纪，一些国家开始制定全国统一的调解立法，其中最为著名的是 2001 年美国的《统一调解法案》。与此同时，地区间的统一立法开始出台，欧盟司法理事会议 2002 年制定了有关统一调解的《绿皮书》，2004 年又出台了《欧洲调解员行为法》。今天，跨国、跨地区的调解培训、调解经验交流日益普遍，网络调解正在冉冉升起，世界各国调解在立法、司法实践上的统一化趋势已经非常明显。而且，在这个趋势下，很多国家的调解实现了从传统模式向现代调解的转变。在美国、加拿大、英格兰、威尔士以及澳大利亚等国，很多法院都设立了以调解为重头戏的 ADR 制度。因此，整体来看，随着欧盟一体化进程的推进，世界全球化格局的形成，世界各国对待调解的接受程度虽然仍然存在差异，但调解全球一体化发展的趋势日益明显。

三、调解地域差异化发展趋势

当然，调解的“全球一体化”发展只是问题的一个面向。另一方面，尽管调解已在世界范围内获得广泛运用，但是由于每个国家的政治结构、文化传统、法律制度与社会经济发展水平各不相同，他们对待冲突、处理冲突的态度也存在着显著的差别。总之，调解深嵌于国家结构与国民生活之中。不同国家的调解表现出不同的价值理念、文化取向与制度特色。而且，从目前的态势来看，没有迹象表明，这种差别化趋势会随着全球化浪潮的发展而自然消失。

---

① ［澳］娜嘉·亚历山大主编：《全球调解趋势（第二版）》，王福华等译，中国法制出版社 2011 年版，第 5 页。

首先，在西方法治国家中，虽然多数国家的现代调解受到了职业法律人的拥护与支持，但在以美国为代表的少数国家，情形却并非完全如此。例如，作为一个典型的判例法国家，美国的多数法律均散见于浩如烟海的先例之中。而且，美国各州的法律又各不相同。因此，如果不求助于专业的法律顾问与执业律师，一个普通人几乎不可能应对各种法律事务。这种现实导致美国社会对律师的依赖度非常之高。因此，一般认为，法律的神秘主义与法律人高度自治的职业主义，导致美国律师收费相当高昂。与之相比，调解的收费非常便宜。所以，在司法实践中，很多律师并不愿意自己的委托人选择调解，因为这将导致他们个人收入的大幅下降。而执业律师对于自身收入的担忧，使得他们一般不会主动地向其委托人介绍有关调解的信息与知识。有学者认为，缺少对调解程序的必要了解，是阻碍当前美国现代调解获得广泛接受的一个重要原因。① 然而，当执业律师在司法实践中存在抵制调解的经济利益考量时，他们将成为阻碍美国调解进入实质性推广阶段的强大障碍物。总之，因为收费不菲、职业化程度高、对法律知识的排他性占有等原因，作为本国诉讼制度最大的既得利益阶层，美国执业律师团体对现代调解的排斥比其他西方国家更为强烈。

此外，作为现代调解运动的另一个推动力量，法院的作用在各个国家的实践中也不尽相同。在普通法国家，虽然法院鼓励并通过法院附设调解机制，积极引导纠纷当事人通过对话与协商来化解矛盾——现代调解崛起的一个直接原因，在于法院对自身对抗性程序的自觉反省，但是法院并不希望直接介入调解程序之中。正如 Kenneth R. Feinberg 指出的那样，大多数的法官都欢迎调解——因为这将大大减轻他们的工作压力，但他们对此的一致表达是："我们都支持它，但别要求我们在调解过程中具体承担什么角色。"② 实际上，不直接介入调解，既是法官对待调解实践的现实态度，也是现代调解的一个基本观念。在大多数大陆法国家，"法官不直接介入调解"的观念也被广泛接受，这些国家的调解基本上都是在法院外进行，但它们的做法又各有特色。例如，法国新民事诉讼法允许法官主持下的自愿调解，但是实践中往往是法院的管理人员而不是法官来直接参加调解。个别情况下，即便法官直接担任纠纷的调解员，但如果双方当事人未能达成和解协议的话，主持调解的法官原则上不能继续担任该案的主审法官。因此，法

① See Stephen B. Goldberg, Eric D. Green and Frank E. A. Sander, *ADR problems and prospects: looking to the future*, 69 Judicature 291 1985 - 1986.

② See Kenneth R. Feinberg, *Reexamining the Arguments in Owen M. Fiss Against Settlement*, 78 Fordham L. Rev. 1171 2009 - 2010.

国法院调解虽然将调解从法院系统外部“请进”法院系统内部，但它并未对“法官不直接介入调解”这一理念构成根本性的挑战。相比之下，德国的情形大不相同。德国法律明确要求法官在案件听审前要试行调解——这一要求在德国有着悠久的历史传统，并且调解一旦失败，主持调解的法官还要继续主持该案的审理工作。由同一法官听审其主持的调解失败的案件，这一做法使得德国法院调解已经超出了现代调解运动中一般意义上的法院附设调解的范畴。同时，它与“法官不直接介入调解”这一现代调解理念明显冲突。① 由此可见，德国的法院调解不仅与普通法国家存在显著的差别，即便与同为大陆法系国家的法国相比，也是非常不同的。

最后，值得注意的是，在一些很晚才经历现代化转型的后发民主国家，因为文化传统、政治形态、诉讼制度等不同，调解的现代崛起呈现出一些不同的样态。以南非为例，调解的现代实践也与一系列的国家机关密切相关，尤其是南非的治安法院和高级法院。但是与西方现代调解模式形成鲜明对比的是，南非的现代调解尝试直接融入对抗性诉讼体系中。1991 年，南非通过了《特定民事案件流程与调解法》，它将调解引入到一般的治安法院中，并且建立了一个称之为“短流程法院”（Short Process Court）的新法院体制，这些法院有权进行调解。但是南非“短流程法院”的调解带有明显的强制性与行政管理色彩，它不允许当事人自己选择调解员，也没有就进入法院调解程序的调解员应该具备的资格与条件进行必要的限制。此外，《特定民事案件短流程与调解法》将调解过程描述为“访谈与调查”，这一用语本身已经清楚地表明，接受委托的调解员可能要对当事人进行必要的询问与调查，必要时甚至还会发布一些命令。② 这种行政管理色彩浓重的干涉主义调解，与西方法治国家通行的以尊重当事人意思自治为根本宗旨的利益基础型调解之间存在不小的差别。

综上所述，一方面，全球调解的现代崛起依循大致相同的发展轨迹，呈现出基本趋同的价值追求与目标设定，形成了清晰可辨的全球一体化的发展趋势；另一方面，因各国文化传统、政治结构、诉讼制度的差异，使得现代调解的国家实践各不相同、各具特色，表现出明显的地域差异性。

---

① ［澳］娜嘉·亚历山大主编：《全球调解趋势（第二版）》，王福华等译，中国法制出版社 2011 年版，第 231－233 页。

② ［澳］娜嘉·亚历山大主编：《全球调解趋势（第二版）》，王福华等译，中国法制出版社 2011 年版，第 308－315 页。

第二节 现代调解发展的契机与挑战

一、现代调解勃兴的直接动因

总体而言，传统诉讼程序在当事人接近正义时的程序缺陷与现实不足——如审判效率低下、法院资源紧张、诉讼费用高昂、审理程序反复机械、诉讼对当事人关系的伤害等，为现代调解制度在世界范围内迅速兴起提供了直接的动力与契机。

（一）富有效率地解决纠纷

从理念上看，近代以来，法院诉讼一直被西方法治社会视为权利救济、维护正义的正统途径与最后保障。然而，司法实践中，20 世纪下半叶以来，法院诉讼效率的普遍低下，成为当事人接近正义的现实障碍。在这种背景下，希望通过某种替代性方式，高效便捷地化解各类社会矛盾，成为现代调解迅速发展的直接动力——一般认为，通过调解化解纠纷，将带来法院积案、法官工作量的减少，当事人、国家司法成本的下降，纠纷参与人时间、精力、金钱投入的全面节约等。总之，缓解法院诉讼压力，意图高效便捷地化解纠纷，成为西方法院调解与法院附设调解制度迅猛发展的直接推动力。

纵观世界各国的发展现状，从主流趋势来看，对法院调解、尤其是法院附设调解的必要性，大多数国家已经形成基本共识。但从各国具体情形来看，各国对法院调解中调解员的选任程序、调解与审判的结合方式、法官是否可以强制调解、调解员能否作为证人出庭等问题，仍然存在争议。

（二）修复恶化的社会关系

一般认为，诉讼虽然能提供权利的救济，但同时必然伴随关系的恶化。在中国传统文化中，调解通常被视为化解矛盾冲突，实现人际和谐的首要方式。① 在

---

① 见《周礼》，商务印书馆 1936 年版，第 89 页。萧公权：《调争解纷——帝制时代中国社会的和解》，刘梦溪主编：《中国现代学术经典·萧公权卷》，河北教育出版社 1999 年版，第 846 – 900 页。任剑涛著：《伦理政治研究：从早期儒学社角的理论透视》，吉林出版集团有限责任公司 2007 年版，第 165 页等。

西方古代文明中，调解被认为承担着同样的使命。在西方调解的现代化发展进程中，调解的关系转化功能得以发扬光大，并且基于这样一种现实需求——某些必须或需要长期交往，或被严重恶化的人际关系亟待修复与改善，调解最终获得了有意识的专业化发展。人们认为，调解能为当事人提供机会来改变彼此相处的方式，并能增进双方的彼此交流与理解，从而转变、修复当事人之间已经出现裂痕或已被严重伤害的人际关系。时至今日，对于良好关系的重视与追求，使得很多国家的社区纠纷、家庭纠纷、“受害人—加害人”矛盾及部分存在长期合作关系（或可能性）的商业纠纷都开始（或鼓励）适用调解来解决。

值得一提的是，要想修复、改良已经恶化的当事人关系，调解员需要具备心理学、伦理学、人际交往与冲突化解等多方面的专业知识，但因纠纷类型与具体情势的不同，调解过程需要具体运用的知识与技巧却不尽相同。如社区调解注重培养对共同体价值的认同与对社群身份的认同；商业调解侧重考虑引导双方着眼未来，在利益共赢的基础上寻求继续合作；家庭纠纷则通过重新唤醒伦理亲情，来淡化纠纷双方片面的权利义务的计较；“受害人—加害人”模式的主旨在于，帮助加害人求得受害人的谅解，同时尽量对加害人施行犯罪心理学方面的救治。

为了缓解法院现实的诉讼压力，同时避免诉讼对当事人关系的进一步破坏，调解制度在西方社会得以蓬勃发展，并实现了从自发的传统型调解向自觉的现代型调解的转型。今天，很多西方国家的调解已经吸引了法学、心理学、经济学、社会学等多学科专业人士的加盟，形成了评价型调解、转化型调解与治疗型调解同时并存、灵活并用的多元化发展模式，并且正在发展成一种全球性的职业化纠纷解决途径。

二、现代调解勃兴的社会思潮

（一）公共服务自由化私人化浪潮的影响

20 世纪末，公共服务自由化私人化浪潮席卷西方世界。在纠纷解决领域，受英美法陪审团制度等的启发与影响，欧洲各国纷纷提出了“公民参与司法”的口号。在此背景下，替代性纠纷解决机制逐渐被引入正式的国家司法体制中，法院调解、法院附设调解正式兴起，由此开启了西方诉讼程序往灵活化自由化方向发展的大门。与此同时，在国家司法体系之外，各种独立、灵活、多样的替代性纠纷解决方式大量涌现。一方面，他们深受国家司法制度的影响与熏陶，在

"法律的阴影下"[①] 开展活动；另一方面，相比与被引入国家正式司法系统的ADR方式，它们可以依据纠纷类型、当事人合意、其他情势的不同，更加自由，更具灵活性地化解矛盾。

从世界各国的立法活动与法律实践来看，调解是发展最为迅速的一种ADR形式。[②] 在公共服务自由化私人化浪潮的影响下，纠纷调解领域的新兴市场得以出现。以纠纷所属范畴为标准，法院调解、商业调解、社区调解、行业调解、仲裁调解蓬勃发展。从纠纷的具体内容来看，从传统的邻里纠纷、借贷纠纷、侵权纠纷，到新兴的网络服务纠纷、环境污染防治纠纷、消费者权益保护纠纷，甚至包括多元移民文化冲突、敏感性公共事件等，都在试图通过调解来获得解决。可以说，"几乎没有哪个法律纠纷领域能够将调解的潜在应用排除在外"。[③]

（二）接近正义运动第三次浪潮的推动

按照意大利学者卡佩莱蒂和加思的观察，发生在美国和遍及其他西方国家的接近正义运动正处在"第三次浪潮"时期。他们认为，第一次浪潮始于上个世纪60年代，为了解决当事人因无力获得信息及律师代理等接近正义的经济方面的障碍，建立了以法律援助为典型的一系列制度。第二次浪潮始于20世纪70年代初期，为了解决诉讼组织上的障碍并保障集团权益能够得到伸张，建立了集团诉讼制度；紧接着，则是20世纪70年代后期的第三次浪潮，以ADR程序来弥补传统诉讼程序在当事人接近正义方面的不足。

应该说，接近正义运动的第一、第二次浪潮，主体思路仍然延续了传统的司法救济路径，希望由国家司法体制内的完善与努力来提升当事人接近正义的质量与数量；而第三次浪潮的理念超越了隐含在第一、第二次浪潮中的法律定位，形成了更加开阔、更加多元的纠纷解决的新范式。在这些新范式中，调解无疑是最活跃，渗透力、可塑性都最强的一种ADR方式。[④]

① Robert H. Mnookin, Lewis Kornhausert. *Bargaining in the Shadow of the Law*. Yale Law Journal, April, 1979.

② ［澳］娜嘉·亚历山大主编：《全球调解趋势（第二版）》，王福华等译，中国法制出版社2011年版，第5页。

③ ［澳］娜嘉·亚历山大主编：《全球调解趋势（第二版）》，王福华等译，中国法制出版社2011年版，第7页。

④ M. 卡佩莱蒂主编：《接近正义与福利国家》，转引自［澳］娜嘉·亚历山大主编，《全球调解趋势（第二版）》，王福华等译，中国法制出版社2011年版，第5页。

（三）顺应个体自主社会自治的潮流

全球一体化推动了国际交流、跨国贸易的日常化，同时带来了价值体系、文化形态的多元化。从全球范围来看，在多元主义的文化激荡之下，民主、人权、平等、宪政等现代观念以普适价值的姿态深入人心。现代思潮的浸润与滋养，使得要求政府尽可能多地赋予并保障个体自主的民众呼声越来越高。

应该说，国家积极回应公民要求自主的呼声，努力控制"看得见的国家之手"的各种干预，充分调动民间力量的积极性与创造力，吸引公众参与公共管理和公共事务，已经成为一种全球共识。在此背景下，世界各国国有企业，如卫生健康、铁路运输等公用事业的私有化程序不断提高。甚至传统意义上正统的国家职权部门，也开始借助民间智慧、吸纳私人力量来处理公共事务。正是在这种背景下，行政领域政府聘请法律顾问、购买法律服务，司法领域法院调解、法院附设调解等不断涌现。简言之，追求自主是人之本性使然，也是法治宪政国家的基本理念之一。个体自主实现的基本思路，一方面限制国家权力的扩张，监督公共权力的合法行使；另一方面，培养个体自主意识，扩大社会自治范围与程度。因此，从深层逻辑上看，全球 ADR 的兴起，现代调解的勃兴，是个体自主、社会自治发展的逻辑使然。

三、调解发展的困惑与挑战

（一）理论与实践的鸿沟

自20世纪70年代迄今，调解搭上西方 ADR 号高速列车，在全球范围蓬勃发展。从最初的理念设定来看，正如前文所述，现代调解的勃兴承载着现代社会许多美好的期许与梦想，如通过调解缓解法院积案，提升民众对司法体制的满意度；促进当事人间的沟通与交流，进而修复恶化的人际关系；提供经济便利的替代性纠纷解决方式，提升当事人接近正义的能力；增加公民参与司法的范围与机会，顺应现代人要求自我决定、追求社会自治的人性需要……

然而，从世界范围来看，不管东方还是西方，在调解的理念判定与真实实践之间，却存在着巨大的差距与鸿沟，如现代调解的本质属性在于以自愿和利益为基础的平等协商与共同合意，但在不少国家与地区很多具体的冲突谈判过程中，强制性调解依然大量存在。很多时候，调解协议异化成不讲原则的折衷处理、对不同意见表达的压制以及负担不起律师费用的弱者的无奈妥协等情况时有发生。如何弥合理想与现实的差距？强制调解的合法性依据何在？法院强制性的调解程序前置的必要性与适用限度何在？家庭纠纷强制调解优先是由法律统一规定，还是应该由法官依案情来自由裁量？如果由法官来决定，法官的个人好恶是否不恰当地左右了当事人接近调解的自主意志？人们对评价性调解的依赖是否合理？律师或退休法官主持的评价性调解是否应该被鼓励适用？……总之，不同国家历史文化的千差万别，现实生活境况的复杂多样，使得现代调解的理论设定与实践间出现了许多的裂隙。具体如何弥和理想与现实间的鸿沟，是全球化语境下调解制度纵深发展将要面临的一个重要挑战。

（二）一元与多元的冲突

众所周知，调解是人类社会一种历史悠久的纠纷解决方式。但是，20 世纪 70 年代伴随美国 ADR 制度兴起的调解制度，却在基本理念、司法宗旨、解纷程序、实践效果等重要方面，与可以追溯到人类历史远古时期的传统调解存在显著的差别。传统调解应用广泛，制度化程度低，基本理念十分模糊而多元，整体而言处在自发生长状态：它既可指称国际纷争中第三方主导的利益调和与政治斡旋，也可指称私人事务中第三人的居中说和、道德教谕乃至强制干预；它既能用来安抚民众、缓和矛盾、和谐人际关系，也能用来阻碍权利救济，“压制不同意见的表达”。[①] 而 20 世纪 70 年代在美国兴起并在全球范围蓬勃发展的调解制度，是以个体自主、私权自治为基本理念，以平等协商、共同合意为基本宗旨，以利益基础型或者辅助型调解为主要形式，在“法律的阴影下”[②] 制度化运作的现代调解。它深受社会学、心理学、文化学、法学等现代科学知识的滋养，在突出纠纷化解、纠纷防范等传统功能之外，重点在关系转化、心理矫治、提高司法效率等广泛领域发挥重要作用。总之，传统调解浸润于差别化的地方性知识谱系之中，与广泛运用多学科知识且呈全球一体化发展态势的现代调解间存在清晰可辨的分水岭。

然而，从全球范围来看，虽然现代调解在基本理念与整体发展趋势方面呈现一元化发展趋势。但作为一种替代性纠纷解决方式，不同国家与地区的调解制度

---

① ［澳］娜嘉·亚历山大主编：《全球调解趋势（第二版）》，王福华等译，中国法制出版社 2011 年版，第 3 页。

② Robert H. Mnookin, Lewis Kornharser. *Bargaining in the Shadow of the Law*. Yale Law Journal, April, 1979.

的未来发展又深受其传统文化、制度框架的影响与限制。具体而言，一个国家或地区宏观的法律文化、政治传统、政府政策，微观的诉讼费用、调解交付与调解动员制度等，都会成为调解多元化实践的重要影响因素。在此背景下，调解的未来发展可以说正处在一个“十字路口”：是应该大力提倡全球统一的一元化发展路径，将利益基础型调解或辅助型调解作为其未来发展的唯一目标，还是允许调解因各国文化传统与制度结构的不同，走评价型调解与辅助型调解共存的多元化发展模式？这仍是一个存在广泛争议的问题。进而言之，如果坚持一元化的发展方向，与全球主导模式相左且深受传统文化与制度结构限制的调解如何转入一元的发展轨道，这既是一个艰深的理论问题，更是一个复杂的实践问题。反之，如果走多元化发展模式，允许评价性调解、强制性调解的大量存在，那么什么将构成调解的独特个性，以区别于诉讼与仲裁？如果不具备特色鲜明的价值理念与制度规范，调解凭什么与诉讼、仲裁鼎足而立而不是昙花一现？目前来看，这些问题仍处于开放性探讨阶段，要形成主导性的一致答案仍有待时日。

（三）规范与反规范的困惑

虽然全球化背景下各国调解实践存在着多种多样的地方性差异，但“调解世界中的多样性似乎正在无可避免地向着制度化和标准化的方向前进着”。[①]

就调解的未来发展趋势而言，理论界存在两派截然不同的主张：一派倡导调解的未来应该走一种所谓的“规范化”路径。这种路径的基本思路在于：通过创设一系列的调解程序标准，同时设立、完善针对调解协议的监督执行机制以及针对调解员、调解机构的申诉处理机制，从而提升调解的质量与效率，进而提高调解相较于其他纠纷解决方式的市场竞争力。“规范化”路径的批评者则强调，上述针对调解程序、组织和从业人员的规范性措施，虽然能够大幅提升调解的制度化程序进程，但同时也潜藏着极大的危害：相较于法院诉讼而言，调解最吸引人的地方即在于它程序灵活多样、具体适用因人因事因地制宜，以及解纷成本经济高效等，而“规范化”路径必然会对调解的灵活性、多样性与经济性构成损害。况且，一旦调解程序变得繁琐，人们对它的接受与利用必然会变得困难起来。

从全球调解的具体实践来看，大多数普通法国家，如美国、澳大利亚等，其

① ［澳］娜嘉·亚历山大主编：《全球调解趋势（第二版）》，王福华等译，中国法制出版社 2011 年版，第 27－28 页。

调解运动都经历了早期多样化的实验阶段，然后再慢慢地过渡到一个制度化、统一化的“规范化路径”上来。但是，在很多大陆法国家，其现代调解实践兴起的时间较晚，一方面可能受到全球调解一体化发展趋势的影响，一方面可能是大陆法传统政府干预型文化的强大惯性使然，它们大多直接开启了调解“规范化”发展模式。①

在立法层面，多数普通法国家在经历了长时间的调解实践后，开始启动审慎的规范化立法模式，如美国的《统一调解法》，尽管有一些批评，但也获得了广泛的支持。大陆法国家的调解实践虽然相对沉寂，但欧洲委员会正在积极尝试区域性的统一法案，如2002年通过了有关民商领域中的ADR绿皮书，2004年通过了《欧洲调解员行为法典》。

综上所述，虽然理论界对调解未来发展趋势尚存在“规范化”、“反规范化”两种不同意见，但全球调解实践正在开启统一化、制度化的发展模式，这已是不争的事实。不过，就全球情况来看，调解的规范化实践尚处在柔性规制阶段，对于它何时会转入刚性规制阶段，以及是否需要通过刚性规范来引导调解的未来发展，目前仍是一个众说纷纭、莫衷一是的问题。

（四）职业与非职业化的难题

随着现代调解的蓬勃发展，全球调解职业化趋势开始浮出水面。纵观世界发展形势，不少国家已经开始将调解定位为一种专门的职业。如奥地利是第一个在正式法案中明确承认调解是一个独立职业的国家。目前，在北美和澳大利亚，人们也普遍认可调解员是一种具有职业独立性的专业人士。②

而且，不少国家或地区已经先后出台相关法律法规，规范调解员身份认证、执业范围、执业资质、职业培训、职业道德与伦理、行业管理标准等方面事务。美国《统一调解法》即是规范调解职业行为的著名指导性立法。

不过，不少国家对于调解是否是一种独立职业问题仍然存在疑问。例如，德国法律职业群体普遍认为，调解只是律师职业行为的一项专属内容。这种将调解吸收进法律职业范畴之内的定位，使得其调解实践也倾向于按照实体法的类别进行区分，从而排除了调解独立发展的可能。

---

① 不过荷兰是一个例外，它采取的是“先实验、后规制”的路径。［澳］娜嘉·亚历山大主编：《全球调解趋势（第二版）》，王福华等译，中国法制出版社2011年版，第28－29页。

② ［澳］娜嘉·亚历山大主编：《全球调解趋势（第二版）》，王福华等译，中国法制出版社2011年版，第31页。

此外，规范的职业培训是职业化发展的重要标准。然而，目前世界各国的调解培训，不仅在否定调解职业独立性的国家里，而且在支持其职业化发展的国家之间，具体培训模式都是千差万别的。如普通法国家更加注重调解技能的传授与训练，占主导地位的培训模式是包含任意的私人会议的一次调解会议模式，但具体教学时间与教学方式并不统一，通常需要 4－5 天时间，具体包括 30－50 个课时不等。而大陆法国家强调理论与科学方法的学习。而且，由于法律职业与非法律职业对调解市场的争夺，催生了跨学科的调解培训模式。例如，为了抢占先机，非法律职业者往往选择在法律职业者进入某一调解领域之前，率先在该领域开展调解培训。在荷兰，调解培训师多由心理学专家担任的情况比较普遍，而奥地利则通常由一位律师和一位心理学者共同承担家庭纠纷调解员的培训工作。①

在调解职业化与非职业化模式的实践差异之外，理论界对于调解未来两种不同的发展模式也争论不休。支持者强调职业化发展是调解优质高效、规范化发展的必经之路；反对者则认为，职业化是调解员试图“把门关起来”，排除公众监督，让客户利益受损、让调解僵化变质的一种阴谋。② 综上所述，纵观全球，调解在具体实践与理论研究两个层面都面临着职业化与非职业化发展的难题。

第三节　中国调解未来发展的困境与出路

中国调解历史悠久，源远流长。新中国建立后，在传统治理模式的惯性影响与司法资源贫瘠的现实压力③下，调解成为毛泽东时期化解人民内部矛盾的主要方式。改革开放以来，随着市场经济的推行、法治话语的普及，调解的应用大量萎缩。20 世纪末至 21 世纪初，中国社会遭遇巨大的维稳压力，对多元化纠纷解决机制的现实需求空前紧迫；另一方面，随着调解全球化发展趋势的蔚为壮观，中国调解迎来了观念、实践两个层面的强势回归，“调解优先”再次成为中国司

① ［澳］娜嘉·亚历山大主编：全球调解趋势（第二版）》，王福华等译，中国法制出版社 2011 年版，第 267 页。

② ［澳］娜嘉·亚历山大主编：《全球调解趋势（第二版）》，王福华等译，中国法制出版社 2011 年版，第 31 页。

③ 有学者认为，司法资源的匮乏与解纷手段的贫瘠，是新中国，特别是建国前后那段日子，中国调解兴盛的最主要原因。笔者大致赞同此种解释。参见［日］高见泽磨著：《现代中国的纠纷与法》，何勤华、李秀清、曲阳译，法律出版社 2003 年版，第 212－218 页。

法政策的主调。①

一、中国调解未来发展的机遇

（一）世界潮流与观念更新

调解是一种古老的纠纷化解机制，推崇调解是中华法系的鲜明特色之一。但在西方法治的现代愿景中，法院诉讼被奉为纠纷解决的理想途径。受其影响，近代以来，随着中华法系的衰败，中国调解在与西方诉讼的际遇中，沦为西方法治映照下“中国法制落后”的一种标识物。

“偏重调解是中国法制落后的具体体现”——这样一种观念，形成于清朝末年，生长于中华民族此后形形色色、此起彼伏的制度变革之中。新中国成立后，尤其是改革开放政策实施以来，作为效法西方“先进经验”的一项重要举措，法院诉讼虽然历经曲折，但最终在观念上取代传统调解，成为广为接受的“新中国纠纷解决的正统模式”。与此同时，“遵从法律”与“侧重调解”则被建构成制度上的截然对立物，而且长期被解读成法政策上的一对悖论。②

将调解与诉讼对立起来，这是现代中国法治转型过程中产生的一种观念。在这种观念之下，相关学者、实务工作者可以粗略地区分为两个观点相左的阵营：一个贬抑调解的法治价值，批评其是“不讲原则的和稀泥”，主张移植西方诉讼制度才是中国法制现代化的“正途”所在；另一个则立足中国社会的特殊性，强调西方制度应对中国问题的种种困难，提出应充分利用本土资源，坚持“案结事了人和”的调解路线。③

随着以调解为主的替代性纠纷解决方式在全球兴起，人们对于调解、诉讼间关系的认识焕然一新：调解不仅不再是诉讼的对立物、法治落后的标识物，而且成为弥补诉讼缺陷，提高司法效率的重要替代性机制。在这种世界思潮的引导下，将调解诉讼对立起来的传统观念受到来自中国司法实务界、尤其是理论界的

---

① 参见2010年6月7日最高人民法院印发的《最高人民法院关于进一步贯彻“调解优先、调判结合”工作原则的若干意见》。

② 季卫东：《调解制度的法律发展机制：从中国法制化的矛盾情境谈起》，载强世功编：《调解、法制与现代性：中国调解制度研究》，中国法制出版社2001年版，第1页。

③ 苏力著：《法治及其本土资源》，中国政法大学出版社1996年版，第3－23页。

普遍反思与质疑。[①] 观念转变为调解制度发展提供了重要的契机。新世纪以来，中国调解制度发展迅速，《中华人民共和国人民调解法》正式出台，法院调解、行政调解、仲裁调解全面铺开。

（二）法院难题与维稳压力

21世纪以来，中国调解的蓬勃发展，既有世界潮流的观念引导，也受现实压力的直接推动。从法观念层面来看，改革开放以来，中国社会慢慢接受这样一种理念——“市场经济就是法治经济”，同时将法院审判视为转型中纠纷解决的不二法门。然而，20世纪末，随着网络化时代的全面到来和改革开放政策的进一步推进，各种体制性、结构性矛盾纷纷显现，群体性纠纷日益频繁。而“以事实为根据，以法律为准绳”的法院审判在应对此类纠纷时往往差强人意，甚至屡屡激化矛盾，造成“案结事不了”的混乱局面。

另一方面，由于中西社会政治结构、经济体制、文化传统等方面的显著差异，仿效大陆法系国家建立的中国法院系统自建立以来，一直深受执行难、公信力不高、行政化色彩浓厚等顽疾的困扰。

21世纪以来，基层矛盾纠纷频发，中国社会面临巨大的维稳压力，普通民众对法院审判费用高昂、程序冗长、效率低下的失望情绪不断滋长。在此背景下，司法实务界纷纷重拾曾经谙熟的调解来化解纠纷，学者们开始反思中国法治西方化的缺陷与不足，国家政策的天平也开始重新向着调解的方向倾斜。

综上所述，调解蓬勃发展的全球趋势是21世纪中国调解勃兴的外因，它为中国调解的发展完善提供了观念的转换与更新。而社会维稳压力的持续增大与中国法院审判的自身缺陷，是中国调解复兴的内因，它成为21世纪中国调解盛行的重要推动力。

二、中国调解未来发展的困境

调解全球化潮流的引导与中国司法制度的缺陷，共同推动了中国调解21世纪以来的全面扩张。但中国调解同时也面临着一系列的难题与挑战，如调解理

① 季卫东：《调解制度的法律发展机制：从中国法制化的矛盾情境谈起》，载强世功编：《调解、法制与现代性：中国调解制度研究》，中国法制出版社2001年版；范愉：《“当判则判”与“调判结合”——基于实务和操作层面的分析》，载《法制与社会发展》，2011年第6期。

念、技巧与知识背景的陈旧落后，行政化动员机制的单调生硬，诉调之间的混杂不清，职业化发展前景的迟滞不前等。

（一）知识观念依然陈旧

20世纪末，随着全球替代性纠纷解决机制的迅速崛起，中国调解再度在观念、实践两个层面得以繁荣发展。调解是一种古老的纠纷解决方式，但始于20世纪60年代和70年代美国的调解全球化运动却并非是古代调解的简单复兴，而是在“法律的阴影下”，以个人自主、私权自治、权利处分自由为基本价值的现代调解的崭新亮相。此外，与古代调解相比，现代调解大量运用法学、文化学、社会学、心理学等多学科领域的专业知识，针对不同的纠纷类型与不同的当事人特质，施行不同的调解策略与技巧。以美国家庭纠纷的调解为例，美国“最早利用调解的领域之一是家庭法案件”，调解员经常由律师或心理医师担任。[①] 在调解过程中，特别是离婚案件调解，更加注重人伦亲情的恢复与重建、纠纷双方关系的缓和与修复、未成年人的身心健康与权益保护。除了婚姻家庭法方面的法律知识运用外，美国家庭纠纷调解还大量借助现代医学、心理学方面的专业知识。又如，美国、法国、丹麦、意大利、澳大利亚等国正在兴起的“受害人—加害人”调解，虽然目前就适用范围、适用条件、具体程序等并未形成全球一致的做法，但在注重加害人救赎、提高受害人加害人间的彼此理解等方面已经达成了共识。而这些共识的形成，有利于心理学、文化学知识的推广与运用。

反观21世纪中国调解的复兴与扩张，从价值观念层面来看，其与新中国成立以来的调解实践并未呈现实质性的差别。虽然新中国成立伊始，国家司法政策与相关法规就明确规定，调解应遵循平等自愿原则，但调解实践一直是在国家意志主导下，由行政力量全权组织或直接承办的纠纷处理过程。不管是建国初期的革命动员，还是21世纪以来的维稳需求，中国调解始终表现出对行政效率与社会效应的热忱追求，而对权利保护与法制建设的关注则相对疏离。因此，虽然21世纪的中国调解受到世界调解全球化趋势的影响，但又与之保持着清晰可辨的距离。另一方面，从微观的调解过程来看，21世纪的中国调解与之前的调解实践在知识背景方面同样并不存在明显的区别。通常情况，一个成功的调解员在其长期工作实践中肯定会总结摸索出一套行之有效的办法与技巧。但依靠一手经

① ［澳］娜嘉·亚历山大主编：《全球调解趋势（第二版）》，王福华等译，中国法制出版社2011年版，第365页。

验的个别积累，恰恰是传统调解的典型特征。如果不自觉引入心理学、社会学等专业知识，调解将难以跟上形式多样、变动不居的现代纠纷发展形式。再者，没有现代专业知识的支撑，调解也难以彰显其不同于法院诉讼的特色与优势，发挥其在关系转化、心理诊疗方面的巨大优势。

（二）动员机制单调划一

推崇调解是中国司法的典型特征。中国的传统调解制度，一方面与伦理德治高度契合，成为推行国家意识形态的重要载体；另一方面，与乡土中国的熟人社会结构正相匹配，是化解民间纠纷最为便利的手段。此外，通过儒家饱学之士——地方乡绅的居中斡旋，古代调解不仅成功地做到了调纷息争，同时巧妙地实现了官方意志与民间利益、国家法律与民间风俗的相互交通。这样一来，传统调解既保障了社会生活的和谐有序，又维护了基层社会的相对自治，成为帝制中国"自然秩序中的和谐之道"。

新中国建立前后，调解制度常识化生活化的解纷理念、灵活多变的程序特色、低水平的准入制门槛，为有些热心的人士加入"调解大军"打开了方便之门。同时，作为革命动员机制的一部分，调解制度大量吸纳革命积极分子、思想进步的革命群众，积极介入到民众生活的隐秘纠葛中去。通过对其情感困惑的反复疏导及切身权益的平衡与维护，调解制度不仅实现了定纷止争的法律功能，而且实现了革命动员的政治功能。[①] 随着革命战争的结束，虽然其革命动员功能不断减弱，但调解制度依然是建国初期统一思想、凝聚人心的教化机制，同时也是应对司法资源匮乏的重要替代机制。

改革开放以来，国家工作重心向经济建设转移。发展市场经济的基本国策确定后，大量计划经济的产物——人民公社、国营企业纷纷解体。而且，市场经济在自由配置生产资料的同时，导致人口流动的频繁化常态化。这一过程最终从量变到质变，完成了乡土中国社会结构的根本改造，带来了乡土中国从熟人社会向陌生人社会的转化。伴随着商品经济的建立与发展，中国法制化方针明确提出，民众的法制意识、权利观念逐步确立，法院诉讼的重要性迅速攀升，另一方面，调解的政治功能开始衰减，政策重要性明显下降。

21 世纪以来，中国进入全面深化改革时期，城乡差别、贫富差距进一步扩

① 陆思礼：《毛泽东与调解：共产主义中国的政治和纠纷解决》，载强世功编：《调解、法制与现代性：中国调解制度研究》，中国法制出版社 2001 年版，第 117 – 203 页。

大，各种体制性、结构性矛盾大量涌现，社会不满情绪迅速滋长，社会突发性、群体性纠纷屡见不鲜。而法院执行力低、行政化色彩浓厚、客观中立性难以保障等顽疾，使得调解应对体制性纠纷时更加羸弱无力，从而进一步激化了民众的愤懑与不满。此外，电子信息技术的迅猛发展，网络化时代的全面来临，放大了不满情绪的社会影响，造成了仇富、仇官情结的不断集聚与普遍蔓延，中国社会面临巨大的维稳压力。在此背景下，拥有"案结事了人和"美誉的调解制度再次浮出水面，成为维稳压力下纠纷解决的优先选择。

纵观全国，大调解、三调联动机制闪亮登场，① 交通事故调处服务中心、医患纠纷调解中心、② 仲裁调解工作室等纷纷成立。另外，在经开区、高新工业园区、基层派出所等矛盾纠纷多发地带与相关单位设立人民调解工作室的做法也十分普遍。很多地市、乡镇政府还成立了"矛盾纠纷调处办公室"，由党委、行政一把手挂帅，政法委负责牵头，党政主要领导亲自参与纠纷的调处。与之相呼应，法院"调解优先"政策的出台与实施、法院考评对调解结案率的强调、法官审判责任制的推行等，使得法院调解重回主流，普遍盛行。而诉讼审判则既不合政策，又尽失人心——它使法官直接面临考评不达标的负面评价，而且潜藏着被追责的巨大风险。总之，21 世纪的中国调解全面铺开、来势汹涌。

然而，在这种欣欣向荣的表象之下可以清晰地看到，调解的繁荣发展既不具有独立性，也未形成专业化规范化发展模式。所以，它并非真正意义上自发生长的纠纷解决模式，而是在国家行政力量直接动员下，一项缺乏远景规划的行政措施。而这种实用主义的、出于维稳需求的行政动员模式，虽然能起到立竿见影的效果，但同时会使调解的未来过分依赖行政领导的重视与行政资源的支持，一旦行政力量撤出，很快就会萎缩凋蔽。

（三）职业发展步履维艰

进入 21 世纪，世界各国替代性纠纷解决机制蓬勃发展，中国调解制度也全

---

① 陈旭、王志高：《"大调解"促大和谐》，载《江苏法制报》2012 年 1 月 6 日，第 001 版；王勤：《大调解调出大和谐》，载《绍兴日报》2014 年 10 月 18 日，第 003 版；林勇、孙浩波、陈昆仑：《实施"三调联动"促进社会和谐》，载《人民调解》2007 年第 1 期；夏国佳：《用"三调联动"化解矛盾 推进和谐社会建设》，载《中国司法》2007 年第 8 期等。

② 郑新裕：《交通事故赔偿纠纷为何少了——记大田县交通事故联合调处服务中心》，载《安全与健康》，2010 年第 10 期；黄典生：《最高检民行厅孙家瑞博士到北流市检察院驻北流市道路交通事故调处中心工作站调研》，载《法制与经济》（上旬），2012 年第 12 期；黄思思等：《医疗纠纷人民调解委员会现状分析：温州为例》，《中国医学伦理学》，2011 年第 4 期等。

面铺开。从中央层面来看，各种提高调解适用，规范调解程序，促进诉调对接，推动建立多元纠纷解决机制的政策、立法纷纷出台。2004年，党的十六届四中全会通过了《中共中央关于加强党的执政能力建设的决定》，"构建社会主义和谐社会"概念首次完整地提出，并被正式确定为中国共产党全面提高执政能力的五大能力之一。2008年，最高人民法院将"调解优先、调判结合"确立为司法工作的一项指导性原则。2009年，最高人民法院出台了《最高人民法院关于建立健全诉讼与非诉讼相衔接的矛盾纠纷解决机制的若干意见》。2010年6月，最高人民法院印发《关于进一步贯彻"调解优先、调判结合"工作原则的若干意见》的通知，8月，第十一届全国人大常委会第十六次会议审议通过了《中华人民共和国人民调解法》。2011年，最高人民法院审判委员会通过了《最高人民法院关于人民调解协议司法确认程序的若干规定》。2012年，修正后的《中华人民共和国民事诉讼法》增加了对调解协议司法确认程序的相关规定。

为了响应中央政策与立法精神，各省市由各级政法委牵头，基层行政首长挂帅，各地市、县区、乡镇司法局、综治办、维稳办、人民调解委员会主要负责，协同政府几乎所有职能部门参与的大调解、三调联动等机制"创新"遍地开花。此外，法院调解、行政调解、仲裁调解全面展开，以调解为主体的中国多元化纠纷解决机制初具规模。

然而，在全国调解如火如荼、各种所谓的"制度创新"层出不穷的热闹背后，调解员的规范化职业化问题却仍未正式提上国家政策和立法日程。[①] 从中国调解的实际运行状况来看，目前机构完备、管理规范、解纷效用最大的，是区、乡镇两级的人民调解委员会。然而，这两个层级的人民调解委员会往往与同层级的司法所是同一套人马。也就是说，中国基层人民调解委员会已经与地方司法所混同为一个机构，只是仍然挂着两个不同的牌子而已。再者，目前我国基层司法所大多存在财政不独立、人员流动频繁、缺编现象严重的情况。而且，人民调解只是基层司法所承担的"法制宣传、法律服务、安置帮教、社区纠正"等繁杂功能中的一项而已。总之，基层行政调解与人民调解混同不分，人民调解的民间性、群体性、自治性特色只停留在规范层面上，人民调解实践已经严重行政

① 虽然基层调解实践部门对于调解职业化规范化发展的呼声很高（见孙向东：《调解职业化——经济发达地区社会和谐的必然选择》，载广东省法学会编《岭南法学研究》，广东人民出版社2007年版，第66－69页；王建才、石建国、马楠：《调解职业共同体》，载《江苏法制报》2010年4月1日，第A02版等），但学界的态度却谨慎得多，相关文献并不多见，系统深入的研究几乎未曾得见，而国家政策法律层面则基本未曾提及。

化了。

相对而言，法院调解在人、财、物方面的保障要好得多，但是也同样陷入了面貌模糊、行政化倾向严重的困境。

首先，中国法院并不存在调解法官与审判法官的明确区分。从运行逻辑来看，案件的解决往往是从调解开始。调解不成的话，又由同一位或几位法官来审判判决。在具体审判过程中，因面临审期制、错案追责制等制度压力，审判法官时时处于“引导”纠纷双方重回调解的巨大诱惑之下。与此同时，根据我国诉讼制度的规定，法官可以在审判过程中的任何阶段，适用或重新适用调解来结案。甚至，在司法实践中，法官判决生效后的实施环节，又重新通过调解结案的实例也并非少见。这样一来，因为并不存在清晰且难以逾越的制度界线，同时又面临推进调解的各种激发机制，我国法院调解与法院审判经常混而不分，法院调解面貌模糊。

其次，法院在人、财、物配置方面仍然存在巨大的行政依附性，在法院诉讼行政化色彩浓厚的背景下，法院调解的行政化色彩同样浓郁。

最后，我国营利性的商业调解还未破冰。从现有法规来看，以商业调解公司命名的调解组织仍然无法取得正式的工商登记与独立的市场运营地位，而传统处理商业纠纷的行业调解早已落败。当代中国的商业纠纷，国内的主要由法院审判来解决，国际纠纷则大多通过国际惯例与国际仲裁来解决。当然，近年来随着法院调解、仲裁调解的兴起与发展，实践层面的商业纠纷调解已开始大量适用。而就仲裁调解而言，和法院调解的情况相似，调解程序内嵌于仲裁过程之中，并未呈现出独立化职业化发展趋势。

然而，从制度发展的根本动力与远期前景来看，调解人员的职业化培养与规范化管理，才是中国调解发挥好“案结事了人和”功能，占据多元纠纷解决机制之重要“一元”的关键所在。但是，从我国当前的调解实践情况来看，调解组织定位模糊、功能芜杂，调解人员的非专职化，调解教育的非专业化，整个调解制度的严重行政化，使得中国调解的发展前景仍处在一种晦暗不明、步履维艰的状态之中。

综上所述，在全球化语境下，21 世纪的中国调解既面对前所未有的机遇，同时也面临着一系列的重大挑战：推动纠纷解决理念的现代转型，实现解纷服务模式的职业化发展，追求冲突解决方案统一化与个性化的并重……这些既是全球一体化进程对中国调解未来发展提出的必然要求，也是中国调解回应时代要求的创新方向。

三、中国调解未来发展的可能出路

（一）更新调解理念

理念更新是制度变革的前提。从观念变革的视角来看，中国调解的未来发展，首先要尊重当事人的真实意愿与平等合意，将以人为本的理念贯彻到调解当中。如前所述，调解全球化蓬勃发展给我们提供了重要启示，即在调解中要尊重个体的正当权益，尊重纠纷当事人平等的多元化价值诉求，从而调动当事人的主观能动性，引导其自发寻求纠纷解决的恰当方案。

其次，以实现“双赢”为制度目标。纠纷是对现有社会关系的破坏，科学的纠纷解决机制不仅可以修复破损的关系，而且可以建立新的、更加积极的社会关系。现代化的调解制度不仅应对过去发生的纠纷事实作出处理，还要帮助当事人面向未来，在社会关系的危机中既看到“危”（情）又能看到“机”（遇），不仅要避免因调解而导致当事人利益的减少，还应致力于实现当事人利益的保值和增值。

最后，树立新型的观念认识。要想让调解成为一项有效的社会管理创新机制，真正为司法分流减压，为社会排解纠纷，就必须承认并维护其独立的制度地位，自上而下地承认其独特的权威和效力。而赋予调解权威性的司法地位，必须引导观念认识的转变。长期以来，在与法院审判的比照下，我国存在关于调解的各种负面认识，如“调解就是和稀泥”、“调解可以不讲原则”等。而要实现调解的现代转型与权威性发展，必须引导树立一种新型的观念认识：调解是与诉讼不同的纠纷解决机制，它虽然在“法律的阴影下”运作，但不囿于法律的刚性规定。调解的独立发展，得益于当事人双方的自主选择与平等协商，并将推动个体自治能力的发展。

（二）淡化行政色彩

如前所述，行政化色彩浓郁是新中国调解制度的一个主要特色。应该承认，在早期阶段，行政力量的介入为新中国调解制度的起步与发展提供了一些正面的支撑作用。然而，随着行政力量的过度渗透，中国调解制度面临着行政化色彩过于浓厚的困境，严重阻碍了调解制度的独立发展。

人民调解是调解体系中最重要的一环，它肩负着贯彻国家法律政策、解决基层矛盾纠纷和维护社会稳定等多重使命，能够为最大多数的社会成员提供就近、低廉、有效的纠纷解决服务；然而正如前文所述，人民调解工作却长期得不到应有的重视。中国调解制度未来发展的关键在于充分发挥人民调解的制度作用。

首先，要加强人民调解员的队伍建设。可以通过职级规划来解决行政编制对基层人民调解员的限制，使调解员能够专心于调解事业，不必因为没有“上升空间”而不愿扎根调解工作；还可以减少资深调解员的人才流失现象，吸引越来越多的年轻人加入调解员的行列。

其次，要提高人民调解员的整体素质。目前，人民调解员的法律素养、文化素质整体不高，从而导致调解协议易生瑕疵。针对此类问题，需要开展规范的人民调解员培训，全面提高人民调解员的法律水平与文化水平，以便其胜任新形势下纠纷解决的现实需要。

最后，我国法院调解的推行如火如荼，2012 年修订后的《中华人民共和国民事诉讼法》进一步加强了法院调解工作的力度和广度，先行调解、庭前调解等制度得以确立。但法院调解在大力发展的同时，因其行政化色彩浓厚所产生的负面影响不容小视。目前，淡化法院调解行政色彩的主要措施在于实现调审分离。鉴于我国司法体制的固有特性，法官的中立性受到多种因素的干扰。如果允许某个法官在诉前或诉中进行调解，那么调解不成后继续负责审理本案的法官，其中立性必然受到影响。因此，改造法院调解主要是建立与审判相分离的、相对独立的调解制度。

首先，要做到人员上的分离。法院可以进行调解，并且可以赋予其调解文书与司法裁判文书相同的效力，但是法院的调解员必须与审判员相分离。法院应建立独立的调解员队伍，调解员的招录标准与审判员有所区别，凡是在进入法院后进行的调解，都应当由法院调解员根据平等、自愿、保密的原则进行调解，不愿接受调解或调解不成的，再交由审判员独立审理。对于调解员向审判员泄露调解保密事项的行为应当予以惩戒。

其次，要做到程序上的分离。诉讼毕竟是法院的核心工作，法院开展调解只是一种方便当事人和缓解诉讼压力的举措。诉讼不应为了实现调解的工作指标而受到拖延和负面影响。因此，调解程序和诉讼程序应当分离为“两条线”，即当案件诉至法院，尚未开庭之前，调解庭均可向当事人介绍调解与诉讼的优劣，引导当事人通过调解解决纠纷。如果当事人选择了调解，即由调解庭进行调解，但如果当事人拒绝调解或在调解过程中决定放弃调解，则进入诉讼审理。一旦当事人选择了诉讼，其在法院的纠纷解决机制选择权即已用尽，在审判中，即使意识到结果可能对自己不利也不得再申请返回调解程序，而只能自行和解或谋求社会调解组织调解。这样就能保证诉讼的刚性和权威性，不至于因久调不决和以判压调影响审判质量及司法公正。

最后，大力发展商业调解。21世纪以来，我国面临矛盾纠纷日渐增多、维护社会稳定的任务十分艰巨的现实困境，与其耗费大量的公共资源自上而下地推行调解，不如充分发挥市场规律的作用，将调解市场化、商品化，让调解如同律师服务、仲裁那样发展壮大，唯此方能真正发挥出调解的优势和作用。

其实，政策制定者也看到了调解商业化和社会化的必然趋势，允许进行商业化的调解试点探索，例如最高人民法院于2012年印发的《关于扩大诉讼与非诉讼相衔接的矛盾纠纷解决机制改革试点总体方案》就对商业调解的发展给予了政策支持，提出“试点法院支持商事调解组织、行业调解组织或者其他具有调解职能的组织开展工作”，“试点法院应当积极与政府有关部门沟通、协调，或者通过其他适当的方式，探索实行调解员有偿服务。除法院专职调解员、入册的行政调解员和人民调解员不收取调解费用外，其他入册的特邀调解组织或者特邀调解员可以提供有偿服务”。尽管该文件是针对法院的诉调对接机制提出的探索方案，但暗合构建和发展商业调解的趋势，因而是颇具鼓舞性的。我国现在极缺营利性质的调解服务公司带动商业调解的发展，已有的调解公司极不规范，例如山东某地成立的医患纠纷调解公司竟然成立安保队，以恐吓当事人为主。① 由于商业调解在我国尚属一个全新的事物，建议由政府引导，鼓励律师事务所、法律服务所试水调解商业化，并给予政策上的支持和规范。同时，通过广泛的宣传渠道推广商业调解，扶持调解公司的成长。总之，鼓励开设调解服务公司，并加以规范引导和推广，是目前我国发展商业调解的一种可能模式。

（三）推动职业发展

应该说，推动调解人才的职业化发展，既是调解全球发展的重要方向，也是中国调解未来发展的可行之路。

首先，创办调解专业，培养调解人才，是实现调解职业化发展的前提与基础。调解本身就存在人手不足，人员素质良莠不齐的现状，市场化的调解公司则更需要专业的调解职业者。与此同时，国内的法学院校毕业生就业率较之其他专

① 柴会群：《“第三方”调解教科书：避开武旦，专找花旦》，载《南方周末》2012年5月31日，第A02版。

业普遍偏低，与其扎堆法院、检察院和律师事务所艰难生存，不如引导法科毕业生投身调解这一潜力巨大的领域。这就要求法学院创办调解专业，培养高素质的调解人才。据笔者所知，上海政法学院、湘潭大学、湖南商学院等院校已迈开了开设调解专业的第一步，在全国高等教育体系中率先开办调解专业，面向全国招收学生。尽管社会对调解专业的就业前景及开设必要性仍持观望态度，但调解的职业化和专业化既是社会转型期的要求，也是国内法学院校人才培养目标多元化的客观要求，由大量高层次、高素质调解员为调解职业队伍注入新的力量是众望所归。

其次，创新考核机制，实行人民调解员等级评定制度。职业化调解员队伍的建设离不开科学的考核机制，就目前而言，针对人民调解员的考核要从综合考核到个人考核转变。以往的考核往往是针对整个司法所或者村委会进行，人民调解仅为考核中的一部分。随着人民调解员队伍职业化建设的推进，应该由指导人民调解工作的司法行政部门每年通过抽查案卷、回访当事人、接受群众举报和投诉等渠道收集信息，对调解员个人做出优秀、良好、合格、不合格的评定。对于评定为优秀的人民调解员，可以考虑职级的晋升和一定的物质奖励。因为，有无可预期的职业发展空间是影响人民调解员队伍稳定性的重要因素。构建职级晋升机制，可以考虑借鉴和推广实践中的人民调解员等级评定制度，即根据调解员调解工作年限、调解案件数量、调解案件的成功率、当事人认可度、自动履行率等因素划分不同级别的调解员，并赋予不同等级的调解员不同的权利义务和薪酬待遇，以提高人民调解员工作的积极性。

再者，应对法院调解的职业化提出更高的要求。由于法院是代表国家公权力解决纠纷，且法院主持调解所达成的协议具有强制执行力，一般情况下，法院调解是一种一调终局的纠纷解决机制，这就要求其建立高标准的调解员队伍，对调解员的审查录用、培训考核以及监管甚至要严于审判员。因为审判员只需要依法审理案件事实和适用法律，而调解员不仅要深谙法律专业知识和处理纠纷涉及的法律关系，还要将引发纠纷的其他关系和社会因素、心理因素、风俗习惯纳入到考虑范围，充分利用心理学、社会学、法学等多种技术引导当事人从对抗走向合作，调解工作的复杂性在很大程度上已超过了审判工作。

最后，应该设立多元化、可供选择的商业调解规范和标准。正如仲裁可以存在多元的规则和标准，不同的调解公司也可在法律的范围内，根据自身擅长的领域、所在地区的风俗习惯和行业管理及其所追求的独特价值理念设定不同的调解规范和标准。商业调解规范和标准的多元化对于当事人而言，将更能彰显其程序的主体性地位，也更加契合现代纠纷解决理念的内在要求，同时它也能更好地推动商业调解的专业化、职业化发展。

综上所述，当今世界处于一个彰显个性同时又加速融合的时代，调解作为最有发展潜力的纠纷解决机制已逐渐为世界各国所重视，并迅速成长为一种举足轻重的、独立的纠纷化解机制。中国既是调解古国，也是调解大国。然而，在调解全球化发展浪潮中，中国却难以称得上一个调解强国。在此背景下，更新传统的调解理念，淡化调解的行政化色彩，推动调解的职业化发展，不仅对于弘扬传统调解文化具有重大意义，同时也是化解社会矛盾纠纷，构建和谐社会的一剂良药。

后 记

编写一本兼具“学理性”与“技术性”的调解学教程，是湘潭大学多元化纠纷解决研究团队多年以来的心愿。尽管市面上已经出版了不少调解教程，既有来自学术界的，亦有来自实务界的。然而，综观现有教程，我们不难发现，学术界编写的往往偏重于理论而忽略技巧，实务界编写的则徒有技巧却无理论升华。这显然与调解这门“理论（念）”与“艺术”兼有的学科不相适应。因此，湘大团队在充分吸收借鉴国内外前沿调解理论和深度总结调解实践经验的基础上，集结力量，反复斟酌，出版了这本别具一格，令人耳目一新的调解学教程。

本书的新颖之处有二：一是理念思维新，本书从社会治理现代化的角度，对当代调解的理念和思维作了新的阐释，亦对调解的未来发展指明了方向；二是内容方法新，本书力图展示调解多元学科色彩，从理念、原则到具体制度和技巧，从不同学科对调解作了新的研究，并将其融入到调解的具体实践之中。无疑，在这个注重理念创新和跨界思考的时代，对调解教程进行以上创新，不失为一次非常有益的尝试。

本书在编写过程中凝聚了团队成员的共同心智。作为该教程主编，廖永安教授负责了本书的总体设计。全书共分七章，具体分工如下：第一章由张立平教授撰写、第二章由覃斌武博士撰写、第三章由刘军平副教授撰写、第四章由李喜莲教授撰写、第五章由胡军辉教授撰写、第六章由邬欣言博士撰写、第七章由邓春梅副教授撰写。本书附录由李喜莲教授整理。

这是一本既具理论高度、又很接地气的书籍，既能满足专业人士的工作需要，又适合普通读者阅读。本书的顺利完稿，要感谢湘潭大学多元化纠纷解决研究团队中的博士研究生段明、奉鑫庭、郑令晗、王聪、赵毅宇、肖文、孔凡琛等同学，他们为本书的编写提供了许多宝贵建议，并为本书的文字校对付出了辛勤劳动。

最后，还要感谢湘潭大学出版社的雷勇和刘文情编辑，以及其他工作人员为本书顺利出版付出的辛劳。缘因智识有限，书中诸多观点只是作者们的粗浅之见，尚祈各位读者批评指正。

图书在版编目(CIP)数据

中国调解学教程 / 廖永安主编. —湘潭：湘潭大学出版社，2016.4
(如何当好调解员 / 谢勇，廖永安主编)
ISBN 978-7-81128-937-4

Ⅰ. ①中… Ⅱ. ①廖… Ⅲ. ①调解(诉讼法)—中国—教材 Ⅳ. ①D925

中国版本图书馆 CIP 数据核字 (2016)第 068015 号

中国调解学教程

廖永安 主编

责任编辑：雷　勇　刘文情
装帧设计：山和水品牌设计 刘　峰 刘　娟
出版发行：湘潭大学出版社
社　　址：湖南省湘潭市 湘潭大学出版大楼
电话(传真)：0731-58298966　邮编：411105
网　　址：http://press.xtu.edu.cn
印　　刷：长沙鸿和印务有限公司
经　　销：湖南省新华书店
开　　本：787×1092　1/16
印　　张：13.25
字　　数：247 千字
版　　次：2016 年 4 月第 1 版
印　　次：2017 年 12 月第 2 次印刷
书　　号：ISBN 978-7-81128-937-4
定　　价：33.00 元